国家社科基金
后期资助项目
GUOJIA SHEKE JIJIN HOUQI ZIZHU XIANGMU

国家审计的审计质量研究

Research on Audit Quality of National Audit

黄溶冰 著

中国财经出版传媒集团

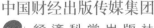经济科学出版社
Economic Science Press

国家社科基金后期资助项目
出版说明

后期资助项目是国家社科基金设立的一类重要项目，旨在鼓励广大社科研究者潜心治学，支持基础研究多出优秀成果。它是经过严格评审，从接近完成的科研成果中遴选立项的。为扩大后期资助项目的影响，更好地推动学术发展，促进成果转化，全国哲学社会科学规划办公室按照"统一设计、统一标识、统一版式、形成系列"的总体要求，组织出版国家社科基金后期资助项目成果。

全国哲学社会科学规划办公室

前　言

近年来，随着国家审计结果公告制度的逐步推进，以及针对现实中"屡审屡犯"问题引发的热议，说明社会各界对国家审计的审计质量给予了极大的关注。从国内外文献来看，民间审计质量一直是资本市场的研究热点，相关研究成果对本书具有借鉴和启示。但民间审计与国家审计在审计对象、审计目标、审计内容等方面存在较大差异，国家审计质量的研究不能简单照搬民间审计的经验。从现有国家审计质量的研究文献来看，主要集中在理论探讨和规范分析层面，对事实检验、问题机理和现象演化的深入研究不足。国家审计是国家治理中的"免疫系统"等理论观点的提出，彰显了中央彻底整治"屡审屡犯"问题的决心，也对我国理论工作者在比较和总结的基础上，开展审计质量的系统深入研究提出了新的要求。

莫茨（Mautz, R. K.）和夏拉夫（Sharaf, H. A.）于1961年出版了 *The Philosophy of Auditing* 一书①，这是世界上第一部将审计学作为一门独立的学科并对其理论加以论述的著作。随后，关于审计理论的研究开始引起各国学者的关注，先后提出了审计理论框架的莫氏模式、尚氏模式、安氏模式、李氏模式、弗氏模式等（蔡春等，2013）。国内学术界也先后多次开展了审计理论框架的系统研究，复旦大学李若山教授（1995）在《审计理论结构探讨》一文中，以审计目标为逻辑起点构筑审计理论框架，认为审计理论框架由四个要素构成，即"审计目标—审计假设—审计技术准则与审计职业准则—审计质量特征"。本书正是将审计质量作为整个国家审计理论框架体系的一个重要要素，开展了系统深入的研究，目的是在确保国家审计目标实现，即推动国家治理水平现代化、维护人民群众根本利益的基础上，不断提高审计工作水平。

---

① Mautz, R. K., and Sharaf, H. A. The Philosophy of Auditing [R]. American Accounting Association, 1961.

本书的主要研究内容和研究结论如下：

第一，与民间审计质量强调报告和发现财务报表舞弊的联合概率，围绕查错防弊开展审计工作不同。我国的国家审计作为国家治理体系的重要组成部分，围绕预防、揭示、抵御的"免疫系统"功能开展工作，国家审计质量体现在两个维度：一是查实违法违规问题作出审计决定的情况（审计效力）；二是审计发现问题整改落实的情况（审计效果）。

第二，近年来，各级审计机关在保障人民群众根本利益方面开展了大量工作，社会各界也对国家审计质量提出了更高的要求。研究发现，当前"屡审屡犯"现象（低审计质量扩散）的主要原因在于：审计效力与审计效果的二元化特征，在总体层面和具体业务层面，存在着重惩处轻整改、重查证轻问责的审计效力与审计效果相互脱节的现象。

第三，在经济后果和社会影响上，一方面，审计效力（例如审计处理）与审计效果（例如审计整改）对降低审计查出财政收支违规问题金额并未形成交互加强的互补效应。另一方面，国家审计作为一项独立的经济监督活动，与财政分权的有机结合确实发挥了腐败治理功能，审计监督的处理处罚力度越大（审计效力高），越有可能增强财政分权对腐败的抑制作用；同时，证券市场上的研究结果表明，国家审计结果公告作为审计工作的产品，具有质量属性和治理效应，但在信息披露的充分性方面，仍有待于进一步完善。综上，我国国家审计在维护经济安全领域已经发挥了监督和威慑功能，但与提倡审计免疫的理论要求尚存在差距。

第四，根据问卷调查和实地访谈，审计主体因素、审计客体因素和审计环境因素均对我国的国家审计质量有显著影响。根据投入产出效率的绩效评价和 Tobit 分析，制度环境、审计需求与综合效率、处理效率、整改效率显著正相关；而媒体关注则有助于提升审计整改效率。

第五，提高国家审计质量、实现审计免疫功能，关键在于审计效力与审计效果的协同演化，通过加大审计成果的利用率，在三个维度（威慑性、回应性和预防性）、两个层面（威慑性－回应性，回应性－预防性）上实现协同。

第六，体现审计规范、审计效力和审计效果均衡性要求的评价指标体系，有助于增强国家审计质量评价方法的科学性，也有助于推动查证问题高质量与整改问题高质量的协同。高质量的国家审计很少自动实现，需要从外部制度安排和内部制度设计方面主动予以规范。

本书系国家社会科学基金后期资助项目《国家审计的审计质量研究（15FJY011）》同名学术成果，阶段性成果分别刊发在 *Public Money &*

Management（SSCI）、《会计研究》《审计研究》《中国软科学》《系统管理学报》《中南财经政法大学学报》《审计与经济研究》《财经理论与实践》等学术期刊。

　　本书能够面世，还得益于经济科学出版社及责任编辑凌敏女士在出版过程中作出的艰苦细致的编辑工作，在此一并表示诚挚的感谢。

　　随着我国审计事业的快速发展，理论工作者需要认真总结和提炼中国特色社会主义审计理论与审计实践，使审计工作更好地遵循事实规律、科学发展。国家审计在服务于国家治理能力现代化，保障人民群众根本利益方面正发挥着日益重要的作用，也正因为如此，我国国家审计质量的研究面临着重要的发展机遇，本书尝试从审计效力和审计效果的双维视角对我国国家审计的审计质量开展探索性研究，以期丰富国家审计和审计管理的研究文献。但是，由于作者的能力和水平有限，虽然几易其稿，仍可能存在一些不足之处，恳请各位专家和同行批评指正！

黄溶冰

2017 年 2 月

目　　录

第1章 绪　　论

1.1　问题的提出

1.1.1　研究背景

审计是为了查明有关经济活动和经济现象的表现与所制定标准之间的一致程度，而客观地收集和评价证据，并将结果传递给有利害关系的使用者的有组织的过程。① 按照审计主体不同可以将其划分为国家审计②、内部审计和民间审计。作为一种独立的经济监督活动，国家审计是监督公共部门的一种重要机制，其责任是代表全民利益对政府的其他部门进行监督和检查。国家审计是监督政府是否恰当运用公共资金的主要方式。在现代法制社会中，国家审计是受人民委托对国家管理者承担的公共受托经济责任进行的经济监督行为，也是监督财政财务收支真实、合法、效益的行为（董大胜，2007）。

我国审计机关自 1983 年成立以来，遵行"财政资金运行到哪里、审计监督就跟进到哪里"的宗旨，在维护财经秩序中不断拓宽审计领域，除对财政预算执行等情况实施常规审计之外，还围绕重大政策措施的贯彻落实、重大投资项目和重大公共事件等开展专项审计。特别是国家审计署2004 年的审计报告因公开、透明地披露了审计发现的大量违规违纪问题，并将一些中央部委纳入违规名单，被视为席卷全国的"审计风暴"。"审计风暴"带来的影响，一方面是审计监督的知名度越来越高，社会需求

---

① 审计的实践活动历史悠久，但人们对审计的定义却众说纷纭。本书采纳公认具有代表性且被广泛引用的美国会计学会 1972 年在其颁布的《基本审计概念公告》中给出的审计定义。

② 有学者将国家审计称为政府审计，由于两者含义相同，在本书中未作区分。

越来越大；另一方面是社会各界对审计监督的期望值越来越大，对国家审计的审计质量要求也越来越高。

近年来，随着各级审计机关审计结果公告制度的逐步推行，社会公众在期待审计报告公布的同时，对审计报告中一些每年都"榜上有名"的单位和问题也越来越感到困惑，为什么有那么多的单位和部门不断卷入其中，而且涉及的金额越来越大？为什么有些单位和问题总是徘徊于屡审屡犯、屡禁不止的"怪圈"中？诸如挤占、挪用专项资金，截留、隐瞒收入，乱列、虚列支出等字眼在不同单位（部门）的审计报告中，甚至是同一单位（部门）不同年度的审计报告中可谓是"年年审计年年见"。此类现象已不是个案，而是带有明显的趋势和共性，并逐渐成为社会各界普遍关注和诟病的问题。

随着现代审计功能的拓展和创新，审计监督已不再仅仅局限于传统意义上的查错防弊，最新的理论观点指出，国家审计是国家治理的基石和重要保障，是国家治理中发挥预防、揭示和抵御功能的"免疫系统"，服务于推进国家治理现代化的进程，目的是保障广大人民群众的根本利益（刘家义，2012，2015）。要达到这一要求，审计要善于发现问题，并处理问题；但查处问题不是审计的根本目的，根本目的是根据发现的问题，从体制、机制、政策层面分析问题的根源，帮助被审计单位完善制度、改善管理、增进绩效，从而起到堵塞漏洞、防范风险、避免问题再次发生的预防免疫作用。

从国内外文献来看，民间审计质量一直是资本市场的研究热点，相关研究成果对本书具有借鉴和启示。但民间审计与国家审计在审计对象、审计目标、审计内容等方面存在较大差异，国家审计质量的研究不能简单照搬民间审计的经验。从现有国家审计质量的研究文献来看，主要集中在理论探讨和规范分析层面，对事实检验、问题机理和现象演化的深入研究不足。目前在国家审计质量领域的零散研究尚未形成完整的理论体系，无法对国家审计服务于国家治理目标实现和"审计免疫"观提供强有力的支撑。国家审计质量的提升亟须审计理论的指导，这对我国理论工作者在比较和总结的基础上，开展审计质量的系统深入研究提出了新的要求。

1.1.2　研究意义

与民间审计相比，国家审计的审计主体具有单一性、审计费用具有无偿性、审计业务具有法定性，但这并不意味着我们不需要重视国家审计的审计质量。近年来，随着国家审计结果公告制度的逐步推进以及针对现实中"屡审屡犯"问题引发的热议，说明社会各界对国家审计的审计质量给予了极大的关注，国家审计是国家治理中的"免疫系统"观点的提出，彰显了中央彻底整治"屡审屡犯"问题的决心，"屡审屡犯"问题具体表现为审计质量上的缺陷，以国家审计质量研究为切入点，有助于深入探讨审计免疫的治理机制与实现路径，进而通过政策工具和制度设计对违法违规行为实施免疫。

正如莫茨（Mautz）和夏拉夫（Sharaf）在其成名作 *The Philosophy of Auditing* 一书中提到："如果没有系统理论的支撑，很难想象审计还能够进入科学的殿堂和被认为是一门有学问的职业。"系统深入开展国家审计质量研究，总结我国国家审计 30 多年发展的有益经验，借鉴国内外前人研究成果的基础上，进一步细化研究主题，丰富研究内容，完善具有中国特色的国家审计质量理论体系，具有重要的学术价值。同时，系统深入开展国家审计质量研究，发挥审计监督的"免疫系统"功能，及时发现问题，发出预警，提出意见建议，让有关单位和部门少出问题、不出问题，维护国家经济安全、保障人民群众根本利益，具有重要的应用价值。

1.2　高质量国家审计的动因分析

审计是由于授权管理经济活动的需要而产生的，无论是民间审计或者国家审计，抑或是内部审计，审计产生的客观基础是受托经济责任关系的存在，即"公众是审计师的唯一的委托人"。综观全球各国的国家审计实践，国家审计是接受公众委托对国家管理者承担的公共受托责任进行的经济监督行为。对于公共受托责任的内涵，最高审计机关亚洲组织（ASOSAI）在 20 世纪 80 年代发表的《东京宣言》中明确规定，公共受托责任是"个人或当局在管理公共资源时，需要报告资源管理情况，以及说明其承担的包括经营、财务和计划责任等情况"。美国审计总署（GAO）指出，公共受托责任是指那些拥有管理及使用公共资源的政府部门和相关机构明确地向委托人阐明其所承担各项职责的义务。公共受托责任区别于其他受托责任的本质在于权力的公共性。在政府职能的实现过程中，委托人（国家立法机构或全体公民、选民等）赋予代理人（政府、官员等）管理国家公共事务的权力，同时对公共受托责任产生需求，一方面是希望检查政治权力的执行，使权力滥用最小化；另一方面是保证政府运作的有效性和高效率。由此，专门对政府或官员公共受托责任的履行情况进行审查监督成为必然，也成为必要；国家审计由此产生。公共受托责任成为国家审计的出发点和落脚点。本书从公共受托责任的内涵出发，分别依据国家治理理论、人民主权理论和信号传递理论对高质量国家审计的动因进行了探讨。

1.2.1 国家治理理论

国家治理被认为是各种公共或私人机构管理其共同事务的诸多方式的总和，实现使不同或相互冲突的利益得以协调，或者采取联合行动的持续过程（Jean‐Pierre，1998）。类似于公司治理机制中董事会、经理层和监事会分别履行决策权、执行权和监督权的职责分工，国家审计的职责也是国家治理下的一种特殊分工与要求。世界审计组织（INTOSAI）在其战略规划（2011—2016）中提出，各国最高审计机关应在推动完善政府治理方面发挥积极作用；在 2013 年 10 月发布的《北京宣言》中，INTOSAI 进一步强调，各国应将促进政府实现良治作为本国最高审计机关的首要目标与第一要务。关于国家审计与国家治理的关系，国家审计署刘家义审计长认为，国家审计从本质上来说，是国家治理这个大系统中一个内生的具有预防、揭示和抵御功能的"免疫系统"，是依法运用权力监督制约权力的制度安排，是国家治理的重要组成部分之一（刘家义，2012）。国家审计是为满足国家治理的客观需要而产生和发展的，是国家治理体系中的一项基础性制度安排，从制度属性、法律地位和职能作用分析，国家审计是国家治理的基石，是推动国家治理现代化的重要保障（刘家义，2015）。

国家治理的过程，是政府机构将公共权力进行配置，以及遵循相应的政治理念，对国家公共事务进行引导、支配和调控，进而使得国家能够正常运行和持续发展的运营过程。因此，国家治理的过程就是治理主体运用权力的过程（杨肃昌和李敬道，2011）。根据马克思主义国家理论的思想，国家是阶级发展的必然产物，其目的是建立和维持秩序，国家治理活动也就是将国家范围内产生的冲突进行调节和控制，将其固定在一定的秩序范围内。对冲突进行控制必须依赖于整个国家的法律、制度以及意识形态等治理机制。国家审计实际上就是一种国家治理机制，它既是一种政治制度，又是一种法律制度，同时也是国家机器的组成部分之一。它通过发挥"免疫系统"的预防、揭示和抵御功能，对掌管国家公共资源的机构、人员以及权力运行情况进行监督，促进国家实现良好治理。

国家审计是属于政治范畴的一种制度安排，国家审计的功能就应自然作用在政治的核心问题上，即权力制约上。通过依法履行职责，对权力运行进行监督和制约，进而推动实现国家良好治理。国家审计监督和制约的权力，宏观讲是一种行政权的运行，微观讲主要是支配和管理国家财政收支方面的权力。行政机构是推行国家权力的部门，它的运行往往具有官僚自主性、信息不对称性和预算扩大化的倾向，而且具有扩张部门的利益、权力和影响力的偏好，从而使得那些经过中央政府和代议机构批准的公共政策在执行过程中经常被误解和歪曲。因此，如何使行政权力得到有效控制，为当今各国政治文明建设所普遍关注，其中所达成的一个共识就是要把国家审计纳入国家正式的控制与监督机制之中。

从部门职能来分析，国家审计是国家治理大系统中履行监督职能的重要机构，它不仅为整个国家治理的决策系统服务，同时也对国家治理的执行系统加以约束和监督。国家审计的监督权来源于法律的授权，它以财政收支为主线，对政策、资金、项目以及领导干部的公共受托责任进行检查和评价。国家审计作为限制政府行政权及其扩张的一种制度安排，本质是促进公共受托责任的有效履行。正如美国著名议员威廉·普罗克斯迈尔所言："美国审计总署（GAO）的审计调查权，是国会发挥财政预算监督职责的看门狗（watch dog），如果没有GAO，国会在预算监督方面将会无能为力（文硕，1990）。"不仅如此，GAO的工作重点随着审计环境的变化而与时俱进，根据GAO提出的审计机关成熟度模型，其承担的职责是一个逐级递增的金字塔结构，从低到高依次是：打击腐败行为，增强工作透明度，保障问责实施，加强政府绩效，强化洞察力，发挥前瞻功能等。GAO将其最高使命描述为：帮助国会监督联邦政府的项目，提供改善政府运作的见识和较长期趋势的前瞻性意见。为实现上述使命，进入20世纪90年代，GAO开始定期更新并发布"高风险领域清单"，为国家治理以及维护国家经济安全提供重点关注的方向。

各国最高审计机关，虽然隶属模式不同，但普遍强调监督、洞察、预见（Goolsarran，2007）。李嘉明和刘永龙（2012）在对多个国家进行比较研究后指出，虽然在某些方面存在差异，但总体上看，不同国家审计服务国家治理的基本机制是相似的。我国的国家治理具有大党治理、大国治理和转型国家治理三个特征，在国家治理与国家审计的互动关系中，审计机关同样面临监督责任、评价效率、提高透明度和促进民主法治等职责。根据国家治理理论，审计机关在工作中应重视揭示存在的主要问题与隐患，理性分析和查找问题的根源，合理提出建设性的审计意见和建议，这是国家审计发挥"审计免疫"功能、推动国家良治的重要途径。

国家审计是国家治理中监督体系的重要组成部分。实现国家审计在国家治理中的职能,就必须在审计工作中把问题查清、查透、查实,全面了解实际情况,如实揭示存在的问题,实事求是地作出评价,提出科学的、有针对性的意见和建议。审计机关的工作不能仅仅停留在查错防弊模式,而要对于发现的问题,从体制、机制和制度层面查找问题的根源、促进问题的整改,作为国家治理的工具,必须在主动适应、自动感知的基础上,发挥积极应对的主体功能,进而发挥国家审计的预防性和建设性作用,这无疑对国家审计质量提出了更高的要求。

1.2.2 人民主权理论

人民主权理论认为:主权的所有者是本国的全体公民,然而主权的具体执行者则是受全体公民(也就是主权所有者)的委托来执行相应的权利。国家是一群自由民为了汇集起全部的共同力量来保障与保卫每个结合者的人身、自由和财富而让渡一部分个体权利,以社会契约赋予其生存和生命,以立法赋予其行动和意志,以纳税赋予其血液所形成的政治结合体(王帅和董明芳,2008)。根据人民主权论,公民在国家构建中拥有两项最重要的权利:公民纳税的同意权和国家税收支出的监督权。

为解决商品经济中存在的"市场失灵"问题,各国政府的开支主要是为本国公民服务,提供完全市场经济条件下所不能提供的公共产品。在此背景下,国家财政演变为公共财政,其支出的基本方向,就是提供那些不能按照市场经济规律生产,但又是公民必不可少的商品和服务,由于政府的公共支出必须承担全部的生产成本,但是却不能收获全部支出所应有的收益,这就催生了一种新的财政组织方式——税收。从国家的角度看,政府履行了法定的义务,向广大社会成员提供了必需的物质基础,诸如必要的生活条件和必需的生产设施等,并因而产生一定的费用。这部分费用就需要通过纳税来进行弥补,即公众必须将自己工资收入的一部分作为税收上交给国家,进而使整个社会能够正常运行,保证社会生产的连续性。因此,公众和政府之间就通过这种财务交换关系(税收)紧密联系在一起,即纳税人无偿向政府缴纳捐税,政府又无偿地为民众提供安全、交通、国防、民生、公共事务管理等服务。税收作为公共产品的供给成本,无法保证受益人的受益比例与分摊比例绝对一致,但是从一个国家整体来看,税款的支付人皆通过使用公共产品而实现消费。从这一角度看,纳税人实现了其缴纳税款的"对价",取得了相应的回报和补偿(黄溶冰和李玉辉,2009)。

由于现代国家已成为"租税国家",纳税人权利保护受到世界各国的普遍重视，纳税人权利宣言或者权利法案在许多国家相继出台或发布，对纳税人权利及其保障作了比较详细的规定。"税收乃庶政之母"，政府的根基源于纳税人缴纳的税款。按照经济学原理，国家税收作为公众和政府双方之间的交易，需要就彼此间的权利义务达成一种协议，公众通过缴纳税金方式向政府提供公共资金，政府则负责向公众提供必需的公共物品及服务，满足纳税人的生产、生活及健康等需要。在这样的一种委托代理关系中，政府只是处于受托者地位，而委托者及最终消费者则是公众，很显然，公众有理由对政府提供公共产品的质量和效率给予足够的关注。

税收作为纳税人向政府让渡的公众财产，其资金使用情况和去向以及作为资金托管者的政府责任，必须依法接受纳税人的监督。税收筹集税款的分配和使用必须服务于纳税人的公共需要，而不允许挪用到其他无关项目中去。当然，更不能容忍政府部门或政府官员贪污和浪费纳税人的税款。在存在市场失灵的情况下，纳税人有权要求政府对市场进行宏观调控、合理配置资源、加强生态保护、提升民生水平，进而促进经济社会的稳定与健康发展，全面照顾到各个社会阶层的利益，提高全民福祉。

从国家审计的历史演进上看，随着公共受托责任的内涵拓展先后经历了受托财务责任、受托管理责任和受托社会责任三个阶段（刘更新和刘晓林，2014），国家审计在保护纳税人权利，维护人民群众根本利益方面的重点也在不断演进。在受托财务责任阶段，委托人主要关注通过税款筹集到的财政资金的支出使用程序是否合法，资金使用及其去向是否真实，这一阶段国家审计的目标以真实性、合法性为主。在受托管理责任阶段，委托人主要关注由政府运营管理的公共资源是否发挥出最大的效用，这一阶段国家审计的目标发展为以绩效（经济性、效率性、效果性）评价为主的现代审计。在受托社会责任阶段，委托人开始更多的关注公平、安全、民生、环境等与全民福祉有关的事项，注重经济社会的可持续发展，这一阶段国家审计的目标是以政府善治为中心的多目标审计。随着经济社会的发展，纳税人权利保护意识得到极大提升，对审计工作质量的要求也日益提高，审计机关开始对政府运用公共资金和公共资源的尽责情况进行审查，对政府各部门的管理绩效开展分析，对公共政策的执行效果进行评估（沃克，2007），通过对发现问题的整改和问责，保护纳税人权利。

根据公共财政的性质，税收在本质上说就是一种"对价"，纳税人将自身所拥有财产的一部分按照某一比例让渡给政府，使其能够对该财产进行统一管理和使用。因此，政府就有义务履行公共资源管理的受托责任，进而为纳税人提供其所需要的高质量和高效率的社会公共产品，由审计机关对政府受托责任的履行情况进行检查和评价，可以进一步确定或解除这种公共受托责任。随着政府介入公共管理活动的不断深入，其承担的公共受托责任从财务责任、管理责任到社会责任不断演进，而纳税人权利保护意识的不断增强，则要求审计机关不断提升审计质量，以满足委托人需求层次的日益提升。

1.2.3　信号传递理论

信号传递被认为是解决信息不对称的方式之一。信号传递理论先后被用于解释劳动力市场结构和商品交易过程，20世纪80年代中期，信号传递理论开始运用到资本市场领域，Titman 和 Trueman（1986）的研究发现，聘请高质量会计师事务所对企业首次发行股票的财务报表进行审计，往往能够得到较高的股票市场定价，他们认为审计作为一种信号传递机制，能够在一定程度上将财务绩效好的上市公司与财务绩效差的上市公司区分开来。

在公共部门中，同样会出现各级管理者（政府官员）与选民（公众）之间的信息不对称。在公共受托责任的委托—代理层级中，存在典型的金字塔形科层组织结构。政府官员作为政治市场的行为主体具有“理性人”的特征，受到个人利益的驱动，公共政策的制定者可能被某些利益集团所“捕获”，导致公共政策的实施结果偏离预定目标，进而造成公共机构的行为远离社会公众利益。

信息作为文字、符号和数据的载体，在信号传递的过程中应追求效率性和及时性。但是因为信息提供者有可能因为某种原因（如个人偏见或利益冲突）而对外提供含有较多噪音的信息，从而使信息使用者的决策出现失误，因此经过鉴证的真实信息才被认为是有价值的。目前我国在宏观经济管理领域存在着较多的信息失真风险，例如：市场供求和价格信息的混乱可能影响资源的优化配置，不利于国民经济的有序运行和健康发展；政府预算执行情况的虚假信息，可能隐含政府效率低下、官员贪污腐败问题；民生资金使用情况的信息披露不全面、不及时，可能带来影响社会和谐的群体事件发生。

对偏误信息的检查和评价可以发挥纠偏的作用，控制政治、经济、社会治理中的信息风险。从理论上讲，国家审计由于本身不参与对公共资源获取、占有、调配和使用的具体管理职能而具有独立性，因而审计监督的信息提供是客观的、中性的。国家审计是一种保障利益相关者信息权利的机制（张立民和崔雯雯，2014），高质量的审计信息有助于推进政府工作透明，减少腐败机会，防止权力寻租，同时也有助于提高公共政策的执行效果和增强公共资源的配置效率。国家审计提供的信息既反映了我国经济社会发展中取得的成绩，也揭示了经济社会运行中的制度不合理、管理不科学以及社会不公平等问题。国家审计能够鉴证各类治理主体所提供信息的真实性，并通过审计结果公告的信息传递方式，及时反馈给社会公众、立法、司法、行政机关和其他社会组织，以满足各方的信息知情权。对政府公共部门进行审计，并提供审计结果，可以弥补政府部门和社会公众之间的信息"鸿沟"，促使各级政府官员规范自身行为、正确履行职责。通过对领导干部及其承担的公共受托责任进行审计，利用信号传递效应，有助于对信息不对称进行治理、完善代理人选择机制。

在以政府（及政府部门）为审计对象的审计市场结构中，虽然各级审计机关是审计服务的主要供给方，审计监督具有法定性、无偿性和强制性，但是，国家审计服务仍存在许多的替代产品（例如司法机关，纪检监察部门），如果审计机关的工作无法满足社会需要，就有可能被淘汰。另外，即使是审计机关依法开展的预算执行审计，也面临着会计师事务所等民间审计机构的潜在竞争，一旦审计机关提供不了优质服务，其具有的垄断权力就会丧失（王芳，2009）。实际上，在一些发达国家，出于成本效益等多因素考虑，最高审计机关（SAI）只承担政府合并财务报表审计，而政府各机构的财务报表审计则由政府内部审计（如监察长办公室等）或公共注册会计师（CPA）承担（黄溶冰，2015）。所以，基于现实生存和时代发展的需要，各级审计机关有理由不断提高工作水平，避免丧失竞争优势。审计机关需要通过高质量的审计信息披露向社会公众传递其自身工作良好的信号，尤其是审计结果公告可以向社会公众传递国家审计具有较高质量，审计人员具有较强独立性和执业胜任能力等方面的信号。信号传递机制（如审计结果公告）不仅可以降低代理成本、防范信息寻租，更重要的是可以被审计机关用以向外界传递其具有较高工作水平的信号，增强审计工作透明度，增加包括公众和社会团体等各利益相关者对国家审计工作的关注，从而促进国家审计质量的持续提高。

1.2.4 基于理论的总结

本节分别从国家治理理论、人民主权理论和信号传递理论的视角分析了高质量国家审计的动因。如图1－1所示，国家审计的产生源于公共受托责任关系的存在，根据国家治理理论，国家审计是国家治理结构中履行经济监督职能的部门，在国家治理中发挥"免疫系统"功能，通过发现查处违法违规问题与落实整改审计意见建议并重，最终目的是减少类似问题的再次发生，从部门职能的视角阐释了高质量国家审计的动因。根据人民主权理论，社会公众作为纳税人，通过支付"对价"的方式向政府让渡了自身的部分财产，用于国家机器的运行，随着纳税人权利保护意识的增强，委托人需求层次的不断提升，社会公众对政府提供公共产品的质量和效率给予了强烈的关注，并要求作为独立第三方的国家审计提供真实、高效的审计信息，从委托人需求的视角阐释了高质量国家审计的动因。根据信号传递理论，审计是一种保障利益相关者信息权利的机制，在对公共部门开展审计的审计市场结构中，审计机关面临着司法、纪检、监察等其他经济监督机构的替代以及来自会计师事务所的竞争，审计机关需要通过审计结果公告等手段来传递其工作状态的信号，证明自身的胜任能力，以期获取更多的资源保障和政策支持，从受托人供给的视角阐释了高质量国家审计的动因。

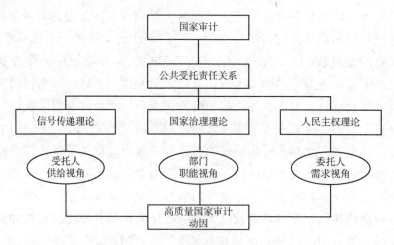

图 1-1　高质量国家审计的动因

1.3　国家审计研究动态——基于 SSCI 期刊的分析

近年来，国内关于国家审计的学术文献日渐丰富，但在现有文献中鲜有介绍国外相关研究成果。究其原因，有一种流行观点认为，在国际上，审计研究的主流是资本市场与注册会计师审计，国家审计并非是一个成熟的研究领域，相关研究文献亦十分匮乏。为弥补现有文献的不足，本节对1997年以来，国际SSCI来源期刊上关于国家审计的文献进行了整理和综述，以期在借鉴国际经验的基础上，对当前我国国家审计的理论研究提供借鉴和参考。

1.3.1　关于国家审计的研究文献

为确保检索文献的完整性，作者系统地检索了与国家审计有关的文献，分别以"Supreme Audit Institution""State Audit""National Audit""Government Audit"以及"Auditors General"等作为文章主题，在EBC-SO、Springer、Elsevier、Emerald、Wiley、Kluwer、Sage等多种全文数据库检索出学术文献179篇。在此基础上，为确保综述文献的学术价值，筛选出历年SSCI来源期刊的38篇文献。在38篇文献中，有6篇文献的内容是注册会计师开展的政府审计①，与本书研究主旨并不相关，予以剔除，最终选择与国家审计相关的32篇文献作为样本。

在32篇文献中，我们对作者机构、研究对象以及期刊所属学科领域和刊载时期进行了统计，结果如表1-1所示。

表1-1　　　　　　　　　国家审计研究文献的统计分析

作者机构	篇数	研究对象	篇数	学科领域	篇数	刊载时期	篇数
美洲	7	无国界	2	政治与法律	11	1997～2001年	4
欧洲	22	单一国家	21	商业与经济	5	2002～2006年	3
大洋洲	4	两国比较	1	评估与决策	7	2007～2011年	13
亚洲	3	跨国研究	8	财务与会计	9	2012～2016年	12

1.3.1.1　作者机构

论文发表机构分布在36个国家②，其中来自欧洲国家的作者人数最多，达到22人次。美洲国家的作者人数有7人次。大洋洲国家的作者人数为4人次，主要集中在澳大利亚。亚洲国家的作者人数最少，仅为3人次。在论文作者或合作者中，除了大学和科研机构之外，还有6人次来自于实务部门，包括：英国审计署、丹麦审计署以及挪威审计署等。

---

① 即审计主体是注册会计师，审计对象是政府公共部门。
② 因论文作者中存在多个作者和多个机构的情况，故机构总数超过文献总数。

1.3.1.2　研究对象

依据文献篇名和关键词，以某一国家最高审计机关（Supreme Audit Institution，SAI）作为研究对象的文献数量最多，涉及欧、亚、美、非和大洋洲的 22 个国家。关注两国最高审计机关（英国和美国）比较研究的文献 1 篇。开展跨国研究的文献 8 篇，主要涉及欧盟国家、世界审计组织（INTOSAI）的地区组织或有关工作组（例如环境审计工作组）等。

1.3.1.3　学科领域

在 32 篇文献中，有 11 篇发表于政治与法律学科领域的期刊，占总数的 34.88%，其中又以公共管理方面的期刊居多，包括：*Comparative Political Studies*、*International Review of Administrative Sciences*、*Administration and Society*、*Public Administration Review*、*Public Performance & Management Review*、*International Journal of Law and Management*、*Public Management* 等。有 9 篇文献发表于财务与会计领域的期刊，占总数的 28.13%，包括：*Accounting, Organization and Society*、*ABACUS*、*Financial Accountability & Management*、*The European Accounting Review*、*Critical Perspectives on Accounting*、*Australian Accounting Review* 等。有 7 篇文献发表于评估与决策领域的期刊，占总数的 21.88%，包括：*American Journal of Evaluation*、*Environmental Impact Assessment Review*、*Interfaces*、*Systems Research and Behavioral Science* 等。有 5 篇发表于商业与经济领域的期刊，占总数的 15.63%，包括：*European Business Review*、*World Development*、*European Journal of Political Economy* 等。

1.3.1.4　刊载时期

从 32 篇文献的刊发时间来看，1997～2001 年、2002～2006 年的文献数量分别为 4 篇和 3 篇，累计占总数的 21.88%。2007～2011 年、2012～2016 年分别为 13 篇和 12 篇，累计占总数的 78.12%。1997～2006 年关于国家审计的研究文献主要发表在政治与法律领域的公共管理期刊上。从 2007 年开始，刊发国家审计的期刊来源日益多元化，特别是财务与会计领域期刊发表国家审计主题的文献数量明显增多。

1.3.2　关于国家审计的研究主题

进一步对 32 篇国家审计文献的研究主题归类统计如表 1 - 2 所示。

表 1 - 2　　　　　　　　　　国家审计研究主题的分类统计

研究主题	篇数	热点问题	代表性文献
国家审计制度安排	9	审计职能	Bolivar et al. （2015），Ibrahim （2010），Simon and Smith （2008），Bowerman et al. （2003）
		审计独立性	Xiao et al. （2016），Isaksson and Bigsten （2012），Clark et al. （2007）
		审计委员会	Purcell et al. （2014），Davis （2011）
国家审计治理效果	9	外部效果	Morin （2016），Morin （2014），Reichborn-Kjennerud （2013），Knapp et al. （2011），Blume and Voigt （2011），Melo et al. （2009），Torres and Pina （1999）
		内部绩效	Talbot and Wiggan （2010），Pollitt and Summa （1997）
国家审计业务探索	9	绩效审计	Irawan and McIntyre-Mills （2016），Triantafillou （2015），Bechberger et al. （2011），Kells （2011），Skærbæk （2009），Arthur et al. （2005）
		环境审计	Lima and Magrini （2010），He et al. （2009），Leeuwen （2004）
国家审计沟通策略	5	沟通策略	Bringselius （2014），González et al. （2013），González et al. （2008），Ana （2005），Lleras （2001）

1.3.2.1　国家审计制度安排

一是审计职能问题。最高审计机关根据法律授权履行法定职责。因各国的国情和体制不同，导致最高审计机关在审计职能上也存在差异。Bowerman 等（2002）研究发现，在英国，公共部门审计的主体存在多样性，研究人员通过对英国审计署、审计委员会、苏格兰账目委员会和北爱尔兰审计局职能的综述，分析指出，在中央政府和地方政府之间，以及不同审计主体之间存在着"地盘战"，这严重影响了审计职能的开展，他们建议赋予英国审计署在财政资金审计中更多、更广泛的职能。Ibrahim（2010）分析了阿联酋国家审计署的使命和目标，重点探讨了最高审计机关如何根据 1971 年宪法，以及 1976 年 7 号联邦法案履行法定职责，在促进政府透明和计划项目的经济性、效率性与效果性方面所做的各种努力。

二是审计独立性问题。1971 年，世界审计组织发布的《利马宣言——审计规则指南》中，专门提出最高审计机关的独立性问题。很多学者认为，不同隶属模式的最高审计机关，其独立性也存在差异。Clark 等（2007）指出，最高审计机关的独立性可以归纳为法律授权、机构独立、调查自由、经费保障以及独立行权等方面。他们进一步地对 25 个欧盟成员国及欧盟审计法院开展的调查表明，相关立法中一般都包括最高审计机关与政府之间独立性的条款，但关于议会问责方面的规定却比较薄弱，政府对问责制干预较多，这需要通过修改立法予以解决。Xiao 等（2016）利用问卷调查和访谈方法，讨论了中国行政型隶属模式审计机关的独立性以及对人大预算监督的影响。Isaksson 和 Bigsten（2012）通过文献研究和关键人物访谈发现，在卢旺达这一非洲最不发达国家，审计人员能力的局限性对最高审计机关独立性有很大影响，提升审计独立性既需要制度安排也需要关注审计人员的胜任能力。

三是审计委员会问题。审计委员会是一些国家在州和地方层面开展公共部门审计的重要制度安排。Purcell 等（2014）指出仅以满足立法合规性为目的建立的审计委员会，并不能确保其有效性，也不能衡量审计委员会的价值，影响审计委员会效用的主要因素包括：（1）对审计委员会的投入；（2）严谨的辩论、信任和有效的沟通；（3）议会和行政系统的关系。Davis（2011）评估了英国审计委员会对地方政府的监管绩效，这种监管关系是围绕《综合绩效法案》的要求而实施的，在随机、监督、互动、竞争四种治理机制中，基于行为与文化理论、制度假设和合理推定的判别标准被用于衡量审计委员会对地方政府绩效评估的结果。

1.3.2.2 国家审计治理效果

一是外部效果问题。国家审计作为国家治理中的一种重要监督机制，是否产生预期的治理效果，不同的研究者给出了不同的研究结论。Reichborn-Kjennerud（2013）实证研究了被审计单位感知与审计效果的关系，结果表明，绩效审计可以影响并改善被审计单位的管理，但影响程度的高低，取决于被审计单位如何看待绩效审计。如果被审计单位能够认可审计准则和评估标准，并在审计实施和报告阶段中有充分参与的机会，则更倾向于认同绩效审计的结论。Morin（2014）分析指出，最高审计机关对政府部门的影响体现在工具性、概念性、互动性、政治合法化以及战略性等五个方面，通过对加拿大审计署的问卷调查发现，审计署对政府部门的真正影响力是温和且有限的，其前提条件是审计人员的专业和谨慎，如果审计人员想说服被审计单位接受审计意见，就必须确保他们审计发现的重要性及审计建议的合理性与相关性。在另一篇文献中，Morin（2016）则基于扎根理论揭示了在受托责任履行中，审计法院（法国）、行政系统和议会之间紧张关系导致的"机构虚伪"现象。由于需要不断地在透明度与保密性之间权衡，在这个民主的过程中可能给公民一种虚假的安全感，导致公民相信财政账户确实已经提交和接受检查，但实际情况可能不是这样，仅是民主的外观被保存下来的结果。此外，一些学者分别从国企私有化、政府效率及民主进程的角度揭示了国家审计的治理效果（Torres and Pina, 1999; Blume and Voig, 2011; Melo et al., 2009）。

二是内部绩效问题。随着民主法治进步和纳税人权利保护意识的提升，一些国家的最高审计机关开始发布反映其投入产出绩效的年度报告。Pillot 和 Summa（1997）研究了芬兰、瑞典、法国和英国等国最高审计机关，以及欧盟审计法院如何评估自身绩效的问题，上述机构在信息披露方面存在两个"阵营"，一种为详细清单模式，包含审计时间、成本耗费和审计生产率等方面的详细信息；另一种为简要框架模式，仅提供颁布审计决定数量的简略信息，这种差异与各国的宪法立场和行政文化有直接关系。Talbot 和 Wiggan（2010）以英国、澳大利亚、加拿大、美国和新西兰等国最高审计机关的绩效报告为研究对象，指出最高审计机关的绩效体现在对政府的影响、对财政节约的影响、对议会的影响和对媒体的影响等诸方面，这些影响又可以整合为公共价值和竞争价值两个方面。

1.3.2.3 国家审计业务探索

一是绩效审计问题。20 世纪 70 年代，西方国家为解决公众对政府的信任度降低、满意度下降等问题，掀起了重塑政府的改革运动，在这种"以企业家精神变革政府"的浪潮中，首次将"绩效评价"理念引入公共管理领域，绩效审计也逐渐成为各国最高审计机关的主要业务。不同于传统财务审计，如何客观评价审计对象的绩效，需要一些新的审计方法、标准和模型，Arthur 等（2012）提出，用户满意度可以作为衡量政府提供公共服务有效性的关键绩效指标，Bechberger 等（2011）结合英国审计署税收征管、临终关怀和卫生保健三个具体案例，讨论了将运筹学模型作为绩效审计工具箱应用于效益评价的可行性，Irawan 和 McIntyre-Mills（2016）则指出，在绩效审计中应用批判性的系统思维方法，有利于提高问责效率。在现有文献中，既包括绩效审计的良好实践（Triantafillou, 2015），也包括对绩效审计面临困境和问题的思考（Skærbæk, 2009; Kells, 2011），例如，Skærbæk（2009）基于一项历时 18 年的案例研究，指出在公共资金绩效审计中，审计人员往往既要承担"顾问"的现代角色，又要履行独立"监督者"的传统职责，对自己前期参与的事项进行审查，两种关系如果处理不当，将对审计质量产生严重影响。

二是环境审计问题。随着环境污染问题日益严重，以及社会各界对可持续发展的呼声越来越高，最高审计机关也开始意识到自己的责任，对环保资金和环境政策开展审计。Leeuwen（2004）通过对环境审计工作组（WGEA）的调查指出，环境审计已经成为最高审计机关（SAI）日常工作的重要组成部分，超过了 SAI 的 50% 工作量。环境问题具有跨界性质，SAI 应该通过审查国际环境协议或承诺的遵循情况促进国际环境合作。He 等（2009）以中国青藏铁路建设为例，分析了在大型基础设施开发中，环境影响评价（EIA）和政府环境审计（GEA）作为环境规制手段如何建立互补关系，提出 GEA 可以作为 EIA 有效的后续程序，EIA 则可以为未来的 GEA 奠定基础，两种方法的联合应用有助于取得更好的效果。

1.3.2.4 国家审计沟通策略

在 20 世纪 90 年代以前，最高审计机构（SAI）很少宣传他们的工作，但进入 21 世纪以来，SAI 开始通过机构开放日、兴趣小组访问、研讨会、展览会、媒体访谈、审计结果公告、互联网主页、专业杂志等各种手段证实其存在性，通过与各个方面的有效沟通，有助于建立对 SAI 的权威信任和公正感知。González 等（2008）对 22 个欧盟国家 SAI 与外界的沟通策略进行了聚类分析，聚类分析结果包括四个类别，分别是发布审计报告索引和摘要，有限的审计报告和年度报告，完整的审计报告和年度报告，以及包括审计报告、规章制度和招聘培训信息等多维沟通策略。González 等（2013）进一步指出，无论最高审计机关倾向于何种沟通策略，都应该关注三个要素，即目标受众、信息内容和沟通渠道，SAI 应根据逐步扩大的目标受众来调整其沟通策略，Facebook 和 Twitter 等新媒体未来将成为最高审计机关与公众沟通的新渠道。Ana（2005）利用问卷调查发现，审计信息使用者会通过传统方式和新媒体方式接收不同的信息。随着信息技术的发展，互联网成为最高审计机关与公众沟通的新媒介，北欧国家、荷兰和英美国家更倾向于利用互联网资源分享其审计成果。Bringselius（2014）认为，最高审计机关可以成为与媒体的独立合作伙伴，并指出在提升媒体报道覆盖率的传播策略中存在的三种风险因素，分别是对于遵循性的片面关注，审计范围、目标与结论的消极性，以及介入政治与决策。

1.3.3 关于国家审计的研究方法

根据现有文献，国家审计的研究方法归纳总结如表 1 - 3 所示。[①]

---

① 由于一篇文章可能采用多种研究方法，故各类研究方法加总之和大于文献总数。

表 1 – 3		国家审计的研究方法			
内容	国家审计制度安排	国家审计治理效果	国家审计业务探索	国家审计沟通策略	合计
公开数据统计分析		2			2
问卷调查统计分析	5	4	2	2	13
案例研究	5	2	6	3	16
内容分析	1	3			4
逻辑推理	1		1	1	3
合计	12	11	9	6	38

1.3.3.1 公开数据统计分析

Blume 和 Voigt（2011）结合世界银行的公开数据和世界审计组织（INTOSAI）的问卷调查数据，实证研究了最高审计机关治理效果与组织安排的关系，他们选择的因变量包括财政政策、政府效率与腐败、经济生产率等，在控制其他因素的影响后，重点考察了最高审计机关独立性、任务差异、审计记录以及机构模式对因变量的影响。Melo 等（2009）利用搜集到的巴西 31 个州审计法院的数据，探讨了在新的民主国家问责机制效能的决定因素。他们的研究发现：一方面，选民政治选举投票的波动性越大，审计法院的表现越差，在新的民主主义国家，选举制度实际上是存在缺陷的，公民对统治者的监督能力十分有限；另一方面，精英轮换有助于问责效率的提高，在面临选举失利的风险时，州长更倾向于将权力下放给审计法院，并批准更多的预算来获取审计法院的好感。从表 1 – 3 可知，在国家审计研究中，应用公开数据开展统计分析的方法并不多见，我们认为这主要是和政府财政收支有关的预算安排、内部控制以及审计意见等信息资料难以获取或者数据不够连贯有关。

1.3.3.2 问卷调查统计分析

Torres 和 Pina（1999）利用对欧洲审计组织 33 个成员国的问卷调查资料，最早分析了欧盟各国最高审计机关在国有企业私有化进程中所发挥的作用，以及公众利益的保护问题，他们对各国最高审计机关开展国企私有化审计的审计年度、审计方法、审计内容、审计范围（如经过审计的国有企业比例及其业务领域）以及介入时机（私有化之前、过程中或私有之后）等数据进行了分析，得出审计机关职责履行存在瑕疵的结论。Purcell 等（2014）利用问卷调查研究了审计委员会制度是否有助于提升政府部门绩效的问题，调查对象包括市长、首席执行官以及审计委员会主席等，研究结果表明：尽管有些问题为否定答复或没有回答，但是李克特量表的平均值倾向于"审计委员会的流程适当且到位，运作令人满意"的结论。Bolivar 等（2015）则根据 29 个国家最高审计机关的问卷调查，从审计人员对政府财务报告的监督视角，分析了利用公允价值法（FVA）代替历史成本法（HCA）以提高政府财务报告透明度的政治决定是否可行的问题，研究发现：不同国家最高审计机关的观点支持建立 FVA 模型，但采用 FVA 将带来更高的审计成本，需要进一步通过立法改革、国际化和技能培训来满足有关财务信息可靠性的要求。基于问卷调查开展统计分析方法在国家审计研究中得到广泛应用，问卷调查的数据可以来源于单个国家的样本或者跨国样本。我们认为，其主要优势是解决了大样本实证研究所需数据库欠缺的问题，各国研究者通过设计并发放调查问卷，建立研究所需的专业数据库，从而有效实现研究目标。

1.3.3.3 案例研究

Triantafillou（2015）结合公立大学教学质量审计的案例，研究了丹麦审计署如何利用关键绩效指标简化对复杂活动的评估，以及根据审计结果，教育部和大学如何以不同的方式评估和管理他们的教学，案例表明，丹麦审计署为建立新的教育预算系统做出了巨大努力，更重要的是推动了依据具体标准对大学教育质量开展的年度评估。Simon 和 Smith（2008）采取新公共管理方法（NPM）对美国审计署和英国审计署的能力进行了比较分析，结果表明，前者在监督和问责政府方面的能力要优于后者，且更有可能实现一些扩展功能，这种有效性来自美国审计署的权力和合法性来自成文宪法；相比之下，在英国却没有定义国家与公民之间关系的等效文件。因此，职能和权力来源于宪法的美国审计署比受到行政部门限制的英国审计署，更有可能实现新公共管理的主要目标。根据表 1－3，典型案例分析是国家审计中最主要的研究方法，案例研究的对象，既包括欧美等发达国家，也包括亚非拉等一些欠发达国家；既包括单案例研究，也包括一些多案例分析。与大样本实证研究方法相比，案例研究更适合深入、系统的解释"怎么样"和"为什么"之类的问题。

1.3.3.4 内容分析

Knapp 等（2011）基于 4 份政府审计报告，利用信息安全知识共同体的相关标准，对审计报告中操作安全、数据中心管理、物理安全和灾难恢复计划等若干问题的关键词进行识别、编码和归类，总结出与信息系统安全相关的共性问题。Pollitt 和 Summa（1997），Talbot 和 Wiggan（2010）以各国最高审计机关（SAI）发布的年度报告为载体，通过内容分析方法对各 SAI 的工作绩效进行分析。内容分析法（Content Analysis）作为一种媒介信息量化研究的工具，被广泛用于分析议会声明、司法条文、政府工作报告、互联网页、新闻出版物和专栏文章等各类媒介信息的量化研究。在当前国家审计研究中，主要是利用内容分析法的基本原理，对相关的立法条文、审计报告以及年度报告等基本信息和主要内容进行整理归类，对能够反映总体情况的重要信息进行提取、处理和统计。

1.3.3.5 逻辑推理

Kells（2011）对人们一直以来就绩效审计的赞誉观点提出了质疑，他利用文献综述和逻辑推理方法提出绩效审计的"七宗罪"，包括：反创新、过分挑剔、期望差距、变相恭维、标题党、不必要的系统、空洞的仪式等。逻辑推理作为理论性论文（Conceptual Paper）的分析方法，在强调学术导向的 SSCI 来源期刊中并不常见。在国家审计研究中，逻辑推理主要用于表达新颖的学术观点或阐述某一领域的前沿发展。

1.3.4 总结与启示

通过对相关 SSCI 来源期刊学术文献的整理和分析，我们发现：国家审计的研究文献虽然在数量上与注册会计师审计相比仍显单薄，但并非如想象中匮乏。当前国家审计研究文献具有如下特点：一是学科分布比较广泛，文献来源期刊分别归属于政治与法律、商业与经济、评估与决策、财务与会计等各个领域；二是作者机构主要集中在欧洲和大洋洲，包括英国、澳大利亚以及部分北欧国家（挪威、丹麦和瑞典）等，而在美国会计学术界很少关注国家审计研究；三是国家审计研究文献自 2007 年以来呈现较快增长的趋势，研究潜力和学术价值日益凸显。

美国在经济与科技领域的国际领先地位，使得国内很多学者在科学研究中尤其关注来自美国学术机构或学术期刊的研究成果，但作为社会科学的研究领域，中美两国国家审计拥有不同的历史渊源、制度背景和审计体制，不能简单照搬彼此经验。美国奉行"市场最大化、政府最小化"的盎格鲁—撒克逊经济模式，强调政府对经济的较少干预，即使是联邦拨款的财务报表审计，多数也是由注册会计师来完成的。美国审计署（GAO）经过多年发展，其主要职能已经演变为对公共政策和政府项目进行绩效评估。在美国，国家审计署不从事对联邦政府各部门（财务报表）的财务审计,① 这些工作主要由监察长办公室（OIG）或者委托给注册会计师进行；而在各州和地方政府层面，对政府部门的审计也主要由公共部门内部审计或委托注册会计师开展。

正因为如此，美国会计学术界的研究传统一直重点关注本市场与注册会计师审计，在 *Accounting Review*（AR）、*Journal of Accounting Research*（JAR）、*Journal of Accounting and Economics*（JAE）等美国三大会计权威期刊，以及美国会计学会（AAA）主办的审计领域专业期刊 *Auditing：A Journal of Practice and Theory*（AJPT）上，很难发现研究国家审计的文献。相反，在欧洲以及世界其他国家，由于各国审计体制、审计文化、审计职能的多元化，以及一些国家对经济的干预政策等，国家审计的研究引起了会计学术界的关注，一些主流会计学期刊，如英国的 *Accounting，Organization and Society*（AOS）、澳大利亚的 ABCAU 等也开始刊登国家审计方面的学术论文。值得一提的是，国家审计研究文献，在政治与法律学科领域的期刊上一直是无国界差异的，包括美国著名公共管理期刊 *Public Administration Review*，*Public Management* 上都刊发过国家审计的研究论文。

通过对 SSCI 来源期刊 32 篇国家审计学术文献的整理和分析，不仅在一定程度上丰富了当前国家审计研究的学术文献，同时上述文献对我国当前国家审计研究也具有借鉴和参考价值。

具体而言，对我国国家审计研究的启示主要表现在以下方面：

研究人员来源应提倡学科专业多元化。国家审计是为满足国家治理的客观需要而产生和发展的，因此，国家审计的研究必须服务于上层建筑和政治基础、服务于维护国家经济安全和财经秩序、服务于财政监督与绩效评价的客观需要。从国际上看，国家审计的研究文献分布于多个学科领域的学术期刊，国家审计研究表现出多样性和专业性的统一，政治学、法学、社会学、历史学、经济学、管理学等不同学科背景的学者从各自角度出发，会带来不同的思想和观点碰撞。目前我国国家审计研究尚有许多理论问题亟待解决，应大力提倡百花齐放和百家争鸣，不断丰富国家审计理论体系，推进国家治理体系和治理能力的现代化进程。

研究主题应微观视角和宏观视野并重。从国外文献可知，国家审计的研究主题既包括审计业务现状与未来发展，以及审计程序和技术方法等微观视角的研究；也包括将国家审计纳入有关经济、社会背景下，对其职能

---

① 根据相关法律的规定，GAO 仅负责对联邦政府合并财务报表发表审计意见，但审计报告格式和审计意见类型与民间审计一致。

定位、经济效果和沟通策略等宏观视角的研究。当前，我国国家审计研究在业务与技术层面已经比较丰富，国家审计作为国家治理的重要组成部分，对国家审计的解读就不能仅局限于其自身，而更应该从我国政治制度、权利基础、经济发展模式、历史文化传统等宏观背景出发，阐释国家审计的使命与职责，从而总结我国国家审计的时代特征，把握其内在发展规律。

研究方法应重视问卷调查和案例研究。首先，与公司财务信息相比，由于保密、授权或敏感因素的限制，政府信息披露无论在数量还是范围上明显要少得多，在国家审计的实证研究中，为弥补公开数据的不足，应借鉴国际经验，将问卷调查和访谈作为最主要的研究方法。其次，在推进中国特色国家审计走向世界的过程中，有必要通过规范的案例研究，将我国国家审计30多年发展的有益经验和良好实践展示出来，为各国最高审计机关促进政府良治提供示范引领。

研究方式应鼓励学术界与实务界合作。根据对32篇文献的作者统计，有1/6的作者来自于实务部门，例如，英国审计署和伦敦政治经济学院合作的论文，发表在国际运筹学领域的重要期刊——*Interfaces* 之上。在我国，国家审计领域需要进行扎实的理论研究，同时结合我国审计事业向高端发展的客观需要，审计理论研究应不脱离中国特色社会主义的具体实践，并形成可运用于实践的研究成果。在理论与实践结合方面，应鼓励学术界和实务界合作，通过深入调查分析和比较研究，准确把握问题，进而分析和解决问题。

1.4 审计质量文献综述[①]

在审计职业界，审计质量是一个永恒的话题。

审计质量问题伴随着审计职业的产生就出现了，高质量的审计监督被认为是资本市场发展、公司治理完善以及国家经济安全的重要制度保障。审计质量是审计工作的生命线，随着现代审计功能的不断拓展，审计质量成为一个常说常新的话题，并形成了一系列相关的研究成果。

---

① 黄溶冰. 关于国家审计质量的认识与思考［R］. 工作论文，2017.

1.4.1 审计质量的内涵特征

关于审计质量，实务界和理论界的认识并不完全一致。审计实务界侧重从过程角度理解审计质量的内涵，将审计质量定义为审计人员对于审计准则的遵循程度（O'Keefe et al.，1994a），认为审计质量反映审计工作水平的高低，并通过审计工作全过程各个环节综合地表现出来（李金华，2001）。

在审计理论界，对审计质量内涵的理解有三种不同的态度，一是与实务界一致，从过程角度定义审计质量。二是从结果角度定义审计质量，认为审计质量是一种保证程度，是所审计的财务报表不含实质性错报的可能性（Palmrose，1988）。三是从综合角度定义审计质量，例如，DeAngelo（1981）提出了一个衡量审计质量的概念性框架，认为审计质量是审计师"发现"并"报告"财务报表中存在重大错报的联合概率，这也是目前广泛接受的关于审计质量的定义。DeAngelo（1981）关于审计质量的定义突出以下三个方面的信息（Watts and Zimmerman，1986）：（1）抓住了审计的固有功能，即检查和报告财务报表中的缺陷。虽然审计整体目标在不同的历史阶段有不同的具体内容，但检查和报告财务报表中的各种错误和欺诈问题一直是审计师绝对不能忽视的责任，否则审计职业就失去了其存在的社会意义。（2）把握住了影响审计质量的两大关键因素，即审计师的独立性和胜任能力。独立性是审计职业的本质和灵魂，胜任能力是审计质量的基石。审计监督之所以具有价值，就是建立在审计师愿意并且能够站在客观公正的立场上充分揭示会计信息风险的基础上。（3）从概率的角度定义审计质量，意味着审计质量并不是一种固定的表现形式，而是呈现出一定的差异性或称为多样性。

在借鉴国际经验的基础上，国内学者对于审计质量的讨论包含如下观点：

审计质量是指审计工作的优劣程度（于玉林，1988）。

审计质量包括内涵和外延两个部分，分别是审计实施过程中各个作业环节的工作质量和外在社会效益，前者指审计实施过程中各个环节应达到的标准，后者表现为三个方面：在国家宏观调控方面发挥作用；为廉政建设服务；为提高企业经营管理水平服务（中国审计学会，1990）。

审计质量具体表现为审计人员的质量和审计过程的质量，最终体现为审计报告的质量。其核心就是审计工作在多大程度上增加了财务报表的可信性（张龙平，1994；张龙平和张敦力，1997）。

审计质量即审计工作体现出的合法性、准确性、客观性和效益性的程度，它贯穿于审计活动的各个方面。审计质量的概念包含了两个方面的内容：一是审计结论质量；二是审计工作质量。审计结论质量是指审计人员最终提出审计报告的优劣程度；审计工作质量是对审计业绩通过客观标准检验作出评价，评定整个审计工作的优劣程度（古淑萍，2001）。

审计质量是审计结果达到审计目标的有效程度（徐政旦等，2002）。

审计质量是审计工作水平的综合反映和集中体现（刘英来，2003）。

审计质量是指审计工作过程及结果的优劣程度，它包括两个方面的要求：一是审计人员要按照规范的审计工作程序，采取科学的审计方法全面、准确地进行检查，有客观、可靠、充分的审计证据支持其观点；二是审计的结论准确、客观地反映实际情况，适用法规正确，处理恰当，较大程度地实现审计目的（王尚哲，2004）。

审计质量指审计活动提供的服务满足经济控制，以保护委托—代理关系中委托人及其他相关者正当利益需要的程度（成法民，2007）。

审计质量是审计服务的一组固有特性整合起来对会计信息可靠性的保证程度（聂曼曼，2009）。

通过比较国内外学者对"审计质量"的各种描述，我们可以看出，虽然其表达形式、表述方法不尽相同，所确定的审计质量的基本含义、范围各有侧重，宽窄不一，但在内涵和外延上基本包括了审计过程的质量和审计报告的质量两个方面。

审计报告的质量类似于产品质量，也就是说审计报告是审计的"产品"，而审计过程质量类似于生产质量，即审计业务操作过程就是审计的"生产过程"。从两者的关系看，审计过程的质量决定审计报告的质量，而审计报告质量是审计工作质量的集中体现和最终反映。

近年来，一些学者不再局限于从审计人员自身而是从审计服务（产品）的使用者（用户，客户）角度理解审计质量的内涵，指出无论是从过程视角还是结果视角定义审计质量，都必须强调审计服务的质量最终体现在更好、更有效地满足客户（如股东、纳税人等）的持续需求上（Bent and Lars，1998；Duff，2009；黄溶冰和李玉辉，2009）。这一观点在国家审计中同样得到认可（Samelson et al.，2006；Aikins，2012）。在我国，史宁安等（2006）从符合性、适用性和用户满意三个层次分析了审计质量的内涵，指出审计质量就是审计委托人对审计产品的满意程度，就国家审计而言，领导满意、人民群众认可，就是真正的审计高质量。孙宝厚（2008）指出，审计质量有狭义和广义之分，狭义审计质量，是审计结论与被审计事项真实情况的吻合程度；广义审计质量，则是审计结论与被审计事项真实情况的吻合程度以及对审计需求的满足程度。二者的差异在于，狭义审计质量，就事论事，孤立地看待审计结论与被审计事项真实情况之间的关系，即使审计质量高，也可能是审计需求方所不关心、不需要或不满意的；广义审计质量，是把狭义审计质量与外在需求紧密联系，同时顾及对审计需求的满足程度。这种吻合程度及满足程度越高，审计质量就越高。

赵劲松（2005）在分析我国国家审计质量的特征时认为，国家审计除了应具备技术性特征（能否发现财务报表存在的错弊）、独立性特征（能否报告已发现的财务报表错弊）之外，还应具备行政性特征（能否及时处理违规违纪问题），行政性特征集中体现在审计处理权上，其性质是一种纠偏措施，具有矫正性和补偿性，目的是为了及时纠正违反规定的财政、财务收支行为，维护经济社会秩序和国家利益。中国拥有与世界上诸多国家不同的政治和经济体制，国家审计发展道路也具有鲜明的中国特色（王会金等，2012），国家审计是国家治理的组成部分，是国家治理的基石和重要保障（刘家义，2015），国家治理的需求和目标决定了我国国家审计的特征，具体表现在：除具有独立性、权威性、公正性等一般特征外，还具有批判性、建设性、服务性、宏观性、主动适应性和开放性等反映国家治理需要的特征（尹平和戚振东，2010）。我们认为：在我国，国家审计不仅仅是一种产品，更是一种服务，国家审计的审计质量不仅体现在审计报告上，还取决于审计结果的整改和落实上（王跃堂和黄溶冰，2008）。

1.4.2 审计质量的影响因素

资本市场上不断出现的审计失败案例，引发各国学者对民间审计质量影响因素的高度关注。其主要的代表性观点归纳如下：一是审计环境因素对审计质量的影响，包括审计市场结构（O'Keefe et al., 1994b；刘明辉等，2003）、法律环境（Schwartz, 1997；刘峰等，2002；Francis and Wang, 2008）、行业监管（吴溪，2008；Defound, 2010；Gunny and Zhang, 2013）以及注册会计师的任期制度（Geiger and Raghunandan, 2002；Ghosh and Moon, 2005；王跃堂和陈世敏，2001；陈信元和夏立军，2006）等。二是审计主体因素对审计质量的影响，包括审计师的道德理性（Ponemon, 1992）、审计师的时间预算（Kelly and Margheim, 1990；Elitzur and Falk, 1996）、行业专门化（Owhoso et al., 2002；蔡春和鲜文铎，2007）、业务多元化（Kinney et al., 2004；董普等，2007）、审计收费（Magee and Tseng，1990；方军雄和洪剑峭，2008）、事务所规模及组织形式（DeAngelo，1981；原红旗和李海舰，2003；漆江娜等，2004；Francis and Yu，2009）等。三是审计客体因素对审计质量的影响，包括盈余操纵行为（Teoh and Wong，1993；Becker et al.，1998；夏立军和杨海斌，2002；徐浩萍，2004）、公司治理结构（Lennox，2005；肖作平，2006；Abbott et al.，2007）等。

综上，审计主体、审计客体和审计环境都会对审计质量产生影响，其中审计主体及其表现出来的执业能力和独立性在审计过程、审计报告中发挥直接影响；而审计环境和审计客体通过作用于审计主体，会间接影响审计主体的执业能力和独立性，进而影响审计质量（张龙平和张敦力，1997）。

与注册会计师主要关注财务报表审计不同，国家审计的业务范围包括财务审计、合规性审计和绩效审计等。在一些国家，注册会计师仍参与公共部门的财务审计，例如，在美国，依据1984年《单一审计法案》（The Single Audit），主要由注册会计师对接受联邦拨款的地方政府执行财务报表审计，美国审计总署（GAO）拥有对注册会计师在公共部门审计的审查权，研究结果表明，与对私营公司的审计质量类似，注册会计师对公共部门的审计质量受到审计市场结构、审计任期、行业专长、事务所规模等因素的影响（Deis and Girous，1992；Colbert and O'Keefe，1995；Samelson et al.，2006；Lowensohn et al.，2007）。对于绩效审计、司法审计（合规性审计）、专题审计（如政策评估等）以及合并财务报表的审计而言，最高审计机关往往是上述领域的垄断者（De Martinis and Clark，2003），组织规模、行业专长以及收费溢价等执业能力不再是审计质量的决定性因素，审计师独立性成为影响审计质量的关键因素（Clark et al.，2003）。Clark等（2007）指出，最高审计机关审计质量的影响因素可以归纳为两个方面，即受托于议会的责任机制和最高审计机关的履职能力，受托于议会的责任机制包括议会决策机制、经费保障和监管机制等，最高审计机关的履职能力包括法定职责和问责能力等。

与世界上大多数国家采取立法型或司法型审计体制不同，我国属于行政型审计体制。审计机关的独立性更多地受到审计体制而非审计市场的影响。吴联生（2002）指出，审计机关的隶属关系对审计质量会产生影响，独立性较强的特派办在审计质量上要高于独立性较弱的地方审计机关。郑石桥和尹平（2010）进一步指出，审计机关的地位与审计处理执行效率呈反向关系，其制度背景是行政隶属模式和双重领导体制。王芳等

（2012）发现，同样隶属于审计署，特派办的审计质量要高于派出局的审计质量。黄溶冰（2012）分析指出，地方审计机关因双重领导体制更容易被"规制俘获"，从而影响经济责任审计的审计质量。马曙光（2007）实证分析了审计人员素质和胜任能力对审计质量的影响，指出审计人员学历、年龄和专业之间的合理搭配有助于提高审计质量。审计客体情况的差异，同样会对审计质量产生不同程度的影响，王芳和周红（2010）发现，如果以揭露重大违法违规违纪问题或者重大违法犯罪案件线索为审计质量的衡量指标，金融审计和企业审计的审计质量表现得更高。除审计主体和审计客体之外，审计环境也被认为是影响我国国家审计质量的因素。董延安（2008）提出地区经济发展等外部环境会间接影响国家审计的审计质量；叶子荣和马东山（2012），王芳和彭超然（2015）通过实证研究指出公众参与程度与国家审计质量正相关。一些学者探讨了技术环境对审计质量的影响，例如：项荣（2007）研究了异地交叉审计方式对审计质量的影响，认为在异地交叉审计力度保持合理水平的前提下，审计项目计划执行能取得较好的效果。赵劲松（2005）认为影响国家审计质量的因素可以概况为8个方面，分别是：审计人员的专业知识和审计技术、审计人员理解和执行国家政策法规的能力、审计人员的宏观视野和分析能力、审计人员的数量、审计工作量、审计人员的声誉、审计体制独立程度、审计发现问题被纠正的程度。

一些研究成果认为存在着低审计质量的感染机制，例如 Francis 和 Michas（2013）的研究发现：会计师事务所在某一期审计失败会通过交互作用影响到其连续五期内的审计质量。黄溶冰和王跃堂（2010）以我国31个地方审计机关的面板数据为分析对象，研究了以审计处理、处罚、移送为代表的审计效力，以审计落实、整改、采纳为代表的审计效果之间的互动机制对审计质量的影响，分析结果表明重效力轻效果，重查案轻预防是近年来审计机关出现"屡审屡犯"现象的重要原因。

1.4.3　审计质量的衡量标准

审计师"发现"和"报告"财务报表中重大错报的联合概率分别与审计过程和审计结论有关（DeAngelo，1981），据此一些学者认为审计质量可以分为程序质量和结果质量，前者是通过审计人员在审计过程中是否遵循审计准则来判断审计质量，后者是根据审计报告的披露情况来判断审计质量（Sutton and Lampe，1991）。实际上，因审计质量难以直接观察和计量（Watkins et al.，2004），往往以各种替代变量衡量审计质量，例如，

Geiger 和 Raghunandan（2002）搜集了美国 20 世纪宣告破产的上市公司资料，用审计师是否事前在审计报告中对其持续经营能力提出质疑作为衡量审计质量的标准。类似的替代衡量指标还包括：（1）用审计费用替代审计质量；（2）用非标准审计意见替代审计质量；（3）用盈余质量替代审计质量（谭楚月和段宏，2014）。

事实上，目前尚无法找到一个普遍接受的审计质量的衡量标准（Kilgore et al.，2011）。Knechel 等（2013）认为：对审计质量的评价往往取决于评价人所处的角色。财务报表使用人认为高审计质量体现在所审计的会计资料不存在重大错报；注册会计师认为高审计质量意味着审计师遵循审计准则的要求开展工作；会计师事务所认为高审计质量可以减低诉讼风险；监管机构认为高审计质量能够有效保护投资者权益。因此，审计质量的衡量标准和评价指标应具有包容性，以满足不同利益相关者的需要。

Francis（2004）指出，审计质量同一研究主题由于模型设定或衡量标准不同，研究结论也会有所差异，我们没有办法从现有研究中获取审计质量最佳水平的经验证据，也无法判断当前的审计行为是"太多"了还是"太少"了。Francis（2011）进一步指出，审计质量受到审计投入、审计过程、审计行业与市场、管理机构和审计的经济后果等多因素的影响，是从最低审计质量到最高审计质量的连续统一体，导致审计失败的最低审计质量发生概率尚不足 1%，而超过 99% 的"非审计失败"并不意味着"高质量"，审计质量的优劣不能依据一个或有限几个衡量指标轻易得出结论，而需要从一个整体的角度来衡量和评价。

Duff（2004，2009）建立了一个审计质量的综合评价模型——AUDITQUAL，评价模型最初考虑了声誉、能力、保证性、独立性、专长、经验、回应性、主动性和非审计服务 9 个维度，后来进一步整合为竞争、独立、关系和服务 4 个维度，该模型已被苏格兰特许会计师公会采纳。我国学者也从多角度对会计师事务所的审计质量评价指标体系进行了探索，例如，孙永军和丁莉娜（2009）通过主成分分析，从行为成熟度、责权结构、技术水平和规模与信誉 4 个因素，对我国 100 强事务所的审计质量进行了综合评价和排序。此外，英国财务报告委员会（FRC）、国际审计和鉴证委员会（IAASB）和澳大利亚财政部分别开发了多维审计质量评价体系。

对于国家审计而言，由于审计对象和审计内容不同，衡量审计质量的标准与民间审计并不完全一致。Copley 和 Doucet（1993）认为，政府审计质量代表了对审计工作和审计准则的遵循程度，并以审计报告和工作底稿的评价作为审计质量的衡量依据。Raman 和 Wilson（1994）指出，可以从 3 个方面衡量最高审计机关的审计质量：一是审计人员是否具有专业胜任能力，熟悉法律法规和审计准则规范；二是审计人员是否尽职尽责地开展工作，将审计风险控制在可接受的水平；三是审计人员是否报告已经发现的各类核算错误、违规行为以及控制弱点。在具体的评价指标方面，Berry 等（1987）以审计师在联邦和州政府项目中执行必要审计程序的程度反映其工作质量。Hepp 和 Mengel（1992）以同业互查中对审计报告的复核结论作为判断审计质量的标准。López 和 Peters（2010）以审计中披露的内部控制缺陷情况作为衡量执行 A－133 公告审计质量的标准。马曙光（2007）以审计的财务效益（审计查出的违规金额扣除预算投入）和审计结果被采纳情况来衡量审计质量。黄溶冰和王跃堂（2010）分别以人均审计决定处理处罚金额、人均移送司法机关和纪检监察部门的涉案人数、人均提交专题或综合性报告及信息简报的篇数等 10 个指标来衡量审计质量。王芳和周红（2010）根据国家审计署《优秀审计项目评分标准》来评价审计质量，研究发现程序质量与结果质量之间呈显著的正相关关系，并指出如果难以获取程序质量指标，结果质量指标可以作为恰当的替代指标来代表国家审计质量的总水平。

1.4.4　审计质量的控制手段

审计质量控制一直贯穿于注册会计师职业发展的全过程。针对有可能降低审计质量的行为，注册会计师行业组织和监管机构（如 SEC，PCA-OB 等）不断完善相关的制度设计，其中既包括职业后续教育、事务所强制轮换、审计与非审计业务拆分等与执业能力或独立性有关的规定，也包括会计师事务所内部质量控制、同行复核、外部监督检查等方面的具体要求（Bedard et al.，2008）。尽管对不同质量控制手段的效果尚存在争议，但研究者普遍认为，各国在审计质量控制方面的努力对民间审计质量的提高产生了积极的影响（Casterella et al.，2009；Defond，2010；Gunny and Zhang，2013）。

对国家审计质量控制的重视开始于 20 世纪 80 年代。1986 年，美国审计总署（GAO）随机抽取了 120 份由注册会计师（CPA）执业的联邦财务拨款审计，并进行了复核。结果发现，没有遵守公认政府审计准则（GAGAS）的占 34%，其中又有超过半数严重违反准则。GAO 认为，这些审计没有就联邦资金的使用是否遵守相关法案的规定提供充分保证。同年 3 月，GAO（1986）发布了一份题为《CPA 审计质量：许多政府审计不遵守职业准则》的研究报告，在报告中，GAO 建议会计职业界改进政府会计与审计教育状况，以及提高 CPA 执行政府审计的质量。作为对 GAO 的回应，美国注册会计师协会（AICPA）于 1987 年 5 月发布了《关于政府部门审计质量的紧急任务报告》，从 5 个领域 25 个方面提出加强政府审计质量控制的措施（AICPA，1987）。1989 年，GAO（1989）再次发布了一份题为《单一审计质量有所提高但实施中仍然存在问题》的研究报告，要求执行公共部门审计的审计师必须严格遵循政府审计准则和质量控制程序。虽然在 2007 年的一份报告中，GAO（2007）指出联邦政府审计的内部控制测试中仍存在瑕疵，但许多研究表明，包括后续教育、审计指南、质量复核以及《萨奥法案》（SOX）等控制手段确实带来了政府审计领域审计质量的提高（Brown and Raghunandan，1995；Lowensohn and Reck，2004；López and Peters，2010）。

同业互查在国家审计领域是一个相对较新的质量控制工具，近年来其作用日益凸显。同业互查可以帮助回答"谁来审计审计师"的问题（Walker，2006），世界审计组织（INTOSAI）能力建设委员会一直致力于推行自愿性同业互查制度，并制定了《同业互查指南》。据统计，1999~2011 年，已经成功开展了 24 个同业互查项目，共有 30 多个最高审计机关参与到项目中（Engels，2011）。最高审计机关欧洲组织（Eurosai）除开展同业互查之外，还定期组织审计工作小组内部的自我评估，以期在同业互查之前发现存在的不足以及实施整改计划（Eurosai，2010）。

在我国，审计机关质量控制主要采取内部三级复核制度，同时，一些学者也开始探索通过管理创新提高审计质量的途径。湖南省审计学会（2007）认为可以通过审计业务管理模式创新来加强审计质量控制，改革现有按审计内容划分业务部门而以审计职责分配管理职能，利用计划、审计、审理、执行的"四分离"控制审计质量。孙宝厚（2008）提出了全面审计质量控制的思想，并通过审计报告—审计实施—审计方案，以及事—人—制相结合实施系统控制。王跃堂和黄溶冰（2008）认为应该从过程、结果与效果 3 个方面加强审计质量控制，并借鉴全面质量管理的思想设计了审计质量控制体系框架。赵保卿等（2010）基于成本预算视角研究了国家审计质量控制问题，认为可以通过对审计高风险领域或重要业务环节加大审计资源投入，实现对整体审计项目的质量控制。吕志明（2012）通过多阶段三方博弈分析后发现，制度安排、监督机制和审计成本是制约国家审计质量的重要变量，为了提高国家审计质量，应当引入恰当的激励机制、惩罚机制、岗位责任制，以及完善国家审计内外监督机制和审计结果公告制度。

1.4.5 简 评

国内外关于审计质量的前期研究成果，具有重要的借鉴参考价值，也带来了如下启示：

首先，提高审计质量是实务工作者、行业监管者和学者们的共同目标。从审计职业的发展历程来看，针对审计失败以及审计质量中存在的瑕疵，理论研究为政策制定和制度设计提供了大量经验证据，对审计质量近一个世纪以来的"螺旋式"上升作出了持续性贡献（Francis，2011）。

其次，民间审计质量一直是资本市场的研究热点。但民间审计与国家审计在审计对象、审计目标、审计内容等方面存在较大差异，民间审计的审计对象是企业财务收支及报告；目的是保护投资者权益，服务于公司治理，维护资本市场的稳定；主要偏重财务审计。国家审计的审计对象是政府财政财务收支及有关经济活动；目的是保护纳税人权益，服务于国家治理，推动公共管理的完善；除财务审计之外，还开展合规性审计、绩效审计、专项调查等。

再次，从世界各国最高审计机关的实践来看，普遍通过促进公共资源使用中的责任性和透明度，推动公共部门实现良好治理，重视报告审计中发现的问题、审计建议以及被审计单位的回应（Pollitt and Summa，1997；González - Díaz et al.，2013；Bringselius，2014）。在我国，因法律上赋予了审计机关必要的行政权力（如审计处理处罚权），使审计机关在公共事务管理中承担了更重要的角色，在履行监督职责时，审计机关需要在发现和报告问题的同时，对违法违纪的财政财务收支行为进行"纠偏"，提出改善政府公共管理能力、提高政府公共服务质量的审计意见和建议，通过审计免疫促进国家治理的完善（杨肃昌和李敬道，2011）。

最后，对世界上大多数国家的最高审计机关而言，提高审计质量的措施主要是质量控制制度和同业互查制度等内部制度设计，因为他们的最高审计机关已经解决了审计监督的独立性问题。我国实行行政型审计体制，审计机关履行的是政府内部独立于其他行政部门之外的经济监督，实际上相当于政府序列的"内部"审计（刘力云，2002），审计环境和独立性因素对审计质量产生了很大的影响。传统的仅依靠审计机关内部改革来获取审计质量的提升已经不能满足社会公众的需求和经济社会发展的要求，迫切需要从外部制度安排和内部制度设计两个层面开展政策调控。

如表1-4所示，国家审计与民间审计关于审计质量内涵和外延的理解并不完全一致，国家审计质量的研究不能简单照搬民间审计的经验。

表 1-4　　　　　　国家审计、民间审计关于审计质量认识的比较

项目	民间审计	国家审计
内涵	发现问题、报告问题	发现问题、处理问题、整改问题
特征	技术性、独立性	技术性、独立性、行政性
重点	查错纠弊	审计免疫
服务	公司治理	国家治理
属性	产品质量	产品质量、服务质量

国家审计产生于公共受托经济责任关系的确立，作为国家治理的重要组成部分，国家审计应充分运用监督、评价和鉴证职能，服务于国家治理（蔡春等，2012）。国家审计的内在机理在于及时发现问题、依法处理问题、充分利用成果、依法报告工作（宋常，2009），其核心是实现国家良好治理，更好地维护广大人民群众的根本利益（刘家义，2012；刘家义，2015）。因此，国家审计质量必须体现社会公众和审计报告使用者的要求，关注从审计结果角度衡量审计质量，更好地服务于广大审计委托人的需要。① 在我国当前的国情和体制下，作为国家治理系统中内生的具有预防、揭示和抵御功能的"免疫系统"，国家审计应服务于国家治理现代化的需要，避免损害广大人民群众利益的违法违规问题"屡审屡犯"。

如果将国家审计活动视作一个让用户满意的产出过程（史宁安等，2006），其质量就不仅仅停留在审计报告的"产品"阶段，还应包括一个延伸的"服务"过程，即国家审计质量的内涵不仅包括能够发现违法违纪问题、报告违法违纪问题，还应该包括及时对违法违纪问题进行处理和整改。如果国家审计的质量目标仅限于发现和报告违法违纪问题而忽视了处理和整改违法违纪问题，就像医生仅仅诊断和指出了患者的疾病，而没有采取有效的措施治疗患者的疾病一样，这一过程必将是不完美的，甚至是不合格的（王跃堂和黄溶冰，2008）。

国家审计的根本目的是保障人民群众根本利益，国家审计是否成功的标志需要重新界定——不是发现报告的问题越多越好，而是要让审计意见建议得到整改落实，进而逐步减少违法违规行为。从审计结果和公众满意

---

① 实际上，在审计质量研究中，很少采取程序审计质量指标，其主要原因在于：审计过程具有隐蔽性，难以观察和衡量，这在国家审计中由于审计档案的保密性尤其突出。另外，即使可以测量审计程序的质量，由于调查审计程序需花费较高的成本，难以对所有的审计对象展开调查，这可能导致样本的代表性存在缺陷，削弱研究结论的可靠性。

的角度来看，审计机关的审计质量体现在两个维度，一是审计效力（体现为审计处理质量，即查实违法违纪问题作出审计决定的情况），二是审计效果（体现为审计整改质量，即审计决定得到追责落实的情况）。查实问题多、整改和落实问题少，自然不会产生良性循环；只有查实问题后，及时有效地整改问题，推动完善制度，健全法制，减少问题产生的根源，降低问题发生的几率，才能真正意义上提高国家审计的审计质量，进而不断彰显审计机关的公信力和影响力。

1.5 研究框架与研究方法

1.5.1 研究框架

本书的研究内容包括：绪论（第1章）；国家审计质量的现状特征分析（包括第2~4章）；国家审计质量的经济后果分析（第5~7章）；国家审计质量的影响因素分析（第8~9章）；国家审计质量的演化机理分析（第10~11章）；国家审计质量的政策调控分析（第12~13章）。

本书各部分内容的逻辑关系如下：根据初步的经验证据，我们认为当前审计工作中存在的"屡审屡犯"现象是审计效力与效果二元化（重效力、轻效果；审计查出问题高质量，审计整改问题低质量）所引发的。因此，我们首先对我国国家审计质量的现状特征进行深入分析。其次，我们分析国家审计质量的现实表现带来的经济社会后果（如：财政违规行为、地区腐败水平以及证券市场表现等）。在此基础上，我们探讨导致国家审计低质量的主要风险因子，分析我国国家审计质量的影响因素。进而，针对国家审计质量期望值与现实表现的差距，从审计效力与效果协同的理论高度阐释对国家审计质量的新认知，在对不同协同强度审计策略的模拟仿真和实证检验基础上，提出高质量国家审计的模式和路径。最后，综合以上研究，设计我国国家审计质量的质量评价体系和质量控制体系。

本书立足于新形势下国家审计质量的科学内涵以及现实中"屡审屡犯"现象所折射出的审计质量问题，以国家审计服务于国家治理目标实现为主线，以公共管理学、系统科学、政治学、现代审计理论等规范研究为先导，以数理分析、实证检验、仿真模拟、案例分析的结论来促进上述规范理论的完善，从审计效力（查实违法违纪问题作出审计决定的

情况)、审计效果（审计决定、审计移送和审计建议整改落实的情况）
双维视角开展国家审计质量的系统研究。本书的结构安排如图 1 - 2
所示。

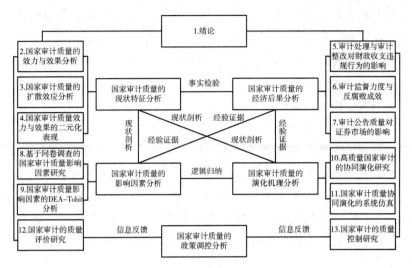

图 1 - 2　本书的结构安排

1.5.2　研究方法

1.5.2.1　理论分析

对国内外审计质量相关研究文献进行深入的阅读与分析，通过梳理、
总结和比较，将研究视角聚焦在中国特色行政型隶属模式的国家审计质量
研究上。综合多学科理论，开展国家审计质量治理机制与实现路径研究。
例如，通过国家治理理论、人民主权理论和信号传递理论阐释高质量国家
审计的动因；利用破窗理论和协同理论为国家审计发挥"审计免疫"功
能提供理论支撑等。

1.5.2.2　数理分析

结合具体研究情境，分别开展数理分析。在国家审计质量演化机理分
析中，利用系统动力学构建审计效力—效果动态演绎关系的国家审计质量
演化模型，通过对不同递推方案仿真结果的差异性研究，探求从"屡审
屡犯"到"审计免疫"的演化路径与解决方案。在国家审计的质量评价
研究中，构建审计质量变权综合评价模型，利用变权原理建立"惩罚"
和"激励"机制，通过权重分配实现对审计效力与效果因素的协同和
制衡。

1.5.2.3 统计分析

在研究的过程中，一是运用描述性统计、聚类分析、数据包络分析、多元回归分析对国家审计质量的特征表现和经济后果开展研究；二是结合问卷调查和实地访谈，运用结构方程模型对国家审计质量的影响因素开展研究。在文献分析和调查分析的基础上，提出假设、确定变量、构建模型，对统计数据和问卷（量表）数据进行实证检验、对结果进行讨论，探寻其中的规律和经验证据。统计分析的数据来源于统计年鉴、审计结果公告的内容分析以及课题组的问卷（量表）调查等。

1.5.2.4 案例分析

通过对国内外典型案例的剖析，归纳整理国家审计质量的良好实践，为理论研究提供实证、例证和史证。通过深度访谈和实地调研，以案例研究的方式，推动相关理论方法（如评价指标体系）在审计机关质量管理中的运用，实现理论在实践中的互动与完善；通过动态追踪等手段，总结各国最高审计机关审计质量控制的有益经验，为构建国家审计质量控制体系提供合适素材。

第2章 国家审计质量的效力与效果分析

2.1 引 言

就不同的审计主体而言，审计机关按隶属关系包括审计署职能司、审计署派出局、审计署驻地方特派办和地方审计机关。从独立性的比较来看，审计署职能司的独立性最高，地方审计机关的独立性最低；派出局的审计工作相当于国家机关内部的同级审，而驻地方特派办相当于中央对地方的上审下，因此审计署驻地方特派办的独立性高于审计署派出局。

就不同的审计对象而言，各级审计机关的内设机构基本上按照业务类型划分为不同的部门或处室，我们选取其中四种业务类型，分别是预算执行审计、行政事业审计、专项资金审计和固定资产审计。上述四种专业审计无论是在审计署层面还是地方审计机关层面，都得以普遍开展，具有典型性，便于进行比较。

正如本书第1章所作的分析，审计机关的审计质量，不仅体现在查实违法违纪问题作出审计决定的情况（审计效力），更重要的是审计决定、审计移送、审计意见（建议）得到整改落实的情况（审计效果）。审计效力、审计效果的衡量指标以及具体计算方法如表2-1所示。

表 2-1 审计效力、审计效果指标及计算方法

项目	指标	计算
审计效力	单位应上缴财政金额	审计处理应上缴财政金额÷审计单位数
	单位应减少财政拨款或补贴金额	审计处理应减少财政拨款或补贴金额÷审计单位数
	单位应归还原渠道资金	审计处理应归还原渠道资金÷审计单位数
	单位应调账处理金额	审计处理应调账处理金额÷审计单位数

项目	指标	计算
审计效果	应上缴财政执行率	已上缴财政金额÷审计处理应上缴财政金额
	应减少财政拨款或补贴执行率	已减少财政拨款或补贴金额÷审计处理应减少财政拨款或补贴金额
	应归还原渠道资金执行率	已归还原渠道资金÷审计处理应归还原渠道资金
	应调账处理金额执行率	已调账处理金额÷审计处理应调账处理金额

2.2 不同审计主体的审计效力分析

衡量审计效力的各项数据来源于 2003～2012 年《中国审计年鉴》，我们采用描述性统计和方差分析方法，考察四类审计主体，即审计署职能司、审计署派出局、审计署特派办和地方审计机关的审计效力。

（1）单位应上缴财政金额。单位应上缴财政金额的描述性统计，以及方差分析的结果如表 2－2 所示，方差分析采取最小显著性差异法（least-significant difference，LSD）。

表 2－2   不同审计主体单位应上缴财政金额
描述性统计和方差分析   单位：万元

分类	均值	标准差	方差分析			
			职能司	派出局	特派办	地方厅局
职能司	230.671	333.452	0			
派出局	1030.711	942.066	−800.040 **	0		
特派办	989.638	1168.461	−758.967 **	41.073	0	
地方厅局	37.128	19.385	193.543	993.583 ***	952.510 **	0

注：在本章中，均值差的显著性水平为 0.05，***、** 分别表示在 1%、5% 的水平下显著。余同。

从表 2－2 可知，①审计署职能司的单位应上缴财政金额显著低于审计署派出局和审计署特派办，但和地方审计机关无显著差异。②审计署派出局和审计署特派办单位应上缴财政金额无显著差异，但显著高于审计署职能司和地方审计机关。③地方审计机关的单位应上缴财政金额与审计署职能司无显著差异，但显著低于审计署派出局和审计署特派办。

（2）单位应减少财政拨款或补贴金额。单位应减少财政拨款或补贴金额的描述性统计，以及方差分析的结果如表 2 - 3 所示。

表 2 - 3　　　　　　不同审计主体单位应减少财政拨款或
　　　　　　　补贴描述性统计和方差分析　　　　　　单位：万元

分类	均值	标准差	方差分析			
			职能司	派出局	特派办	地方厅局
职能司	1.642	4.644	0			
派出局	105.553	156.405	- 103.911 ***	0		
特派办	9.676	13.299	- 8.034	95.877 **	0	
地方厅局	3.932	2.454	- 2.290	101.620 ***	5.743	0

　　从表 2 - 3 可知，①审计署派出局单位应减少财政拨款或补贴显著高于其他审计机关。②审计署职能司、审计署特派办和地方审计机关单位应减少财政拨款或补贴不存在显著差异。

　　（3）单位应归还原渠道资金。单位应归还原渠道资金的描述性统计，以及方差分析的结果如表 2 - 4 所示。

表 2 - 4　　　　　　不同审计主体单位应归还原渠道资金
　　　　　　　描述性统计和方差分析　　　　　　单位：万元

分类	均值	标准差	方差分析			
			职能司	派出局	特派办	地方厅局
职能司	36.650	39.658	0			
派出局	1 933.842	1 307.153	- 1 897.192 ***	0		
特派办	1 879.387	2 201.162	- 1 842.737 ***	54.455	0	
地方厅局	24.909	9.913	11.742	1 908.934 **	1 854.478 ***	0

　　从表 2 - 4 可知，①审计署职能司的单位应归还原渠道资金显著低于审计署派出局和审计署特派办，但和地方审计机关无显著差异。②审计署派出局和审计署特派办单位应归还原渠道资金无显著差异，但显著高于审计署职能司和地方审计机关。③地方审计机关的单位应归还原渠道资金与审计署职能司无显著差异，但显著低于审计署派出局和审计署特派办。

　　（4）单位应调账处理金额。单位应调账处理金额的描述性统计，以及方差分析的结果如表 2 - 5 所示。

表 2 - 5 **不同审计主体单位应调账处理金额**
描述性统计和方差分析 单位: 万元

分类	均值	标准差	方差分析			
			职能司	派出局	特派办	地方厅局
职能司	41 583.330	62 452.935	0			
派出局	6 217.732	7 822.717	35 365.598 **	0		
特派办	5 149.383	6 579.170	36 433.947 **	1 068.349	0	
地方厅局	82.426	19.099	41 500.904 ***	6 135.307	5 066.958	0

从表 2 - 5 可知, ①审计署职能司单位应调账处理金额显著高于其他审计机关。②审计署派出局、审计署特派办和地方审计机关单位应调账处理金额不存在显著差异。

2.3 不同审计主体的审计效果分析

衡量审计效果的各项数据来源于 2003 ~ 2012 年《中国审计年鉴》, 我们采用描述性统计和方差分析方法, 考察四类审计主体, 即审计署职能司、审计署派出局、审计署特派办和地方审计机关的审计效果。

(1) 应上缴财政执行率。应上缴财政执行率的描述性统计, 以及方差分析的结果如表 2 - 6 所示, 方差分析采取最小显著性差异法 (LSD)。

表 2 - 6 **不同审计主体应上缴财政执行率描述性统计和方差分析**

分类	均值	标准差	方差分析			
			职能司	派出局	特派办	地方厅局
职能司	0.553	0.437	0			
派出局	0.622	0.369	- 0.069	0		
特派办	0.642	0.246	- 0.089	- 0.020	0	
地方厅局	0.657	0.046	- 0.104	- 0.035	- 0.015	0

从表 2 - 6 可知, 审计署职能司、派出局、特派办和地方审计机关在应上缴财政执行率上无显著差异。

(2) 应减少财政拨款或补贴执行率。应减少财政拨款或补贴执行率的描述性统计, 以及方差分析的结果如表 2 - 7 所示。

表 2 - 7   不同审计主体应减少财政拨款或补贴执行
率描述性统计和方差分析

分类	均值	标准差	方差分析			
			职能司	派出局	特派办	地方厅局
职能司	0.000	0.000	0			
派出局	0.609	0.427	- 0.609 ***	0		
特派办	0.330	0.447	- 0.330 **	0.279	0	
地方厅局	0.783	0.171	- 0.783 ***	- 0.174	- 0.454 ***	0

从表 2 - 7 可知，①审计署派出局应减少财政拨款或补贴的执行率要高于审计署特派办，但其差异并未通过 5% 的显著性检验。②地方审计机关应减少财政拨款或补贴的执行率在所有审计机关中是最高的，且在 1% 的水平下与审计署特派办存在显著差异。

（3）应归还原渠道资金执行率。应归还原渠道资金执行率的描述性统计，以及方差分析的结果如表 2 - 8 所示。

表 2 - 8 不同审计主体应归还原渠道资金执行率描述性统计和方差分析

分类	均值	标准差	方差分析			
			职能司	派出局	特派办	地方厅局
职能司	0.353	0.389	0			
派出局	0.448	0.357	- 0.095	0		
特派办	0.512	0.330	- 0.159	- 0.064	0	
地方厅局	0.509	0.090	- 0.156	- 0.061	0.003	0

从表 2 - 8 可知，审计署职能司、派出局、特派办和地方审计机关在应归还原渠道资金执行率上无显著差异。

（4）应调账处理金额执行率。应调账处理金额执行率的描述性统计，以及方差分析的结果如表 2 - 9 所示。

表 2 - 9   不同审计主体应调账处理金额执行率描述性统计和方差分析

分类	均值	标准差	方差分析			
			职能司	派出局	特派办	地方厅局
职能司	0.689	0.437	0			

分类	均值	标准差	方差分析			
			职能司	派出局	特派办	地方厅局
派出局	0.544	0.322	0.145	0		
特派办	0.539	0.304	0.150	0.005	0	
地方厅局	0.566	0.091	0.123	−0.022	−0.027	0

从表2-9可知，审计署职能司、派出局、特派办和地方审计机关在应调账处理金额执行率上无显著差异。

2.4 不同审计对象的审计效力分析

衡量审计效力的各项数据来源于2003~2012年《中国审计年鉴》，我们采用描述性统计和方差分析方法，考察四类专业审计，即预算执行、专项资金、行政事业和固定资产审计的审计效力。

（1）单位应上缴财政金额。单位应上缴财政金额的描述性统计，以及方差分析的结果如表2-10所示，方差分析采取最小显著性差异法（LSD）。

表2-10　不同审计对象单位应上缴财政金额描述性统计和方差分析　单位：万元

分类	均值	标准差	方差分析			
			预算执行	专项资金	行政事业	固定资产
预算执行	140.444	84.699	0			
专项资金	29.387	18.946	111.057***	0		
行政事业	16.365	11.812	124.079***	13.022	0	
固定资产	3.855	1.750	136.589***	25.532	12.510	0

从表2-10可知，①预算执行审计单位应上缴财政金额的均值，显著高于其他审计业务类型的审计决定金额。②相比较而言，专项资金审计、行政事业审计和固定资产审计单位应上缴财政金额的均值无显著差异。

（2）单位应减少财政拨款或补贴金额。单位应减少财政拨款或补贴金额的描述性统计，以及方差分析的结果如表2-11所示。

表 2-11　　　　不同审计对象单位应减少财政拨款或

补贴金额描述性统计和方差分析　　　　单位：万元

分类	均值	标准差	方差分析			
			预算执行	专项资金	行政事业	固定资产
预算执行	2.505	2.043	0			
专项资金	0.527	0.508	1.978	0		
行政事业	0.298	0.148	2.207	0.229	0	
固定资产	17.384	4.429	-14.879***	-16.857***	-17.086***	0

从表 2-11 可知，①固定资产审计单位应减少财政拨款或补贴的均值，显著高于其他审计业务类型的审计决定金额。②相比较而言，预算执行审计、专项资金审计和行政事业审计单位应减少财政拨款或补贴的均值无显著差异。

（3）单位应归还原渠道资金。单位应归还原渠道资金的描述性统计，以及方差分析的结果如表 2-12 所示。

表 2-12　　　　不同审计对象单位应归还原渠道资金

描述性统计和方差分析　　　　单位：万元

分类	均值	标准差	方差分析			
			预算执行	专项资金	行政事业	固定资产
预算执行	90.734	78.249	0			
专项资金	32.195	11.840	58.539***	0		
行政事业	12.943	4.310	77.791***	19.252	0	
固定资产	13.574	5.161	77.160***	18.621	-0.631	0

从表 2-12 可知，①预算执行审计单位应归还原渠道资金的均值，显著高于其他审计业务类型的审计决定金额。②相比较而言，专项资金审计、行政事业审计和固定资产审计单位应归还原渠道资金的均值无显著差异。

（4）单位应调账处理金额。单位应调账处理金额的描述性统计，以及方差分析的结果如表 2-13 所示。

表 2 - 13　　　　　　不同审计对象单位应调账处理金额
描述性统计和方差分析　　　　　　　　单位：万元

分类	均值	标准差	方差分析			
			预算执行	专项资金	行政事业	固定资产
预算执行	332.615	241.100	0			
专项资金	28.921	13.909	303.695 ***	0		
行政事业	53.787	18.498	278.828 ***	- 24.867	0	
固定资产	31.413	10.689	301.202 ***	- 2.493	22.374	0

　　从表 2 - 13 可知，①预算执行审计单位应调账处理金额的均值，显著高于其他审计业务类型的审计决定金额。②相比较而言，专项资金审计、行政事业审计和固定资产审计单位应调账处理金额的均值无显著差异。

2.5　不同审计对象的审计效果分析

　　衡量审计效果的各项数据来源于 2003 ~ 2012 年《中国审计年鉴》，我们采用描述性统计和方差分析方法，考察四类专业审计，即预算执行、专项资金、行政事业和固定资产审计的审计效果。

　　（1）应上缴财政执行率。应上缴财政执行率的描述性统计，以及方差分析的结果如表 2 - 14 所示，方差分析采取最小显著性差异法（LSD）。

表 2 - 14　　　不同审计对象应上缴财政执行率描述性统计和方差分析

分类	均值	标准差	方差分析			
			预算执行	专项资金	行政事业	固定资产
预算执行	0.745	0.067	0			
专项资金	0.657	0.142	0.089	0		
行政事业	0.628	0.118	0.117 **	0.029	0	
固定资产	0.582	0.102	0.164 ***	0.075	0.046	0

　　从表 2 - 14 可知，①预算执行审计应上缴财政执行率的均值，显著高于行政事业审计和固定资产审计执行率的均值。②相比较而言，专项资金

审计、行政事业审计和固定资产审计应上缴财政执行率的均值无显著差异。

（2）应减少财政拨款或补贴执行率。应减少财政拨款或补贴执行率的描述性统计，以及方差分析的结果如表2-15所示。

表2-15　　　　　　　不同审计对象应减少财政拨款或
补贴执行率描述性统计和方差分析

分类	均值	标准差	方差分析			
			预算执行	专项资金	行政事业	固定资产
预算执行	0.577	0.240	0			
专项资金	0.783	0.340	− 0.206	0		
行政事业	0.646	0.211	− 0.069	0.137	0	
固定资产	0.792	0.192	− 0.214	− 0.008	− 0.146	0

从表2-15可知，不同的审计对象应减少财政拨款或补贴执行率的均值都高于50%，但彼此之间无显著差异。

（3）应归还原渠道资金执行率。应归还原渠道资金执行率的描述性统计，以及方差分析的结果如表2-16所示。

表2-16　　　　　　　不同审计对象应归还原渠道资金执行率
描述性统计和方差分析

分类	均值	标准差	方差分析			
			预算执行	专项资金	行政事业	固定资产
预算执行	0.501	0.102	0			
专项资金	0.471	0.263	0.029	0		
行政事业	0.447	0.070	0.054	0.025	0	
固定资产	0.568	0.154	− 0.068	− 0.097	− 0.121	0

从表2-16可知，不同的审计对象应归还原渠道资金执行率的均值在40%~60%之间，且彼此之间无显著差异。

（4）应调账处理金额执行率。应调账处理金额执行率的描述性统计，以及方差分析的结果如表2-17所示。

表 2 - 17 不同审计对象应调账处理金额执行率
描述性统计和方差分析

分类	均值	标准差	方差分析			
			预算执行	专项资金	行政事业	固定资产
预算执行	0.732	0.187	0			
专项资金	0.527	0.257	0.205 **	0		
行政事业	0.566	0.141	0.166	0.085	0	
固定资产	0.659	0.156	0.073	0.085	- 0.093	0

从表 2 - 17 可知，①预算执行审计应调账处理金额执行率的均值，显著高于专项资金审计执行率的均值。②相比较而言，专项资金审计、行政事业审计和固定资产审计应调账处理金额执行率的均值无显著差异。

2.6　研究结论

就不同审计主体的审计效力而言，地方审计机关在单位应上缴财政金额、单位应归还原渠道资金方面，要显著低于审计署特派办，这在一定程度上说明由于地方审计机关的独立性要弱于审计署特派办，考虑到地方利益协调等方面原因，地方审计机关披露和报告的处理处罚金额较小；当然，另一方面来看，与审计署特派办相比，地方审计机关所审计的单位数量多，所审计的项目金额相对较小，因此单位处理处罚的金额也相对较少。就审计署内部而言，职能司较多采取调账处理的处理处罚方式，派出局较多采取减少财政拨款或补贴的处理处罚方式，特派办较多采取上缴财政或归还原渠道资金的处理处罚方式。

就不同审计主体的审计效果而言，在应上缴财政金额执行率、应归还原渠道资金执行率、应调账处理金额执行率方面，各级审计机关不存在显著差异。但在应减少财政拨款或补贴执行率方面，地方审计机关要高于审计署特派办，且在 1% 的水平下显著。其中可能的原因是，财政拨款或补贴是各级政府重要的经济调控手段，地方审计机关在做出上述审计决定前，可能会征求各级地方政府的意见，甚至获得地方政府的认可，使得一些重要问题以协商的方式解决，从而表现出相对较高的审计效果。审计署驻地方特派办的独立性强，审计决定的作出较少受到地方政府的影响，但也可能因此受到包括地方政府在内的各利益相关者的抵制，整改落实积极性自然不高。审计决定的执行效率反而受到了影响。

就不同审计对象的审计效力来看，预算执行审计是各级审计机关最主要的审计业务类型，故审计监督的力度最大，在单位应上缴财政金额、单位应归还原渠道资金和单位应调账处理等方面，其处理处罚的金额要显著高于其他审计业务类型。

就不同审计对象的审计效果来看，预算执行审计在应上缴财政执行率、应调账处理金额执行率方面都超过了70%，审计整改的效果相对较好，在上述两个领域，预算执行审计的效果与其他专业审计相比具有明显优势。在应减少财政拨款或补贴执行率、应归还原渠道资金执行率方面，各专业审计类型之间不存在显著性差异。

第3章　国家审计质量的扩散效应分析

3.1　引　言

国家审计质量的特征不仅体现在静态审计效力与审计效果，更重要的是需要考察动态的审计效力与审计效果，即上一期的审计效力、审计效果对下一期的影响，这实际上是一种审计质量的扩散效应。

依据《中华人民共和国审计法》《中华人民共和国审计法实施条例》《审计机关审计处理处罚的规定》等法律法规，审计监督发挥作用的方式包括以下三种。

抵御方式（审计处理）：审计机关要发现和报告涉及国家财政安全的违法违纪行为，并在自身职责范围内进行处理处罚。主要是根据相关法律法规规定，对本级财政、本级各部门（含直属单位）和下级政府违反预算法的行为或者其他违反国家规定的财政（财务）收支行为，审计机关以审计决定等方式，责令限期交纳应当上缴的收入，责令限期退还违法所得，责令限期退还被侵占的国有资产，责令按照国家统一的会计制度的有关规定进行处理等。

揭露方式（审计移送）：被审计单位出现的违反《中华人民共和国审计法》的行为，往往与被审计单位有关人员的一般过失或重大过失甚至是贪污舞弊有关，如果审计监督仅仅停留在对被审计单位处理事件为主、处理人员为辅的问责方式，难免会导致这些单位的领导人员滋生出侥幸心理；而对审计中发现的违反财经秩序问题"问责到人"，并追究领导人员承担的直接责任和管理责任，才有助于彻底铲除违法违规行为的根源。虽然审计机关没有对有关责任人员的处理处罚权，但可以通过揭露的方式，将相关的案件（或事项）及人员移送司法机关、纪检监察部门和其他有关部门建议处理。

预防方式（审计建议）：审计机关有责任更早地感受风险，有责任更准确地发现问题，有责任提出调动国家资源和能力去解决问题、抵御"病害"的建议，有责任在永不停留地抵御一时、一事、单个"病害"的同时，促进其健全机能、改进机制、筑牢防线（刘家义，2008）。审计机关针对审计过程中发现的违反法规、管理不规范和损失浪费问题，不仅要及时地进行抵御纠正处理，揭露移送处理，更重要的是以专题报告、综合性报告和信息简报等方式，从源头上分析问题的根源，提出具体的、有针对性的审计建议，促进被审计单位改善管理，完善内部控制，提高资金使用效益。

衡量国家审计的审计质量，在明确审计监督发挥作用的方式基础上，还必须综合考虑审计效力、审计效果的综合作用与相互影响。其中，效力是审计监督发现违法违纪问题，并作出审计决定、移交相关部门、提出审计建议的力度，它们分别代表抵御、揭露和预防的效力；而效果是审计决定得到落实、审计移送得到处理、审计建议得到采纳的结果，它们分别代表抵御、揭露和预防的效果。审计机关在查实问题后，及时有效地落实整改问题，才能真正提高自身审计质量，体现出审计监督的公信力和影响力。

本章以我国 31 个地方审计机关为分析对象，利用多元回归分析的方法对地方审计机关的审计质量进行分析探讨。

3.2 研究假设和研究设计

3.2.1 研究假设

多元回归分析的目的是利用统计数据探讨审计机关发挥抵御、揭露和预防作用效力与效果的互动机制。

一方面需要考虑前期审计效力因素对本期审计效力的影响，这是一种审计效力的扩散效应，即：审计中发现问题→较多问题被处理→下一期审计处理金额减少；反之亦然。

H3.1：前期审计效力与本期审计效力负相关。

另一方面需要考虑前期审计效果因素对本期审计效力的影响，这是一种审计效果的扩散效应，即：审计中发现问题→较多问题被整改→下一期审计处理金额减少；反之亦然。

H3.2：前期审计效果与本期审计效力负相关。

3.2.2　模型设定和变量定义

根据以上分析，分别选择抵御效力、揭露效力和预防效力作为被解释变量，对于抵御效力，选择人均审计决定处理处罚金额来衡量；对于揭露效力，选择人均移送司法机关和纪检监察部门的涉案（及）人数来衡量；对于预防效力，选择人均提交专题或综合性报告及信息简报的数量来衡量。在考虑控制变量的基础上，选择抵御、揭露、预防效果和前一期审计效力作为解释变量，构建多元回归模型。由于抵御、揭露和预防作用的发挥有一定的延迟，我们对部分解释变量的滞后期选择为 1 年。所有变量的定义见表 3 – 1。

表 3 – 1　　　　　　　　　　　　变量定义

被解释变量	抵御效力	Defend	人均审计决定处理处罚金额
	揭露效力	Remind	人均审计移送处理人数
	预防效力	Indicate	人均提交工作报告、信息简报篇数
控制变量	Unit	?	审计机关当年审查的单位数
	Pgdp	?	各地人均 GDP
解释变量	抵御效果	Idefend1	—	已上缴财政占应上缴财政的百分比
		Idefend2	—	已减少财政拨款占应减少财政拨款的百分比
		Idefend3	—	已调账处理金额占应调账处理金额的百分比
	揭露效果	Iremind1	—	已司法立案人员占移交司法机关涉案人员的百分比
		Iremind2	—	已给予党纪政纪处分人员占移送纪检监察部门人员的百分比
	预防效果	Iindicate	—	被批示、采用情况占提交审计报告和简报的百分比
	综合效果	Ireport	—	向社会公告审计结果的篇数

根据前文的理论分析，构建如下计量经济模型：

抵御作用的检验模型：

$$Log(\,Defend\,)_{it+1} = \alpha_0 + \alpha_1 Log(\,Control_{it+1}\,) + \alpha_2 Log(\,Defend_{it}\,)$$
$$+ \alpha_3 Idefend_{it} + \alpha_4 Iremind_{it} + \alpha_5 Iindicate_{it}$$
$$+ \alpha_6 Ireport_{it} + \varepsilon_{it} \qquad (3.1)$$

揭露作用的检验模型：

$$Log(\,Remind\,)_{it+1} = \alpha_0 + \alpha_1 Log(\,Control_{it+1}\,) + \alpha_2 Log(\,Remind_{it}\,)$$
$$+ \alpha_3 Idefend_{it} + \alpha_4 Iremind_{it} + \alpha_5 Iindicate_{it}$$
$$+ \alpha_6 Ireport_{it} + \varepsilon_{it} \qquad (3.2)$$

预防作用的检验模型：

$$Log(Indicate)_{it+1} = \alpha_0 + \alpha_1 Log(Control_{it+1}) + \alpha_2 Log(Indicate_{it})$$
$$+ \alpha_3 Idefend_{it} + \alpha_4 Iremind_{it}$$
$$+ \alpha_5 Iindicate_{it} + \alpha_6 Ireport_{it} + \varepsilon_{it} \qquad (3.3)$$

其中，变量下标 i 表示各地区（i = 1，…，31），t 表示时期（2002，…，2006）。Control 代表控制变量；Defend 和 Idefend 分别代表抵御效力和抵御效果；Remind 和 Iremind 分别代表揭露效力和揭露效果；Indicate 和 Iindicate 分别代表预防效力和预防效果；Ireport 代表审计结果公告的综合效果。

3.2.3 数据来源

审计机关审查单位数、审计处理处罚、移送处理以及审计信息简报提交批示的数据来源于 2003 ~ 2007 年《中国审计年鉴》，人均 GDP 的数据来源于 2003 ~ 2007 年《中国统计年鉴》。

3.3 效力、效果的多元回归分析

3.3.1 描述性统计

从表 3 - 2 中对效果变量样本的描述性统计来看，除 Iindicate 变量之外，最大值都是 100%；除 Idefind1 变量之外，最小值都是 0，同时部分变量的标准差与均值相比相差较大，说明不同省份的情况差异较大。从平均数上看，有 52.4% 的调账处理审计决定得以贯彻（抵御效果）；有 45.4% 的审计报告、信息简报被采纳或批示（预防效果）；有 42.5% 移送到司法机关的人员被立案，移送到纪委监察部门被处理的人数为 31%（揭露效果）。

表 3 - 2　　　　　　　　　　主要变量的描述性统计

	Unit	Pgdp	Idefend1	Idefend2	Idefend3	Iremind1	Iremind2	Iindicate	Ireport
Mean	4207	13762	66.8	61.8	52.4	42.5	31.0	45.4	25.0
Med	4654	10488	70.6	64.4	48.5	45.5	26.7	46.1	9.0
Max	10175	57115	100.0	100.0	100.0	100.0	100.0	89.3	454.0
Min	174	3088	8.2	0.0	0.0	0.0	0.0	0.0	0.0
Std.	2469	9697	21.1	41.9	24.7	26.9	24.0	15.2	46.7

3.3.2 相关性分析

经计算，各解释变量之间相关系数绝对值最大为 0.35，可以认为模型中不存在明显的多重共线性问题。

3.3.3 回归结果与讨论

采用个体固定效应模型，对上述面板数据进行多元回归分析的结果如表 3-3 所示。

表 3-3 多元回归分析结果检验

因变量 / 自变量	模型（3.1） Log（Defend）$_{t+1}$	模型（3.2） Log（Remind）$_{t+1}$	模型（3.3） Log（Indicate）$_{t+1}$
Log（Unit）$_{t+1}$	0.0415 （0.3458）	-0.1588 （-1.3761）	0.6087 （3.5151）***
Log（Pgdp）$_{t+1}$	0.9321 （5.8787）***	-0.8252 （-3.9506）***	1.5590 （3.1709）***
Log（Defend）$_t$	-0.1904 （-2.4298）**		
Log（Remind）$_t$		-0.0164 （-0.1107）	
Log（Indicate）$_t$			-0.2773 （-2.1499）**
Idefend1$_t$	0.0001 （0.0704）	-0.0007 （-0.3768）	-0.0024 （-2.7253）***
Idefend2$_t$	-0.0001 （-0.1481）	-0.0008 （-0.7067）	0.0040 （5.3700）***
Idefend3$_t$	-0.0009 （-0.7618）	-0.0026 （-1.9129）*	-0.0014 （-1.9482）*
Iremind1$_t$	-0.0032 （-2.5421）**	0.0007 （0.4154）	-0.0038 （-3.1056）***
Iremind2$_t$	0.0025 （1.5406）	-0.0009 （-0.7610）	-0.0016 （-0.8245）
Iindicate$_t$	-0.0049 （-1.5486）	-0.0020 （-1.1352）	0.0022 （0.5895）
Ireport$_t$	-0.0024 （-2.2908）**	0.0015 （1.6400）	0.0000 （-0.0122）
C	-5.2552 （-3.1420）***	12.8571 （5.1027）***	-16.0987 （-3.8274）***
Obs	123	123	123
AdjR^2	0.9186	0.9108	0.9085
Prob（F-statistic）	0.0000	0.0000	0.0000
Durbin-Watson stat	2.5383	2.6957	2.5563

注：***、**、*分别代表1%、5%、10%的显著性水平，括号内的数字为双尾检验的 t 值。

从模型（3.1）可知，Log（Defend）的回归系数为负，且在5%的水平下显著，体现出上一年审计决定处理处罚的金额越大，则当年审计处理处罚的金额越少，说明上一年的抵御效力对当年抵御效力具有积极影响。Iremind1、Ireport的回归系数为负，且在10%的水平下显著，即上一年司法机关立案人数占移送人数比例越高，向社会公告的审计报告篇数越多，则当年审计处理处罚的金额越少，说明上一年移送司法机关的揭露效果和审计报告的综合效果对本年度的抵御效力具有积极影响。

从模型（3.2）可知，Idefend 3的回归系数为负，且在10%的水平下显著，体现出上一年已调账处理金额占应调账处理金额的比例越高，当年审计移送处理的人数越少，说明上一年调账处理的抵御效果对当年的揭露效力具有积极影响。无论是Log（Remind），还是Iremind 1、Iremind 2的系数都不显著，说明上一年移送处理的揭露效力以及上一年移送处理的揭露效果对本年度的揭露效力无积极影响。

从模型（3.3）可知，控制变量Log（Pgdp）的系数为正，且在1%的水平下显著，说明经济越发达的地区，审计机关更加倾向于发挥预防作用。Log（Indicate）在5%的水平下显著，Idefind1、Iremind1在1%的水平下统计显著，上述变量的系数都为负，说明上一年的预防效力对本年度预防效力具有积极影响；同时上一年已上缴财政占应上缴财政的比例越高，以及司法机关立案人数占移送人数比例越高，则当年提交的各类审计专题报告和简报信息越少，即上一年上缴财政的抵御效果以及移交司法机关的揭露效果对本年度的预防效力具有积极影响。

综合模型（3.1）、模型（3.2）、模型（3.3），从效力上看，上一年度抵御效力对本年度有积极影响，即上一年度审计决定处理处罚金额越大，受其影响，本年度审计决定处理处罚的金额越少；上一年预防效力对本年度有积极影响，即上一年度提交的各类报告和信息简报越多，受其影响，本年度提交的各类报告和信息简报越少。从效果上看，上一年度抵御效果对本年度揭露效力和预防效力有积极影响，即上一年度审计决定处理处罚落实得越好，受其影响，本年度审计决定处理处罚的金额越少，提交的各类报告和信息简报也越少；上一年度移交司法机关的揭露效果对本年度抵御效力和预防效力有积极影响，即上一年度被司法机关立案的人数越多，本年度审计决定处理处罚的金额越少，提交的各类报告和信息简报也越少。上述检验结果与预期假设一致。

实证分析结果中也发现我国审计机关在运行中存在的一些不足之处。第一，重"抵御"轻"预防"，体现在抵御效果对揭露效力、预防效力有积极影响，抵御效果、揭露效果对预防效力有积极影响，但未发现存在反向作用的证据。具体地讲，表现在审计机关主要通过提高审计决定处理处罚的执行力度和审计移送处理的立案率，从而减少需要提供审计建议的各类报告和信息简报的数量；而不是通过提高审计结果（各类报告和信息简报）开发利用的数量，反过来拉动和促进被审计单位改善管理、完善内控，进而减少审计机关处理处罚的金额和审计移送处理的数量。第二，上一年揭露效力和揭露效果对本年度的揭露效力影响不够显著，这可以在主要变量的描述性统计中找到原因，由于我国审计机关缺少"问责到人"的职能，导致移送处理的落实情况不够理想，特别是移送到纪检监察部门的人数虽然较多，但真正被处理处分的人数比例尚不足 1/3（见表 3 - 2），移送的多，处理的少，而且有些处理往往无关痛痒，自然也不会发生积极递推影响。第三，审计公告的综合作用没有得以很好发挥，体现在模型（3.2）和模型（3.3）中相应系数都不显著，审计公告本应发挥抵御、揭露和预防的综合效果，但我国审计结果公告在形式和内容上尚存在一些问题（谢荣和宋夏云，2006），导致其综合效果体现得并不明显。第四，除已上缴财政（含税收和罚款）、已调账处理金额以及司法机关立案人数等效果变量的检验结果显著外，其他效果变量的检验结果并不显著，这也从另一角度说明了审计预防驱动的不足，审计发现的许多问题都属于管理不规范的问题，而审计报告中的管理建议如不到位，往往只是治标不治本，无法从根本上杜绝类似问题的发生。

3.4 包含交互项的进一步分析

3.4.1 模型设定和变量定义

从上一节可知，审计机关当期的审计效力和审计效果受到上一期审计效力和效果的影响，本节将进一步探索审计机关当期的审计发现与审计效力、审计效果的关系。根据杰弗里·M·伍德里奇（2009），为考察审计效果与审计效力的交互效应，我们构建国家审计质量面板数据模型如下：

$$\begin{aligned}
\text{Auditf}_{it+1} = {} & \alpha_0 + \alpha_1 \text{Decis}_t + \alpha_2 \text{Idep}_t + \alpha_3 \text{Idep}_t \times \text{Decis}_t \\
& + \alpha_4 \text{GDP}_{it+1} + \alpha_5 \text{Gov}_{it+1} + \alpha_6 \text{Wage}_{it+1} \\
& + \alpha_7 \text{Edu}_{it+1} + \alpha_8 \text{Stuff}_{t+1} + \varepsilon_{it+1}
\end{aligned} \tag{3.4}$$

$$\begin{aligned}
\text{Auditf}_{it+1} = {} & \alpha_0 + \alpha_1 \text{Trans}_t + \alpha_2 \text{Itrp}_t + \alpha_3 \text{Itrp}_t \times \text{Trans}_t \\
& + \alpha_4 \text{GDP}_{it+1} + \alpha_5 \text{Gov}_{it+1} + \alpha_6 \text{Wage}_{it+1} \\
& + \alpha_7 \text{Edu}_{it+1} + \alpha_8 \text{Stuff}_{it+1} + \varepsilon_{it+1}
\end{aligned} \quad (3.5)$$

$$\begin{aligned}
\text{Auditf}_{it+1} = {} & \alpha_0 + \alpha_1 \text{Advis}_t + \alpha_2 \text{Iadp}_t + \alpha_3 \text{Iadp}_t \times \text{Advis}_t \\
& + \alpha_4 \text{GDP}_{it+1} + \alpha_5 \text{Gov}_{it+1} + \alpha_6 \text{Wage}_{it+1} + \alpha_7 \text{Edu}_{it+1} \\
& + \alpha_8 \text{Stuff}_{it+1} + \varepsilon_{it+1}
\end{aligned} \quad (3.6)$$

被解释变量为 Auditf，用来衡量每单位审计查出财政收支违规问题的金额，反映国家审计质量的扩散效应。

解释变量，从审计效力和效果两个维度考察国家审计的审计质量。借鉴吴联生（2002）、马曙光（2007）、黄溶冰和王跃堂（2010）等做法，分别采用每单位审计决定金额（Decis）、每单位审计移送人数（Trans）和每单位审计建议条数（Advis）表示审计效力，分别采用审计决定落实情况（Idep）、审计移送落实情况（Itrp）和审计建议落实情况（Iadp）表示审计效果。

控制变量（Control），由于国家审计职能的发挥受到不同制度环境的影响（Longsale et al.，2011；Goolsaran，2007），因此，我们控制了经济发展水平（Log（GDP））、政府规模（Gov）、公务员工资水平（Wage）、教育程度（Edu）和审计机关编制数（Stuff）的影响。

各变量的定义如表3-4所示。

表3-4   变量定义

被解释变量	财政收支违规金额		Auditf	审计查出财政收支违规问题金额除以审计（调查）单位数
解释变量	效力	每单位审计决定金额	Decis	应上缴财政、应减少财政拨款或补贴、应归还原渠道资金的金额除以审计（调查）单位数
		每单位审计移送人数	Trans	移送司法机关、纪检监察部门的涉案人员数除以审计（调查）单位数
		每单位审计建议条数	Advis	提出审计建议的条数除以审计（调查）单位数
	效果	审计决定落实情况	Idep	已上缴财政、已减少财政拨款或补贴、已归还原渠道资金占应上缴财政、应减少财政拨款或补贴、应归还原渠道资金的比例
		审计移送落实情况	Itrp	已追究责任、进行处理和处分的人数占移送司法机关和纪检监察部门的涉案人数的比例
		审计建议落实情况	Iadp	被采纳的审计建议占提出审计建议的比例

	经济发展水平	Log (GDP)	人均 GDP 的对数值
控制变量	政府规模	Gov	预算内财政支出占地区 GDP 的比例
	公务员工资水平	Wage	地区公务员（公共管理和社会组织职工）人均工资与地区人均工资的比例
	教育程度	Edu	利用地区人均受教育年限衡量
	审计机关编制数	Stuff	各级审计机关的行政编制人数

在发挥"审计免疫"的理想模式下，国家审计的内在机理在于以主动性来扩大发现问题的视野、以建设性来提出体制机制制度方面的意见建议，以公开性来促进整改和规范（刘英来，2008）。因此，模型（3.4）至模型（3.6）中主要变量的预期符号如下，代表审计效力的各个变量，代表审计效果的各个变量的系数分别为负，即上一期审计决定、审计移送、审计建议的力度越大，审计整改落实率越高，当期审计发现违规问题的金额会越少。审计效果与审计效力的交互项系数为正，即审计效果正向激励审计效力与审计发现违规问题的金额。审计效果低的情况下，审计效力对于违规金额的减少影响弱；审计效果高的情况下，审计效力对于违规金额的减少影响强。

3.4.2　样本选择和数据来源

为提高分析结果的稳健性，同时考虑到数据的可比性，本节的样本来自31个地方审计机关2006～2012年的统计数据。审计查出问题的金额，审计效力、审计效果等数据来源于历年《中国审计年鉴》，由于数据分类的影响，2006年各审计机关查出问题的金额根据《中国审计年鉴（2007）》中"地方审计机关"栏目整理而得，其他数据来源于2007～2013年《中国统计年鉴》。经计算，在《中国审计年鉴》中，少数反映审计效果的指标大于100%，例如有些地方审计机关实际已上缴财政的金额大于应上缴财政的金额，或者实际已追究责任的人数大于应追究责任的移送人数，为避免极端值的影响，我们统一按100%处理。在考察审计效力、审计效果的交互效应时，为避免出现共线性的问题，对有关变量分别作了标准化处理（均值为0，标准差为1）。

主要变量的描述性统计如表3-5所示。

表 3 - 5   描述性统计结果

	Obs	Mean	Median	Max	Min	Std. Dev.
Auditf	217	271. 6317	199. 1908	1798. 1190	11. 5640	265. 7907
Decis	217	129. 5309	74. 4916	1286. 0380	5. 2727	161. 2929
Trans	217	0. 0177	0. 0096	0. 5562	0. 0000	0. 0422
Advis	217	1. 5627	1. 5348	4. 1055	0. 3627	0. 5759
Idep	217	0. 6051	0. 6126	1. 0000	0. 0467	0. 2352
Itrp	217	0. 3262	0. 2800	1. 0000	0. 0000	0. 2724
Iadp	217	0. 6265	0. 6373	0. 8730	0. 2196	0. 1345
GDP	217	3. 0201	2. 5326	9. 3173	0. 5787	1. 8331
Gov	217	0. 2308	0. 1895	1. 2914	0. 0830	0. 1728
Wage	217	1. 1228	1. 0992	1. 6849	0. 7385	0. 1676
Edu	217	8. 3087	8. 3874	11. 8363	4. 1605	1. 0453
Stuff	217	206. 3456	186. 0000	594. 0000	63. 0000	95. 7767

3.4.3　实证结果分析

结合上述模型和变量的选取，回归方程 Hausman 检验的结果不支持随机效应模型，因而采取固定效应模型，表 3 - 6 提供了回归分析的结果。

表 3 - 6   回归结果统计表

	$Auditf_{t+1}$		
	模型 (3.4)	模型 (3.5)	模型 (3.6)
C	- 395. 4735 * (- 1. 6712)	- 435. 5639 * (- 1. 6713)	- 266. 4172 (- 0. 3784)
$Decis_t$	0. 5309 *** (3. 6319)		
$Idep_t$	77. 2094 * (1. 7998)		
$Idep_t \times Decis_t$	21. 4383 (1. 2789)		
$Trans_t$		1 313. 5310 * (- 2. 0546)	
$Itrp_t$		44. 0699 (1. 5273)	

	Auditf$_{t+1}$		
	模型（3.4）	模型（3.5）	模型（3.6）
Itrp$_t$ × Trans$_t$		7.1870 （0.2218）	
Advis$_t$			−39.7743 （−0.3784）
Iadp$_t$			−283.2034 （−0.5731）
Iadp$_t$ × Advis$_t$			6.5761 （−1.0088）
Log（GDP）$_{t+1}$	35.2353*** （2.9744）	40.0614*** （7.7898）	69.8808 （0.3355）
Gov$_{t+1}$	−98.1181 （−0.5604）	−39.7832 （−0.2319）	204.9294** （2.1039）
Wage$_{t+1}$	99.1283 （0.7865）	80.7772 （0.8612）	−147.5161 （0.5349）
Edu$_{t+1}$	28.5758 （1.6315）	38.7780*** （2.9279）	36.5949 （−0.4100）
Stuff$_{t+1}$	0.6657** （2.0292）	0.7276*** （2.83813）	−266.4172 （0.7585）
Obs	217	217	217
Adj R^2	0.7445	0.7635	0.5566
Prob（F-statistic）	0.0000	0.0000	0.0000

注：*** 、** 、* 分别代表1%、5%、10%的显著性水平，括号内的数字为双尾检验的 t 值。

从模型（3.4）可知，Decis 的系数为正，且在1%的水平下显著，说明上一期审计决定的金额（Decis$_t$）越大，当期审计发现财政违规问题的金额（Auditf$_{t+1}$）越高，这与预期不符，但与现实情况基本一致，即在地方审计机关确实存在比较明显的"屡审屡犯"现象。Idep 的系数为正，在10%的水平下显著，Idep 与 Decis 交互项的系数不显著，说明审计决定效果与效力之间不存在相互增强的交互效应。

从模型（3.5）可知，Trans 的系数为正，且在10%的水平下显著，说明上一期审计移送的人数（Trans$_t$）越多，当期审计发现财政违规问题的金额（Auditf$_{t+1}$）越高，存在"屡审屡犯"现象。Itrp 的系数不显著，

Itrp 与 Trans 交互项的系数不显著，说明上一期审计移送落实情况（Itrp$_t$）对当期审计发现财政违规问题金额（Auditf$_{t+1}$）的影响并不显著，审计移送效果与效力之间不存在相互增强的交互效应。

从模型（3.6）可知，Advis、Iadp 的系数为负，但并不显著。Advis 与 Iadp 交互项的系数不显著，说明因审计建议自身内容和深度等原因（楼春力，2015），上一期审计建议的提出或落实情况（Iadp$_t$）对当期审计发现财政违规问题金额（Auditf$_{t+1}$）的影响并不显著，审计建议效果与效力之间不存在相互增强的交互效应。

从上述三个模型的回归结果可知，主要解释变量中，反映审计效力的变量 Decis、Trans 系数显著为正，审计效果与审计效力的交互项皆不显著。这一研究发现与"审计免疫"理想模式中符号的预测方向相反，但与社会公众的实际感知基本一致，即在地方审计机关存在比较明显的"屡审屡犯"问题。

我们认为出现上述现象的原因，是由于审计效力与审计效果的二元化倾向导致的。近年来审计机关的工作力度不断增强，审计效力得到提升，但根据回归分析和描述性统计结果可知，2006～2012 年地方审计机关审计决定落实（Idep）的均值为 60.51%，审计移送落实（Itrp）的均值为 32.62%，审计建议落实（Iadp）的均值为 62.65%，说明每年有接近 2/5 的审计决定未被整改，超过 2/3 的审计移送未被追责，超过 1/3 的审计建议未被采纳。审计监督中，重效力、轻效果，审计处理多、整改落实少，以及审计建议的采纳率不高，自然不会产生积极的递推影响和"审计免疫"的良性循环。

对于实证分析结果，有关媒体报道和实际审计案例也从另一方面给予了佐证。

例如，贵州省某地审计局针对一项财政预算审计，分别写出三个不同版本的审计报告，分别用于对地方政府、地方人大和上级审计机关汇报，针对不同汇报主体选用不同的版本，不同版本中审计发现的问题和性质也有所不同，这样既能把一些重要问题反映出来，又不违背领导意图。① 又如，湖北省某地市委、市政府针对村民反映的问题，组织了财务审计、土地调查、资产清理等工作组介入调查某镇的财政收支问题，其中审计局牵头的审计组负责对原解放村自 2000 年以来的账目进行审计。审计小组审

---

① 程嫚. 从审计机关的独立性看法律欠缺［EB/OL］. 贵州普法网，hppt：//www. gzpfw. gov. cn，2010 – 05 – 19。

计发现问题有：解放社区居委会公款私吞 120 多万元，虚列在建工程款 216 万余元，白条列支 8 万多元，应计而未计收入 75 万余元，等等。经过与被审计单位的沟通，审计报告作了一些修改：其中征地资金未补偿款由 37 万多元减少到 30 余万元，违规发放各项补助由 13 万多元减少到 9 万余元，并将处理意见中的超领部分"退还"改为"更正"，"建议纪检监察机关按照国家有关法律法规给予处理"改为"移交相关部门处理"。实际上，最后很多处理意见不了了之（郑石桥等，2011）。

3.5　研究结论

本章的研究发现，我国省级审计机关近年来查实了许多违法违纪问题，在维护国家财经秩序、保障人民群众根本利益方面做出了积极贡献。但在审计质量中也存在着重效力轻效果，重"抵御"轻"预防"，审计结果公告的综合效果没有得以很好发挥，以及因揭露和预防效果不佳导致的"屡审屡犯"等问题。

进一步的实证结果显示，前期审计效力对当期审计发现违规违纪问题金额具有显著的正向影响，而前期审计效果以及审计效果与审计效力的交互项影响并不显著，这一研究发现与"审计免疫"观的理想模式相反，但符合我国"十一五"期间"屡审屡犯"的客观事实，说明审计效力与审计效果的二元化是导致上述低审计质量扩散效应的主要成因。

第4章 国家审计质量效力与效果的二元化表现——以经济责任审计为例

4.1 引 言

当今社会和政府的运作都存在于公共受托责任关系中，社会公众作为终极委托人，赋予各级政府、国有企业领导干部参与公共政策制定，分配和使用公共资源的重要决策权，同时又对公共受托责任提出了要求。领导干部所承担的公共受托责任，表现为应按照法律规定取得公共资源、合法并经济有效地使用公共资源，从而最大限度地提高公共福利。从 2006 年开始，在社会各界的强烈关注下，我国开始了以"官员问责"为主要内容的行政问责实践，这种以等级为主的问责方式既有成效，也面临着挑战（宋涛，2008）。国家审计机关的相对独立性，以及审计技术方法的专业性，使其成为国家治理机制中不可或缺的构成部分，作为一种权力制约监督制度和异体问责手段，经济责任审计的目标就是要确保公共受托责任的全面有效履行，从而减少道德风险和逆向选择行为。

经济责任审计是国家审计的重要类型。2006 年，经济责任审计被写入新修订的《中华人民共和国审计法》，2010 年 12 月，中共中央办公厅、国务院办公厅（简称"两办"）颁布了《党政主要领导干部和国有企业领导人员经济责任审计规定》，2014 年 7 月，"两办"又颁布了《党政主要领导干部和国有企业领导人员经济责任审计规定实施细则》，将中国特色的经济责任审计推向了一个新的历史高度。

为了进一步分析当前我国国家审计质量中所表现出来的二元化特征，即重审计处理（例如审计查证）、轻审计整改（例如审计问责）的现象以及对审计质量的影响。本章通过实证分析研究了经济责任审计发现的分布特征，针对分析结果，从规制俘获理论视角对经济责任审计中查证与问责环节相脱节的"问责悖论"现象进行了解释。

4.2 文献回顾

公共受托责任是存在于公共领域特殊形式的受托责任,它是领导干部使国民确信其活动与产出符合预定目标与规范的一系列方法、机制与程序的集合(Hopwood,1984)。公共权力是公共受托责任的本源、基础和前提(刘秋明,2005),失去权力"公共性"这个假设,公共受托责任便无从谈起。从历史上看,基于产权关系和市场交易所产生的财务受托责任,很早就在人们的经济交往中得到承认和履行。对政府部门所承担的公共受托责任则随着新公共管理运动浪潮下"重塑政府"呼声的日益高涨,以及"主权在民"、公共资源"取之于民,用之于民"的思想深入人心,逐渐得以明确。由于在国有企业,同样拥有大量的国家资金、政府投资形成的公共财产,国有企业与政府部门同样承担着公共受托责任(秦荣生,2004)。

Sinclair(1995)认为受托责任是一种主观构成,随着环境的变化而变化,她甚至用"变色龙"来形容受托责任内容和表述方式的多样性。Smith(1980)将政府官员的受托责任划分为三大类九小类,分别为:(1)政治方面的受托责任,包括宪法、地方分权和协同方面的受托责任;(2)管理方面的受托责任,包括事业、资源和职业方面的受托责任;(3)法律方面的受托责任,包括司法、准司法和程序方面的受托责任。Patton(1992)、蔡春(2001)从履职顺序的角度将公共受托责任界定为行为责任(程序性受托责任)和报告责任(结果性受托责任)两方面,行为责任的主要内容是按照保全性、合法性、经济性、效率性和效果性等要求经管受托经济资源;报告责任的主要内容是按照公允性或可信性的要求编制报告。陈立齐和李建发(2003)根据委托代理链条,将公共受托责任划分为内部受托责任和外部受托责任,前者是指政府组织内各层次之间的受托责任——公务员对行政长官、行政部门对立法部门的受托责任;后者是指整个政府对社会公众所承担的受托责任。

一方关系人对另一方或其他关系人负有履行受托经济责任的义务这样一种关系,是审计存在的重要前提(Flint,1988)。实施审计是为了审查、评价受托者所承担经济责任的履行情况,从而确定或解除其应负的受托经济责任,以确保受托者经济责任的切实履行(秦荣生,1994)。无论是政府部门还是公营企事业单位，只要存在受托经营管理的公共财产，就必须要承担公共受托经济责任，就应该由审计机关对其受托责任履行情况进行审计。我国经济责任审计制度的产生和发展体现了经济体制改革和政治体制转轨的内在要求（刘颖斐和余玉苗，2007），经济责任审计作为回应社会公众对领导干部进行监督诉求的一种制度安排，通过审计手段来达到履行权力制约监督的目的。经济责任审计中的公共受托责任包括五个方面的目标经济责任，分别是：合法性经济责任、合规性经济责任、绩效性经济责任、安全性经济责任、社会性经济责任（彭韶兵和周兵，2009）。经济责任审计有特殊的审计路径，常规审计是由"事"及"人"，即首先考虑发生了什么经济业务，然后再考虑谁是责任人；经济责任审计则是由"人"及"事"，即首先确定责任人，然后再看责任人在任期内负责了哪些经济业务，责任人对于经济业务的开展情况和结果应承担什么责任（陈波，2005）。

我国的经济责任审计，是在"党管干部"的政治背景下产生的，1985 年开始试点时仅包括县级以下领导干部、国有及国有控股企业领导人；2005 年领导干部经济责任审计范围扩大到地厅级；目前正在探索省部级领导干部经济责任审计的制度化，并扩大党委书记审计的覆盖面，推进党政主要领导干部同步经济责任审计。国家审计署刘家义审计长（2008）在谈到中国国家审计特色时说："中国开展的经济责任审计，也可能是世界上唯一的。"作为一项具有中国特色的经济监督制度，经济责任审计是确保政府部门、国有企业领导干部有效履行受托经济责任的重大举措，也是现代审计制度在中国的一项创新。领导干部因晋升、调离等原因离开任职岗位，应当依法接受经济责任审计，对领导干部任期内的预算执行和经费使用情况、遵守国家财经纪律情况、经济管理决策情况以及廉洁自律情况等开展审计评价（黄溶冰，2013），这使得领导干部经济责任审计实质上成为对特定人群公共权力进行监督的手段，进而成为考核和任用领导干部的重要辅助手段。经济责任审计的内容，包括领导干部任职期间本地区、本部门（系统）、本单位财政收支、财务收支的真实、合法和效益情况，固定资产的管理和使用情况，重要项目的建设和管理情况，内部控制制度的建立和执行情况，对下属单位财政财务收支以及有关经济活动的管理和监督情况等。① 领导干部所承担的公共受托经济责任，不仅包

---

① 中共中央办公厅，国务院办公厅. 党政主要领导干部和国有企业领导人员经济责任审计规定［R］，2010.

括财政财务收支活动的责任，即财务责任；而且还包括其他经济活动的责任，即管理责任（李凯，2009）。在经济责任审计中，只审查而不对查出的问题进行问责，这种审查不会有实际意义，因此，当受托人未恰当履行受托责任时，就应该启动问责程序（冯均科，2008）。作为一种国家治理工具，经济责任审计不仅包括对领导干部受托责任的评价，而且还包括对未履行受托责任的问责，审计问责体系被认为是经济责任审计的重要制度保障和机制保证（蔡春和陈晓媛，2007）。

4.3 经济责任审计结果的分布特征

4.3.1 初步的经验观察

4.3.1.1 总体情况

根据审计署 2003～2010 年度《审计情况统计结果》，截至 2010 年，我国各级审计机关开展经济责任审计累计审查的单位数 274081 个，审计经济责任人 281682 人；审计查出领导干部涉嫌个人经济问题 101102 万元，移交司法机关、纪检监察机关的被审计领导干部和其他人员 4933 人。

4.3.1.2 描述性统计

为进一步研究经济责任审计中审计结果的分布特征，本章分别按照审计主体和审计对象进行分层，开展描述性统计。

本章的样本来源于 2004～2010 年《中国审计年鉴》、2003～2010 年审计署《审计情况统计结果》中有关全国审计机关经济责任审计情况的统计数据。其中：审计查证查出问题分别用违规金额比率、管理不善金额比率、损失浪费金额比率表示；审计问责强度用对领导干部的审计问责比率（每千人）表示；审计问责方式分别用内部问责比率（撤职、降职、其他）、外部问责比率（移交司法机关、移交纪检监察机关）表示。

（1）按审计主体的描述性统计。如表 4－1 所示，在查证环节，不同审计机关发现的违规金额占审计发现问题总金额（违规金额＋管理不规范金额＋损失浪费金额）比率的均值在 18.73%～32.52% 之间，其波动幅度最大，从审计署到县级审计机关，发现的违规金额比率均值呈上升趋势；但从总体上看，未超过审计发现问题总金额的 1/3。不同审计机关发现的管理不善金额占审计发现问题总金额比率的均值在 63.09%～69.57% 之间，其所占比率最高，但波动幅度较小；损失浪费金额占审计发现问题总金额比率的均值在2%～9.84%之间。

表4-1　　　　　　按审计主体的经济责任审计结果描述性统计　　　　单位:%

项目	违规金额比率		管理不善比率		审计问责比率（‰）		内部问责比率	
	Mean	Std. D	Mean	Std. D	Mean	Std. D	Mean	Std. D
审计署	18.73	24.00	63.09	38.09	9731.44	19665.14	8.33	28.87
省级	26.63	11.35	69.57	12.00	165.59	103.37	63.81	25.51
地级	29.22	9.56	68.82	9.88	95.32	72.47	51.48	24.78
县级	32.52	8.54	65.49	9.14	80.56	61.56	58.76	24.72

在问责环节，不同审计机关的问责强度存在较大差别，审计署的审计问责率均值要远远高于地方审计机关，且省级、地级、县级审计机关的问责强度呈逐级递减趋势。不同审计机关的问责方式也有所差异，其中，审计署选择内部问责的比率最低（均值8.33%）。

（2）按审计对象的描述性统计。如表4-2所示，在查证环节，对国有企业审计发现的问题中，损失浪费金额的比率达到8.28%，远远超过政府部门的均值水平0.53%。在问责环节，对国有企业和对政府部门不存在明显差别。

表4-2　　　　　按审计对象的经济责任审计结果描述性统计　　　　单位:%

项目	违规金额比率		管理不善比率		审计问责比率（‰）		内部问责比率	
	Mean	Std. D	Mean	Std. D	Mean	Std. D	Mean	Std. D
国有企业	30.39	15.78	8.28	11.20	49.12	14.99	44.10	35.50
政府部门	23.16	13.90	0.53	0.44	51.33	50.78	47.10	32.20

4.3.2　参数与非参数检验

根据描述性统计的结果，初步发现，经济责任审计在查证与问责环节的审计结果分布特征存在差异。本节通过参数与非参数检验，进一步验证上述差异在统计学意义上是否显著。

4.3.2.1　按审计主体的参数与非参数检验

如表4-3所示，在查证环节，审计查出主要问题在不同审计机关不存在显著差异。在问责环节，审计署的问责强度与各地方审计机关的差异皆在10%的水平下显著；审计署采取内部问责方式的比率要远低于各地方审计机关，这一差异皆在1%的水平下显著。

表4-3　　按审计主体的经济责任审计结果参数检验与非参数检验

项目		违规违纪金额比率		审计问责比率		内部问责比率	
审计机关（I）	审计机关（J）	I－J	Sig.	I－J	Sig.	I－J	Sig.
参数检验结果 审计署	省级	－7.8917	0.9000	9 565.8517	0.0953 **	－55.4808	0.0001 ***
	地级	－10.4892	0.6976	9 636.1225	0.0918 **	－43.1433	0.0027 ***
	县级	－13.7842	0.4025	9 650.8842	0.0911 **	－50.4283	0.0004 ***
省级	审计署	7.8917	0.9000	－9 565.8517	0.0953 **	55.4808	0.0001 ***
	地级	－2.5975	0.9918	70.2708	1.0000	12.3375	0.7189
	县级	－5.8925	0.6631	85.0325	1.0000	5.0525	0.9729
地级	审计署	10.4892	0.6976	－9 636.1225	0.0918 **	43.1433	0.0027 ***
	省级	2.5975	0.9918	－70.2708	1.0000	－12.3375	0.7189
	县级	－3.2950	0.9448	14.7617	1.0000	－7.2850	0.9248
县级	审计署	13.7842	0.4025	－9 650.8842	0.0911 **	50.4283	0.0004 ***
	省级	5.8925	0.6631	－85.0325	1.0000	－5.0525	0.9729
	地级	3.2950	0.9448	－14.7617	1.0000	7.2850	0.9248
非参数检验结果		Median	Sig.	Median	Sig.	Median	Sig.
		27.4150	0.112	86.5950	0.034 **	53.0500	0.007 ***

注：*** 、** 分别代表1%、5%的显著性水平，下同。

4.3.2.2　按审计对象的参数与非参数检验

如表4-4所示，在查证环节，审计查出主要问题在国有企业和政府部门之间存在差异，且在1%的水平下显著。在问责环节，不论是问责强度还是问责方式，对国有企业和对政府部门皆不存在显著差异。

表4-4　　按审计对象的经济责任审计发现参数检验与非参数检验结果

项目	损失浪费金额比率		审计问责比率		内部问责比率	
参数检验结果	Mean Diference	Sig.	Mean Diference	Sig.	Mean Diference	Sig.
	7.7496	0.03 **	49.33	0.201	－11.3338	0.186
非参数检验结果	Z	Sig.	Z	Sig.	Z	Sig.
	－5.645	0.000 ***	－0.603	0.147	－0.966	0.334

4.4　问责悖论

作为中国特有的审计监督类型，通过经济责任审计，把领导干部的任期内政绩水平与公共受托责任的履行情况有机结合起来进行考核与评价，进而明确或解除领导干部任期内的公共受托责任，保护广大纳税人作为委托人的合法权利，为组织部门考察干部业绩提供依据；同时，作为一种权力制约监督机制，通过经济责任审计，可以依法揭露和惩治腐败分子，促进领导干部廉洁自律、依法行政和有效履行其各项职责。

经济责任审计的意义以及所产生的作用和影响，已经远远超过了审计本身；它是一种机制，一种具有中国特色的对领导干部进行监督管理的制度和办法。根据经济责任审计的内涵及实现作用的途径，经济责任审计是以对领导干部进行查证作为程序起始点的，通过评价受托责任，再转入问责或协助问责，最后提出改进工作的审计建议；经济责任审计在查证"定责"的基础上必须同步开展"问责"行动，只有这样才能固化经济责任审计的审计成果，发挥经济责任审计权力制约监督和惩戒预防腐败的"审计免疫"功能，两者相辅相成、缺一不可。如果审计查出主要问题在不同审计主体或审计对象之间存在差异，那么其选择的问责强度、问责方式也会有所不同；反之亦然。

但实际上，我国的经济责任审计在查证和问责环节却存在着相互脱节的现象。统计分析的结果表明：审计署和地方审计机关不同层级审计主体之间在审计查出主要问题上不存在显著差异，但在问责强度与问责方式上却存在显著差异，高层级的审计机关问责强度大，且较少采取内部问责的方式。国有企业和政府部门不同审计对象之间在审计查出主要问题上存在显著差异，国有企业的损失浪费现象更为严重，但不论是问责强度还是问责方式上，对国有企业和对政府部门并不存在显著差异。

我们将上述现象称作我国经济责任审计的"问责悖论"，这也是审计效力与审计效果二元化特征在具体审计业务中的表现。

4.5　基于规制俘获理论的解释

4.5.1　规制俘获理论

"规制俘获"常用来形容被规制者控制了规制机构政策过程这样的一种经济现象。例如，一些研究表明，政府在航空业、电信业以及公用事业制定的固定价格和限制进入等政策，实际上是由于特定利益集团通过政治献金方式成功俘获了规制者，从而在政府规制中作出了有利于他们的政策规定，进而获取竞争优势，抑制竞争者或潜在竞争者（Posner，1974）。规制似乎是为了让某些企业获得更高的利润，而不是从公共利益最大化角度出发（Jordan，1972）。

规制俘获理论（the capture theory of regulation）的起源可以追溯到马克思关于大企业控制制度的观点，该理论主要强调利益集团在公共政策形成方面的作用。规制经济学的创始人——芝加哥学派的斯蒂格勒（Stigler，1971）将规制因素内生化，运用经济学的方法指出无效规制存在的原因，即利益集团向规制者支付了"对价"，俘获了作为规制者的政府，使得产业内或是产业间出现了进入壁垒、差别补贴等一系列无效率的政府保护措施。这一研究为从经济学的视角解释政治问题提供了开创性的思路。此后，Peltzman（1976）、Becker（1983）等学者进一步丰富和拓展了斯蒂格勒的思想。同时，弗吉尼亚学派从社会福利损失的角度，利用"寻租"理论补充规制俘获理论的内容（Mcchesney，1987），与芝加哥学派共同丰富了传统规制俘获理论的内涵。

20 世纪 90 年代开始，拉丰（Laffont）和梯若尔（Tirole）（1996，2001，2004）提出了新规制经济学的规制俘获理论，该理论将信息不对称作为分析前提，引入委托－代理理论作为分析框架，为规制俘获理论的继续深化提供了开拓性的思路。他们将规制过程视为一个两层的委托代理关系，第一层是国会与规制机构的委托代理关系，第二层是规制机构与被规制企业的委托代理关系。在第二层委托代理关系中，被规制企业向规制机构报告有关成本效率的信息，但被规制企业和规制机构之间存在着明显的信息不对称，具体表现为被规制企业对自身生产技术等信息更为了解，而规制机构则需根据被规制企业的报告或者实地调查去收集有关技术及成本等方面的确切信息；在第一层委托代理关系中，同样存在着信息不对称，国会作为委托人，是社会福利的代表，追求社会福利的最大化，但国会只能依赖于规制机构提供的信息来掌握企业运行情况并制定体现社会公众利益的法律法规；而规制机构受国会委托，负责执行国会制定的法律法规，同时根据国会的意志，具体制定企业在市场准入、产品价格等方面需遵守的政策。规制机构所处的地位或角色，使它具备凭借信息优势相机行事的权力，例如，它有可能对国会有选择的报告信息甚至是隐瞒信息；在这种情况下，被规制企业从自身利益最大化出发，就有动机贿赂和收买规制机构，使其向国会提供对自身有利的信息，作为委托人的国会如果不能就此做出准确的判断和选择，规制机构就有可能选择对利益集团有利而对公众不利，甚至损害公众利益的规制政策，从而发生规制俘获。

4.5.2 基于规制俘获理论对问责悖论的解释

4.5.2.1 经济责任审计的委托代理关系

根据规制俘获理论，在经济责任审计中同样存在着两种委托代理关系，如图4-1所示，一是原生性委托代理关系，即社会公众和领导干部就公共财产（公共资源）使用权的委托代理关系，在该层委托代理关系中，由于社会公众作为委托人为数众多而且分散，委托人的实际权力由代表广大人民群众根本利益的党委组织部门行使；二是派生性委托代理关系，即社会公众和审计机关就公共受托责任监督权的委托代理关系，审计机关依此享有审计监督权。

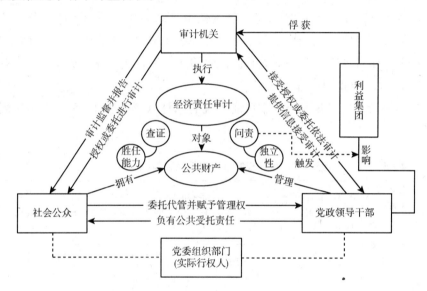

图4-1 经济责任审计中委托代理关系示意

4.5.2.2 问责悖论问题的规制俘获理论模型

根据经济责任审计委托代理关系，经济责任审计中规制过程的三方参与人分别是：委托人——代表社会公众利益的党委组织部门，规制机构——审计机关，被规制者——领导干部（及其所在部门）。

领导干部所在部门（单位）拥有公共财产的使用权，其数量为可供支配的财政支出 q，财政支出的边际效用为 p，财政支出的边际成本为 c，领导干部所在部门财政支出的生产函数为 $Y = Q(q) = pq$，$q \geq 0$；社会公众从 q 单位财政支出中获得的效用为 $V(q) = p(q - c_i)$。c 的高低与党政领导干任职期间的努力程度直接相关。领导干部任职期间履职努力程度高

（尽职尽责），则不容易出现违规违纪、管理不善和损失浪费等问题，财政支出边际成本低（边际成本为 c_L）；领导干部任职期间履职努力程度低（未尽职尽责），则较容易出现违规违纪、管理不善和损失浪费等问题，财政支出边际成本高（边际成本为 c_H）。因此，可以利用 c 的高低来衡量领导干部的履职努力程度。c 只有领导干部自己知道，但其概率分布为共同知识，假设 $P(c=c_L)=\Phi$，$P(c=c_H)=1-\Phi$。审计机关通过经济责任审计可以了解领导干部履职努力程度的信息，为了便于问题的分析，假设审计机关有充裕时间和足够经费获取真实的信息。

根据审计查证发现的问题，假设审计机关向党委组织部门（委托人）报告问责信息，同时开展问责行动的概率为 ξ，未报告和开展问责行动的概率为 1 - ξ。党委组织部门将经济责任审计结果作为领导干部职务任免的重要依据，为激励领导干部维持或提高履职努力程度，党委组织部门需根据领导干部的努力水平 c 为其提供效用 T，在信息完备的条件下，应有 $T_i=f(c_i)$，i = L，H，且 $T_L>T_H$。

经济责任审计规制过程中可能出现的四种情形如表 4 – 5 中Ⅰ～Ⅳ列所示。

表 4 – 5　　　　　经济责任审计规制过程中的情形与福利计算

情形	领导干部履职努力程度（Ⅰ）	审计发现（Ⅱ）	审计问责（Ⅲ）	规制俘获（Ⅲ）	发生概率（Ⅳ）	审计机关效用（Ⅴ）	领导干部效用（Ⅵ）	社会公众效用（Ⅶ）	总社会效用（Ⅷ）
1	低	c_H	Y	N	$\Phi\xi$	s	T_H	V_H	V_H+T_H+s
2		c_H	N	Y	$\Phi(1-\xi)$	0	T_L	V_H	$V_H+T_L-(1+\lambda)s$
3	高	c_L			$1-\Phi$	0	T_L	V_L	V_L+T_L
4		c_L			0				

由表 4 – 5 可知，只有领导干部履职努力程度低，财政支出边际成本较高时，规制俘获现象才可能发生。被审计的领导干部为俘获审计机关，需要向审计机关提供转移支付 s，不过 s 并不局限于现金和实物，还包括各种非实物方面的收益以及不接受俘获可能带来的机会成本，由于存在影子成本 λ，转移支付的总成本为（1 + λ）s。为避免规制俘获的发生，党委组织部门应该对提供真实问责信息的审计机关应该给予一定的奖励金，奖励金的数额不应低于 s。

在上述四种情形下，参与规制各方的效用水平（w_i）及总社会效用（W）见表 4 – 5 中Ⅴ～Ⅷ列所示。

最大化总社会效用目标函数：

$$W = \sum_{i=1,2,3,4} w_i p_i = (V_H + T_H + s)\Phi\xi + (V_H + T_L - (1+\lambda)s)\Phi(1-\xi)$$
$$+ (V_L + T_L)(1-\Phi) \qquad (4.1)$$

利用一阶条件：

$$\begin{cases} \dfrac{\partial W}{\partial s} = \Phi\xi - (1+\lambda)\Phi(1-\xi) = 0 \\ \dfrac{\partial W}{\partial \xi} = (V_H + T_H + s)\Phi - (V_H + T_L - (1+\lambda)s)\Phi = 0 \end{cases} \qquad (4.2)$$

由此可推出最优解：

$$\begin{cases} \xi = \dfrac{1+\lambda}{2+\lambda} \\ s = \dfrac{T_L - T_H}{2+\lambda} = \dfrac{\Delta f(c)}{2+\lambda} \end{cases} \qquad (4.3)$$

计算结果表明，经济责任审计中，履职努力程度低的领导干部向规制机构——审计机关的转移支付达到 $\dfrac{\Delta f(c)}{2+\lambda}$ 时，就可能出现规制俘获现象。其概率为 $\dfrac{1+\lambda}{2+\lambda}$。

4.5.2.3 问责悖论中的规制俘获机理

上文模型的分析结果表明，经济责任审计中存在"问责悖论"现象，究其原因在于：审计机关作为规制机构在审计问责环节，出现了被领导干部及有关利益集团等被规制者俘获的现象；而在查证环节却没有发生规制俘获的情况。

（1）规制俘获成因分析。在查证环节有两个方面的因素导致规制俘获发生的可能性很小。首先，审计机关作为规制机构在是否开展经济责任审计的问题上没有自由裁量权或相机抉择权。因为按照《审计法》、《审计法实施条例》以及中共中央办公厅、国务院办公厅《党政主要领导干部和国有企业领导人员经济责任审计规定》及其《实施细则》等法律法规的要求，领导干部在任职期间和离任时都需接受经济责任审计，不允许存在例外情况。其次，被规制者在查证环节缺少俘获审计机关的动机。政府部门或国有企业的领导干部在接受经济责任审计时要证明自己忠于职守、尽职尽责地履行了公共受托责任，不存在徇私舞弊、贪污腐败等违纪失职问题，他们比审计人员掌握更多的本单位或本部门信息，拥有信息优势，而在查证环节能否发现问题，发现了哪些问题完全依靠审计人员的专业胜任能力，具有很大的不确定性。如果在查证环节就动用各种政治资源去影响审计人员或者采取拒不提供资料的对抗方式，反而会使自身问题过早地暴露，结果往往得不偿失。

在问责环节，审计机关获取了被规制者——领导干部受托责任履行情况比较充分的信息，具备了相对于委托人的信息优势。针对审计发现的问题，根据其性质是否需要问责，对哪些责任人进行问责，以及在问责时是建议采取相对严厉的外部问责方式（移送司法机关，移送纪检监察机关）还是相对温和的内部问责方式（撤职、降级，其他处分），审计机关作为规制者拥有较大的自由裁量权。审计机关在问责环节拥有的信息优势和自由裁量权，成为规制俘获的关键"触发"因素，为实现自身或单位利益的最大化，被审计的领导干部有充分的激励通过各种关系收买或说服审计机关，作出有利于自身的审计决定。

（2）规制俘获机理分析。按照《宪法》的有关规定，我国县级以上人民政府设置审计机关。在中央层面，审计署（含特派办、派出局）由国务院统一领导，处级以上干部由审计署任免，经费来源由中央财政保障，其独立性较强；在地方层面，审计机关实行本级人民政府和上级审计机关双重领导，以本级人民政府的领导为主，审计机关主要负责人由本级人民政府任命并报上一级审计机关备案，经费来源由本级财政保障，其独立性相对较弱。在经济责任审计中，因各级审计机关的独立性不同，被俘获的可能性也有较大差异。就地方审计机关而言，经济责任审计发现的许多问题往往是各级政府部门为谋求地方利益最大化的产物，一旦处理牵涉面较大，具有"一损俱损、一荣俱荣"的效应。以地方政府债务问题为例，虽然《预算法》曾明确规定地方政府不得随意举债，但在官员选拔和提升以 GDP 为导向的晋升锦标赛模式中（周黎安，2004），在财经法纪执行上，"上有政策、下有对策"是比较普遍的现象，违反《预算法》举债的行为已被地方政府及财政部门所普遍接受或认可，因此，地方政府对审计发现的问题往往存在"地方保护"主义倾向。同时，被审计的领导干部往往拥有各种各样的权力，而这些权力对本级审计机关而言又是至关重要的，例如，作为被审计对象的财政部门负责审核批准本级审计机关的年度预算，直接影响着审计机关业务经费的多寡。正是由于上述错综复杂的关系，审计机关在问责时可能被各种利益集团的指示、说教、劝诫所俘获，问责强度和问责方式的选择往往是经过利益协调和关系博弈的结果，受到的干扰因素越多，越有可能采取相对妥协的问责处理方式。相对于地方审计机关而言，审计署无论在人事任免还是经费来源上都具有更强独立性，较少受到宗亲或地缘关系的干扰，因此其问责强度最高，且最少采取内部问责的方式。

根据《国有企业的性质、表现与改革》研究报告，① 在 19 个部委的副部级官员中，有国有企业工作经历的 56 人；在 47 家国有企业中，115 名高管具有政府工作背景；一些新闻媒体也披露了国有企业管理者与政府官员之间的身份互换现象。② 与所有的市场经济转型国家一样，在我国，国有企业管理者与政府官员的这种亲密关系一般由两个原因造成：第一，政府部门的一些官员以前在国企任职；第二，"旋转门"现象（Mund-heim，1981；Toni and John，1992），即政府部门的官员离任后，可能会在国企任职。这就使得我国的国有企业与政府部门之间总是存在着"剪不断、理还乱"的千丝万缕联系。虽然经济责任审计发现表明，国有企业损失浪费金额的比率大约是政府部门的 15 倍，揭示了国有企业管理粗放和资产流失的黑洞，但在问责时并没有表现出更高的问责强度。究其原因并不难理解，作为审计对象，国有企业管理者并非处于"弱势权力"的一方，我国的国有企业领导人大多具有很深的"官商"背景，甚至在当地人大或政协都占据着一席之地，因此国有企业和政府部门的领导干部一样，都拥有足够的社会资源去直接或间接影响审计机关的生存环境或重要关系人的利益，进而通过规制俘获解除其所承担的公共受托责任。

4.6 研究结论

本章以经济责任审计为例，探讨了因审计效力与审计效果二元化导致的问责悖论现象及其成因，从具体审计业务的角度，为我国当前国家审计质量的运行特征提供了经验证据。

为减少经济责任审计中规制俘获的可能性，我们认为：第一，应进一步提高审计监督的独立性，改革现有的双重领导体制，探索省级以下审计机关的垂直管理，真正发挥经济责任审计作为权力制约监督工具的建设性作用。第二，应减少规制俘获发生的空间与几率，加大责任政府建设和政

---

① 天则经济研究所. 国有企业的性质、表现与改革（修订稿）全文本［EB/OL］. http：//www. ideobook. com/1120/nature-performance-reform-state-owned-enterprises，2011－04－13.

② 西安日报. 19 家高速收费路桥公司 竟有 17 名董事长曾为政府官员［EB/OL］. http：//epaper. xiancn. com/xarb/html/2011－08/11/content_38577. htm，2011－08－11.

企分离力度，政府部门和国有企业应该分别承担起公益法人和经营法人的社会角色，减少政府官员与国企管理者之间的交叉任职情况。第三，减少委托人和规制者之间的信息不对称，定期披露经济责任审计结果公告，利用社会公众的广泛参与，降低审计机关作为规制机构操纵信息的空间。第四，减少规制机构的自由裁量权，切实贯彻经济责任审计工作联席会议制度，通过相互制衡机制，防止形成广泛自由裁量权的权力孤岛。

第5章 审计处理与审计整改对财政收支违规行为的影响

5.1 引 言

现代国家有效运行的重要条件之一，就是使国家公共资金得到有效利用，为实现上述目标，在国家机构中通常设置专门的财政监督机构——国家审计机关，以防止甚至杜绝公共资金的公权私用，最大限度地促进公共资金的使用绩效（任剑涛，2011）。2013年10月，世界审计组织（INTOSAI）在北京召开第二十一届大会，会议通过了《北京宣言——最高审计机关促进良治》，明确了最高审计机关在维护国家财经秩序、促进政府良治方面的重要作用。在我国，审计机关拥有一定的处理处罚权，对于审计查出的违规违纪问题，其中属于审计职权范围的，审计机关直接下达审计决定，提出处理处罚意见；不属于审计职权范围的，审计机关出具移送处理书，移送其他部门进行处理处罚；此外，针对审计发现的问题，审计机关还可以提出整章建制、加强管理的审计建议。审计机关的行为能否真正减少财政收支违规问题，进而促进政府良治，不仅取决于审计处理的力度，还取决于审计整改的效果，处理问题多、整改问题少，自然不会产生良性循环；只有两者相互促进、相互加强，才能在真正意义上推进完善国家治理，维护社会公众利益。

本章分别以地方审计机关和审计署特派办为研究对象，分析审计处理和审计整改的关系对于审计查出违规问题金额影响的经验证据，探索国家审计在维护国家财经秩序和促进政府良治中的现实表现及效果。

5.2　文献回顾

在国际上，审计研究的主流是资本市场与注册会计师审计，国家审计研究的学术文献和出版物十分有限（Edward et al.，2006），这主要是由于以美国、英国为代表的西方国家奉行"市场最大化、政府最小化"的盎格鲁－撒克逊经济模式，强调政府对经济的较少干预，即使是联邦拨款的财务报表审计，多数也是由注册会计师来完成的（Monaghan，2007）。

中国拥有与世界上大多数国家不同的政治和经济体制，中国特色社会主义市场经济要求充分运用财政、税收等宏观调控手段，实现资源的优化配置，促进经济社会的协调发展，不断增进社会福利。因此，履行财政监督职责的国家审计发展道路也具有鲜明的中国特色，并逐渐形成自身的理论体系（刘家义，2013）。在我国，"财政资金运用到哪里，审计监督就跟踪到哪里"，公共资金、国有资产、国有资源、领导干部经济责任等全部纳入审计监督范围，国家审计被认为是国家治理的基石和保障，是国家依法用权力监督制约权力的行为，其基本目标是维护人民群众的根本利益（刘家义，2012，2015）。基于此，一些学者从不同角度探讨了通过审计监督促进政府良治的路径，包括：及时发现问题、依法处理问题、充分利用成果、依法报告工作（宋常，2009），威慑、揭示和惩处（赵丽芳和于亚琼，2011），监督、评价和鉴证（谭劲松和宋顺林，2012），发现、报告和纠偏（王跃堂和黄溶冰，2008），以及预防与惩治（彭华彰等，2013）等。

有关资料显示，自1983年我国审计机关成立以来，在健全财经秩序、维护人民群众利益方面作出了大量工作。① 但欧阳华生（2007）通过对预算执行审计结果的分析发现，一些财政收支违规问题未得到有效遏制，存在"屡审屡犯"的现象。黄溶冰和王跃堂（2010）的研究也发现，在我国省级审计机关存在重"抵御"轻"预防"的现象，表现为重审计决定处理处罚，轻审计结果（各类报告和信息简报）开发利用。在中国特色的经济责任审计中，同样存在审计查证与审计问责相互脱节的现象（黄溶冰，2012）。郑石桥和尹平（2010）分析了审计署职能司、特派员办事

---

① 人民网. 审计机关成立30年增收节支挽回损失1.2万亿［EB/OL］. http://politics. people. com. cn/n/2013/0916/c1001 - 22928013. html，2013 - 09 - 16.

处、派驻审计局和地方审计机关的审计成果，发现在审计执行效率上，派驻审计局＞地方审计机关＞特派员办事处＞审计署职能司，导致上述现象的原因是审计妥协以及行政型隶属模式加双重领导的审计体制。郑石桥等（2011）进一步认为，审计处理难、落实审计决定难的原因是非正式制度带来的审计过滤，使得正式制度的目标被扭曲。刘泽照和梁斌（2015）的研究同样表明，审计揭示问题并不会必然降低腐败发生的可能性，而审计整改绩效在一定程度上会提升现实反腐的有效性。

根据现有研究文献，学术界多从国家审计的本质和目标出发，探讨国家审计维护国家财经秩序、服务于国家治理现代化的表现形式；从国家审计质量运行特征角度，分析审计处理处罚的效率效果及其原因。但现有的研究孤立地看待审计处理与审计整改的关系，缺乏对两者在审计查出违规问题金额中作用机制的深入分析，而这对全面客观阐释审计工作质量十分必要。针对这种情况，本章利用 Max 函数和 Min 函数考察审计处理与审计整改是否存在互补加强关系的经验证据，并通过设置交互项的方式进行了稳健性检验，为加强国家审计质量控制和促进审计管理创新提供了理论依据。

5.3　研究设计

5.3.1　理论分析

依据公共财政理论，社会公众作为纳税人以支付税款为"对价"，换取由政府提供无法按市场原则购买的公共产品与服务。因此，社会公众有权对公共财政资金的最终用途进行监督，政府不能将公共财政资金用于与纳税人利益无关的活动与事项，当然也不能浪费或贪污纳税人缴纳的税款（黄溶冰和李玉辉，2009）。国家审计正是接受公众委托对政府承担的公共受托责任开展经济监督（吴联生，2002）。在我国，国家审计通过监督和评价被审计单位财政财务收支的真实、合法和效益，实现维护人民群众根本利益的目标。

令 $\pi = \sqrt{\dfrac{(\Delta \chi_i)^2}{n}}$，向量 π 表示审计机关查出的政府各部门在公共财政资金筹集、分配和使用中与人民群众利益的偏离程度，$\Delta \chi_i$ 表示审计查出各类问题的金额。

审计机关在审计查出问题后的工作机制，包括审计决定、审计移送和审计建议。作为经济监督部门，审计机关查出的问题不是越多越好，而是要通过对发现问题的处理和整改及其扩散效应，逐渐减少损害人民群众根本利益的财政收支违规问题，推动实现政府良治。因此，应满足 $\hat{\pi} = \min(\pi_i)$。决定π值的因素有两个：一是审计处理的力度λ，表现为针对审计查出的各类问题，提出上缴财政、减少财政拨款或补贴、归还原渠道资金、调账处理等审计决定的金额，移送司法、纪检监察和相关部门的审计移送人数，以及完善制度、加强管理的审计建议的条数。二是审计整改的效果θ，表现为审计决定得到落实、审计移送得到追责、审计建议得到采纳的程度。

又令，$\pi_{it} = h(\lambda_{it-1}, \theta_{it-1})$，服务于"审计免疫"功能的需要，理想的审计工作质量具体表现在：无论是审计处理还是审计整改，任何一项工作水平的提升都能促进审计查出违规问题金额的减少，即 $\dfrac{\partial \pi_{it}}{\partial h_{it-1}} < 0$。在此基础上，更为最重要的是，前期审计处理和审计整改两项工作机制应对当期审计查出违规问题的减少形成一种积极交互作用，表现为一种机制的边际效应随着另一种机制的增加而递增，即 $\dfrac{\partial^2 \pi_{it}}{\partial \lambda_{it-1} \partial \theta_{it-1}} > 0$。

结合上文的分析，以维护财经秩序、保障人民群众根本利益为审计基本目标，最优的国家审计工作机制安排 $\hat{\pi}$ 应满足：（a）$\dfrac{\partial \pi_{it}}{\partial h_{it-1}} < 0$；（b）$\dfrac{\partial^2 \pi_{it}}{\partial \lambda_{it-1} \partial \theta_{it-1}} > 0$。

据此，本章对审计处理与审计整改在维护财经秩序中的作用机制进行考察，如果同时满足条件（a）、（b），则说明两者存在相互加强的互补关系。我们提出相竞争性的两个研究假设：

H5.1：审计处理和审计整改在降低审计查出违规问题金额方面存在互补加强的关系。

H5.2：审计处理和审计整改在降低审计查出违规问题金额方面不存在互补加强的关系。

5.3.2 模型设定与变量说明

根据上文的理论分析，借鉴 Cremers 和 Nair（2005）的做法，我们利用最大值函数（Max）和最小值函数（Min）来考察两种工作机制之间的关系。具体而言：如果两项工作机制独立发挥作用，任何一项机制水平的提升都会带来审计查出违规问题金额的减少，最大值函数的系数将显著为负，即满足条件（a）。如果最大值函数为负的同时，最小值函数的系数显著为正，则表明一项工作机制水平的增加，将带来另一项机制边际效应的增加，即同时满足条件（a）和条件（b），两者表现出相互增强的交互效应。

借鉴黄溶冰和王跃堂（2010），叶子荣和马东山（2012），刘爱东和张鼎祖（2014）等的研究，本章以审计查出违规问题金额（Auditf）作为被解释变量。在解释变量中，分别以审计决定（Decis）、审计移送（Trans）和审计建议（Advis）代表审计处理的力度，以决定落实（Idep）、移送追责（Itrp）、建议采纳（Iadp）代表审计整改的效果。

由于经济发展程度影响地区财政收入，并与腐败等违规问题存在相关关系（Tong，2006；倪星和原超，2013；李文和王尘子，2014）；政府规模反映政府权力的大小，直接影响地区财政支出水平和预算安排（Paolo and Harika，2011；陈振明和李德国，2009）。而审计机关投入审计工作的人数越多，发现各类违规问题的金额可能会越高，我们在研究中控制了上述因素的影响。分别构建以下模型：

$$
\begin{aligned}
\mathrm{Log(\,Auditf_{it}\,)} = {} & \alpha_0 + \alpha_1 \mathrm{Max(\,Decis_{it-1}\,,Idep_{it-1}\,)} \\
& + \alpha_2 \mathrm{Min(\,Decis_{it-1}\,,Idep_{it-1}\,)} + \alpha_3 \mathrm{GDP_{it}} \\
& + \alpha_4 \mathrm{Gov_{it}} + \alpha_5 \mathrm{Stuf_{it}} + \varepsilon_{it}
\end{aligned} \tag{5.1}
$$

$$
\begin{aligned}
\mathrm{Log(\,Auditf_{it}\,)} = {} & \alpha_0 + \alpha_1 \mathrm{Max(\,Trans_{it-1}\,,Itrp_{it-1}\,)} \\
& + \alpha_2 \mathrm{Min(\,Trans_{it-1}\,,Itrp_{it-1}\,)} + \alpha_3 \mathrm{GDP_{it}} \\
& + \alpha_4 \mathrm{Gov_{it}} + \alpha_5 \mathrm{Stuf_{it}} + \varepsilon_{it}
\end{aligned} \tag{5.2}
$$

$$
\begin{aligned}
\mathrm{Log(\,Auditf_{it}\,)} = {} & \alpha_0 + \alpha_1 \mathrm{Max(\,Advis_{it-1}\,,Iadp_{it-1}\,)} \\
& + \alpha_2 \mathrm{Min(\,Advis_{it-1}\,,Iadp_{it-1}\,)} + \alpha_3 \mathrm{GDP_{it}} \\
& + \alpha_4 \mathrm{Gov_{it}} + \alpha_5 \mathrm{Stuf_{it}} + \varepsilon_{it}
\end{aligned} \tag{5.3}
$$

其中，变量下标 i 表示各地区；t 表示时期。由于审计处理、审计整改的影响具有一定的延迟性，本章对上述解释变量的滞后期选择为 1 年。为了更好地利用 Max 与 Min 函数考察交互关系，在回归分析中，我们对反映审计处理和审计整改的变量分别作了标准化处理（均值为 0，标准差为 1）。主要变量及其含义如表 5 - 1 所示。

变量符号	变量名称		变量含义
Auditf	审计查出违规问题金额		（审计发现问题的金额）÷审计单位数
Decis	审计处理	审计决定	（应上缴财政 + 应减少财政拨款或补贴 + 应归还原渠道资金 + 应调账处理金额）÷审计单位数
Trans		审计移送	（移送司法机关 + 移送纪检监察机关 + 移送有关部门人数）÷审计单位数
Advis		审计建议	审计提出建议条数÷审计单位数
Idep	审计整改	决定落实	（已上缴财政 + 已减少财政拨款或补贴 + 已归还原渠道资金 + 已调账处理金额）÷（应上缴财政 + 应减少财政拨款或补贴 + 应归还原渠道资金 + 应调账处理金额）
Itrp		移送追责	（司法机关、纪检监察机关和有关部门处理的涉案人员或涉及人员）÷（移送司法机关 + 移送纪检监察机关 + 移送有关部门人数）
Iadp		建议采纳	被采纳的审计建议数÷审计提出建议条数
GDP	经济发展水平		审计覆盖地区 GDP/地区总人口
Gov	政府规模		预算内财政支出占地区 GDP 的比例
Stuf	在编审计人员数		当年在编审计人员数

5.3.3   数据来源

在我国，审计机关主要由审计署特派办和地方审计机构组成。前者采取垂直领导体制，18 个地方特派办由审计署直接领导；后者采取双重领导体制，31 个地方审计机关主要受当地政府的直接领导，但在工作安排上接受审计署的业务指导。

为更加全面地考察审计处理、审计整改与财政收支违规行为的关系，本章以 2006 ~ 2012 年，审计署 18 个特派办，各省、自治区、直辖市 31 个地方审计机关作为研究对象。实证分析的数据来源于 2007 ~ 2013 年《中国审计年鉴》和《中国统计年鉴》。

5.4   实证分析

5.4.1   描述性统计

主要变量的描述性统计如表 5 – 2 所示。

表 5 - 2　　　　　　　　　　主要变量的描述性统计

变量	地方审计机关（样本数217）				审计署特派办（样本数126）			
	Mean	Max	Min	Std. Dev	Mean	Max	Min	Std. Dev
Auditf	2 513. 438	3. 30E + 04	11. 564	4 156. 092	3. 17E + 05	1. 74E + 06	1 991. 444	3. 27E + 05
Decis	268. 147	1 788. 820	11. 665	296. 001	51 748. 150	8. 51E + 05	0. 000	1. 45E + 05
Trans	0. 025	0. 722	0. 000	0. 061	0. 734	6. 767	0. 000	1. 106
Advis	1. 590	4. 106	0. 363	0. 591	2. 958	10. 833	0. 667	1. 257
Idep	0. 576	1. 000	0. 062	0. 214	0. 432	1. 000	0. 000	0. 411
Itrp	0. 375	1. 000	0. 000	0. 313	0. 332	1. 000	0. 000	0. 403
Iadp	0. 626	0. 873	0. 220	0. 134	0. 522	1. 000	0. 000	0. 300
GDP	3. 020	9. 317	0. 579	1. 833	3. 017	8. 142	0. 774	1. 460
Gov	0. 231	1. 291	0. 083	0. 173	0. 185	0. 369	0. 083	0. 062
Stuff	206. 346	594. 000	63. 000	95. 777	118. 675	171. 000	56. 000	21. 992

从表 5 - 2 可知，审计署特派办每单位审计查出财政收支违规问题的金额要远高于地方审计机关，这主要是由于审计署特派办的审计对象往往是重大专项、重点项目和特大型国有企业及金融机构，每年度审计的单位数量虽少，但每个单位涉及的财政财务收支金额巨大，故审计发现违规问题的金额也较多。在审计处理中，每单位审计决定的金额、审计移送的人数和审计建议的条数，审计署特派办普遍高于地方审计机关；而在审计整改中，审计决定的落实率，审计移送的追责率，审计建议的采纳率，地方审计机关略高于审计署特派办。这说明因双方独立性与隶属关系不同，审计署特派办在报告问题和审计处理环节的力度较大，而地方审计机关在审计整改环节的效率相对较高。

5.4.2　多元回归分析与结果讨论

多元回归分析结果如表 5 - 3 所示。

表 5 - 3　　　　　　　　　　多元回归分析结果

变量	模型（5.1）		模型（5.2）		模型（5.3）	
	审计署	地方	审计署	地方	审计署	地方
Intercept	12. 0931 *** (7. 6434)	3. 8702 *** (9. 8145)	11. 9077 *** (7. 4047)	3. 8118 *** (10. 9438)	11. 9270 *** (7. 5175)	3. 6764 *** (8. 7486)
Max (Decis，Idep)	0. 1206 (0. 6758)	- 0. 0134 (- 0. 3192)				

变量	模型 (5.1)		模型 (5.2)		模型 (5.3)	
	审计署	地方	审计署	地方	审计署	地方
Min (Decis, Idep)	−0.0646 (−0.1893)	0.1531 * (1.9239)				
Max (Trans, Itrp)			0.0462 (0.4667)	0.0201 (1.2535)		
Min (Trans, Itrp)			0.3150 (1.3805)	0.1458 * (1.7837)		
Max (Advis, Iadp)					−0.0494 (−0.4095)	−0.1138 (−1.6149)
Min (Advis, Iadp)					0.0614 (0.3887)	0.0708 (0.9375)
GDP	0.3360 * (1.9363)	0.1645 *** (4.9277)	0.3287 * (1.9467)	0.1892 *** (6.0447)	0.3162 * (1.7938)	0.2144 *** (5.3673)
Gov	11.6208 ** (2.1874)	0.5021 (0.7075)	10.5194 ** (2.0566)	−0.1225 (−0.1747)	11.7416 ** (2.2680)	−0.1034 (−0.1411)
Stuff	−0.0253 (−1.4387)	0.0039 ** (2.2976)	−0.0199 (−1.1500)	0.0044 *** (2.8981)	−0.0224 (−1.2657)	0.0047 *** (2.9235)
R^2	0.3109	0.8790	0.3390	0.8988	0.3078	0.7598
Prob (F-statistic)	0.0370	0.0000	0.0137	0.0000	0.0408	0.0000

注：***、**、*分别代表1%、5%、10%的显著性水平，括号内的数字为双尾检验的 t 值。

　　模型（5.1）的回归结果显示，对于审计署特派办，Max 函数的系数为正；对于地方审计机关，Max 函数的系数为负，但不显著，说明审计决定和决定落实之间不存在交互加强的互补关系。审计决定是审计机关应用最广泛的处理处罚工具，但一些研究发现，由于利益冲突和价值认同冲突，审计处理处罚的正式制度不具有"纳什均衡"的特性，最终结局是审计发现的问题不能得到依法处理（郑石桥等，2011）。无论是审计署特派办还是地方审计机关，由于受到被审计单位抵制或当地政府的压力，审计决定处理处罚涉及问题的金额要远小于审计查出违规问题的金额，而真正得到落实的又仅仅是其中的一部分，这导致审计决定的作出和落实对于遏制财政收支违规行为的影响有限。

　　模型（5.2）的回归结果显示，无论是审计署特派办还是地方审计机关，Max 函数和 Min 函数的系数皆为正，说明审计移送和移送问责之间不存在交互加强的互补关系。与审计决定直接针对被审计单位进行处理不同，由于审计机关缺少对于违法违规行为相关责任人的处置权，故需要移送有关部门进行处理。但在实际执行过程中，由于审计机关和司法、纪检监察或其他部门缺少定期沟通和信息反馈机制，以及地方保护主义的存在，审计移送过程中存在移送对象合理性（如移送对象往往是工作人员而非责任领导）、时间及时性、证据充分性等问题（江金满和邵力强，2014），这些因素导致问责到人的力度不够，影响了审计移送过程中实施和追责协同效应的建立。

模型（5.3）的回归结果显示，对于审计署特派办和地方审计机关，Max 函数的系数为负，Min 函数的系数为正，但两者都不显著，说明在审计成果利用中，审计建议的提出或采纳不存在互补加强关系。我们认为，审计机关作为国家经济监督和权力制约机制的重要组成部分，既要在中央、地方的博弈中维护国家和人民群众利益，更要在更高的层次和更广的视野中稳定财经秩序、推动完善国家治理。近年来，审计机关开始在揭示审计查出主要问题与隐患的同时，关注理性地分析问题根源和提出审计意见建议。但是由于审计机关在以往工作中存在强调大案要案的思维惯性，以及审计人员本身的素质和知识结构等原因，导致有关体制、机制和制度层面审计建议的可行性和可操作性仍显不足（楼春力，2015），这影响了审计建议和建议采纳"审计免疫"机制的形成。

综合模型（5.1）至模型（5.3），无论是审计署特派办还是地方审计机关，无论是审计决定、审计移送还是审计建议，Max 函数、Min 函数的作用方向及其影响程度表明，审计处理和审计整改之间不存在交互加强的互补关系，说明违规成本低、问责不力、整改不到位等制度性缺陷是导致"屡审屡犯"现象的重要原因（邓淑莲等，2014），研究假设 H5.2 得以验证。

5.4.3　稳健性检验

进一步，本章通过设置交互项的方式考察两种工作机制的关系（Mishra and Nielsen，2000），对审计处理与审计整改是否存在互补加强效应进行稳健性检验。构建模型如下：

$$Log(Auditf_{it}) = \alpha_0 + \alpha_1 Proc_{it-1} + \alpha_2 PR_{it-1} + \alpha_3 Rect_{it-1}$$
$$+ \alpha_4 RP_{it-1} + \alpha_5 GDP_{it} + \alpha_6 Gov_t + \alpha_7 Stuf_t + \varepsilon_{it}$$

$$(5.4)$$

其中：Proc 和 Rect 分别代表审计处理和审计整改。PR 和 RP 是设定的两个交互项，分别表示审计处理数额高于样本中位数的审计机关的审计整改数额，以及审计整改数额高于样本中位数的审计机关的审计处理数额，低于中位数则相应的值取 0。如果 PR_{it-1} 和 RP_{it-1} 两个变量的系数均显著为负，且两项系数的绝对值比相应 $Proc_{it-1}$ 和 $Rect_{it-1}$ 系数的绝对值大，说明审计处理（或审计整改）效果好的审计机关，其审计整改（或审计处理）对审计查出违规问题金额降低的影响也将会越大，审计处理与审计整改之间存在着一种互补关系。

从表 5 - 4 可知，反映审计处理和审计整改的交互项 $PR_1 \sim PR_3$、$RP_1 \sim RP_3$，不存在两个变量皆显著为负的情况，说明审计处理与审计整改之间不存在相互加强的交互效应。研究假设 H5.2 得以进一步验证，本章的研究结论是稳健的。

表 5 - 4 　　　　　　　　　　稳健性检验结果

变量		(1)		(2)		(3)	
		审计署	地方	审计署	地方	审计署	地方
Intercept		12. 1393 ***	3. 7561 ***	11. 8009 ***	3. 7367 ***	12. 0496 **	3. 8062 ***
		(7. 7754)	(9. 3581)	(8. 5964)	(10. 8670)	(8. 6971)	(8. 9521)
Proc	Decis	− 0. 0650	− 0. 0442				
		(− 0. 2960)	(− 0. 6144)				
	Trans			0. 1462 *	− 0. 0015		
				(1. 7822)	(− 0. 0199)		
	Advis					0. 0148	0. 0746
						(0. 1639)	(0. 8357)
PR	HP₁ Decis-Idep	0. 3727 *	0. 2030				
		(2. 1571)	(1. 5127)				
	HP₂ Trans-Itrp			0. 3679 **	0. 1911		
				(2. 4771)	(1. 3269)		
	HP₃ Advis-Iadp					0. 1661	− 0. 1251
						(1. 1891)	(− 0. 9186)
Rect	Idep	− 0. 1322	0. 0268				
		(− 0. 3474)	(0. 6932)				
	Itrp			− 0. 3147	0. 0028		
				(− 1. 0665)	(0. 0861)		
	Iadp					0. 0722	0. 0526
						(0. 4107)	(0. 6590)

变量		(1)		(2)		(3)	
		审计署	地方	审计署	地方	审计署	地方
RP	RP$_1$ Idep-Decis	-0.2036 (-0.4949)	0.0004 (1.3067)				
	RP$_2$ Itrp-Trans			-0.0384 (-0.3860)	0.7363 (0.3304)		
	RP$_3$ Iadp-Advis					-0.2281 ** (-2.0007)	-0.1049 (-1.4732)
Contros	GDP	0.3274 * (1.9193)	0.1669 *** (4.6210)	0.2714 * (1.9364)	0.1820 *** (5.5946)	0.3986 *** (2.8914)	0.1946 *** (4.6994)
	Gov	12.6337 ** (2.4021)	0.2574 (0.3452)	8.1838 * (1.7321)	0.0166 (0.0223)	8.7891 * (1.7747)	-0.1872 (-0.2427)
	Stuff	-0.0272 (-1.5718)	0.0038 ** (2.0842)	-0.0169 (-1.1721)	0.0042 *** (2.8037)	-0.0212 (-1.4509)	0.0047 *** (3.0020)
R^2		0.4867	0.8944	0.4721	0.8956	0.4375	0.9085
Prob（F-statistic）		0.0000	0.0000	0.0000	0.0000	0.0000	0.0000

注: ***、**、*分别代表1%、5%、10%的显著性水平，括号内的数字为双尾检验的 t 值。

5.5 研究结论

自 2008 年以来，学术界和实务界从维护财经秩序、促进政府良治、保障人民群众利益出发，对我国国家审计的本质、目标和功能等进行了一系列深入研究和思考，指出"国家审计是国家治理的基石，是推动国家治理现代化的重要保障，是国家治理大系统中一个内生的'免疫系统'"（刘家义，2012，2015），这为我国审计工作的未来科学发展指明了方向（杨亚军，2013）。本章基于 2006~2012 年统计数据的实证结果表明，无论是审计署特派办还是地方审计机关，审计处理和审计整改之间并未形成广泛的、相互增强的"审计免疫"机制，说明受外部制度环境和内部机制设计等因素影响，我国国家审计对传统查账监督审计模式仍具有路径依赖，国家审计的治理服务功能并没有得到有效发挥。

本章的研究发现，有助于阐释近年来"屡审屡犯"现象的成因，为审计"免疫系统论""国家治理论"等理论的提出提供了基于事实检验的经验证据；同时，也为我国国家审计工作方式转型指明了方向。在国家治理的框架下，国家审计质量控制的目标是不断加强内、外部审计环境建设，通过边审边改、督查整改、公开促改等方式，逐步形成审计处理与审计整改协同的新机制，唯有如此，才能不断降低审计发现违规问题的数量与金额，发挥审计监督在维护财经秩序和促进政府良治中的建设性作用。

第6章　审计监督力度与反腐败成效

6.1　引　言

我国于 20 世纪 80 年代开始财政体制分权式改革，1994 年又实施了分税制改革，财政权利的重新配置形成了新的政府间关系，也引发了对财政分权政策实施效果的讨论，其中，财政分权与腐败关系的研究引起了学术界的广泛关注。在财政分权体制下，社会公众作为纳税人与各级政府（中央政府和地方政府）之间存在着广泛的委托代理关系。因委托代理关系产生的受托经济责任是审计存在的重要前提（Flint，1988），根据《宪法》和《审计法》，我国实行审计监督制度，国务院和县级以上的地方各级人民政府设立审计机关；国家审计是国家治理的重要组成部分，腐败治理是国家治理的重要课题，从理论层面上看，作为专设的经济监督机构，审计机关主要通过规范地方政府行为来稳定财政分权制度，防止公共权力异化，进而遏制腐败。

在前面章节的分析中，我们已经意识到我国的国家审计质量应具有纠偏属性，即不仅需要发现和报告违规违纪问题，还需要通过审计决定的落实、审计移送的追责和审计建议的采纳，发挥"免疫系统"功能。在第5章的研究中我们发现审计处理和审计整改并未形成交互加强的"审计免疫"效应，需要加强审计效力与审计效果之间的协同机制建设。本章的重点是分析国家审计作为一种独立的经济监督活动，从审计发现和报告违规问题的角度，考察其是否发挥了预期的反腐败功能。本章基于 2002～2011 年我国 31 个省区的面板数据，将财政分权和审计监督作为互补变量，考虑了两者的主效应和交互效应，对财政分权体制下国家审计的反腐败作用进行实证研究，以期获得有益的经验证据。

6.2　理论分析与研究假设

对于财政分权和腐败的关系，存在两种截然相反的学术观点。一种观点认为财政分权对腐败有"抑制"作用，指出财政分权能够导致地方政府间的激烈竞争和公共产品提供的多元化，从而自动约束官员的腐败行为。另一种观点认为财政分权对腐败有"诱导"作用，指出过度财政分权使官员拥有更多的决策自由，可能导致官员的寻租行为，进而衍生出腐败问题。对此，双方始终没有得出一致的结论（Fan et al.，2009）。

在实证研究方面，早期一些学者的研究样本来源于跨国数据。Treisman（2000）利用多个国家的商业调查问卷计算"腐败感知"指数，发现经济发达国家和英属殖民地国家腐败程度较低，而联邦制国家腐败程度较高。Fissman 和 Gatti（2002）利用国际上国家风险指南的腐败指数作为衡量各国腐败水平的指标，对 57 个国家的面板数据进行回归分析，结果表明政府分权会减少腐败，在考虑将立法层次作为政府分权的工具变量后，这种负相关关系更加显著。Arikan（2004）利用税收竞争和寻租理论解释财政分权和腐败水平的关系，实证研究的结果发现：分权对腐败的抑制作用不是很强，但确实存在。Fan 等（2009）搜集了分散在 80 个国家的企业贿赂公职人员的有关报道，发现行政层次较多的政府，其公职人员受贿报道更加频繁；但如果政府拥有较高 GDP 份额支配权，其公职人员受贿报道就不常发生。Antonio（2012）利用 100 个随机选择国家的样本数据研究发现，在控制人口规模等因素的影响后，拥有较多一级政府的国家，其腐败程度更加严重。

近年来，一些学者开始以某一国家或经济体的数据为基础研究财政分权与腐败的关系。Dincer 等（2010）利用美国联邦政府的贪污定罪数据，构建标尺竞争模型，通过空间自回归分析的结果表明，腐败和征税权利下移之间存在着显著的负相关关系。Alexeev 和 Habodaszova（2012）研究了俄罗斯的财政分权、灰色经济和政府腐败的关系，指出地方政府分权程度越高，企业家越有动机通过贿赂方式"俘获"政府官员，使灰色经济合法化。Nicu（2012）研究了罗马尼亚的官员腐败问题，指出财政分权水平和政府管理能力是其中最敏感的因素。Oto-Peralías 等（2013）利用1986～2010 年经济合作组织的数据进行回归分析，结果表明，财政分权有助于缓解公共赤字的不良影响；同时，财政分权中的公众参与有助于减少官员腐败行为。

陈抗等（2002）认为1994年中国分税制改革之后，地方政府财政收支不匹配的局面日益严重，在获取预算外收入的过程中，地方政府的行为从"援助之手"转变为"攫取之手"，其中相当一部分被腐败官员占有。吴一平（2008）最早开展了中国财政分权影响官员腐败的实证研究，对1993～2001年分省数据的回归结果表明，财政分权恶化了腐败问题。万广华和吴一平（2012）创建了一个基于回归方程的分解框架，并将其运用于中国1989～2006年的跨省份面板数据，研究发现，1993～1997年间财政分权与腐败之间呈正相关，而1998～2006年间财政分权转变为腐败的抑制因素。Kilkon和Hui（2013）研究了财政分权与官员腐败的关系，发现财政分权对官员腐败的抑制作用随着政府执法水平的增强而增强。潘春阳等（2013）利用1999～2007年的省级面板数据，研究发现财政分权能够通过推动政府规模扩张和支出结构扭曲而加剧地区的腐败水平，在控制上述因素的影响后，财政分权对地区腐败水平产生了抑制作用。

从以上文献可知，因国别、样本或方法的选择不同，对财政分权与地区腐败水平关系的研究会得出不一致的结论，这也反映出财政分权影响官员腐败机制的复杂性。我们的样本源自于2002～2011年分省份的数据，与以往的研究期间相比，2002年以来，中央政府已经意识到，并开始致力于解决财政分权和行政集权的矛盾，以及规范财政分权制度（姚洋和杨雷，2003）。例如，2002年国务院颁布了《关于完善省以下财政管理体制有关问题的意见》，在该文件中明确规定"各省级人民政府要对政府财政收入进行合理划分，确保县级财政所占的份额，防范地方财政收入被上级政府剥夺"（黄佩华，2011）。同时，我们认为，我国经济的高速发展，不仅得益于分权化，而且最重要的是建立了一套与分权化相匹配的考核激励机制，具体表现在：地方官员晋升与地区经济绩效的显著关联，地方官员的升迁概率与其任期内的GDP增长率呈显著的正相关关系（周黎安，2007）。正是这样一种制度安排有效压缩了政府官员的腐败动机和寻租空间，因为腐败会对经济增长和投资产生负面影响，腐败现象的蔓延被认为是阻碍经济社会发展的最大障碍（李文和王尘子，2013）。

基于以上分析，提出研究假设如下：

H6.1：财政分权对官员腐败具有抑制作用，财政分权程度越大的地区，腐败水平越低。

在公共财政体制下，公众拥有税收和财政支出的监督权（黄溶冰和李玉辉，2009）。纵观全球各国的国家审计实践，国家审计是接受公众委托对政府管理者承担的公共受托经济责任进行的经济监督行为。Gray 和 Jenkins（1993）指出，要理解公共受托经济责任，就必须理解不同性质的受托责任标准，程序性受托责任标准强调过程或执行，结果性受托责任标准强调后果或影响，在不同标准背后是委托人和受托人对不同理性的追求或折中。Ferraz 和 Finan（2011）指出，公共受托经济责任的含义已经远远超出了就财政支出及其绩效向纳税人进行报告和接受监督的范畴，从更广泛的意义上，公共受托经济责任应包括"政府对选民的各种期望所作出的努力以及回应"。

国际组织"透明国际"对腐败含义的解释是："公共部门的官员错误地使用公众委托给他们的权利，使他们自己或亲近于他们的人不正当地和非法地富裕起来。"根据受托经济责任论的观点，审计是为了保证受托经济责任全面、有效履行的一种经济控制，腐败会妨碍受托经济责任履行，因而腐败治理应是审计的目标之一（彭华彰等，2013）。在财政分权体制下，各级政府的财政支出必须以满足社会公众需要为目的，财政资金的筹集、分配和使用必须接受审计监督。审计监督的方式包括预算执行审计、专项资金审计、政策执行审计、固定资产投资审计以及经济责任审计等。

国家审计是对财政分权的一种权力制约监督工具，在腐败治理中具有自身的优势。① 首先，审计监督是一种日常性的持续监督，审计工作始终关注国家财政收支，最有条件发现财政资金被侵占、挪用或贪污的腐败线索。其次，审计人员拥有在财经领域履行监督职能的专业能力和人员优势，很多震惊全国的腐败案件都是由审计机关率先发现线索的（彭华彰等，2013）。最后，国家审计机关独立于被审计单位，依法审计不受其他行政机关、社会团体和个人的干涉，能够客观公正地揭示问题。

一个解释变量对因变量的影响因为另一个解释变量的水平不同而有所不同，则这两个变量之间就存在交互效应。从现有的研究文献看，多数学者往往假设影响官员腐败行为的各因素是独立、平行的变量，相互之间不存在交互作用。事实上，影响地区腐败行为的各因素并不一定孤立发挥作用，根据上文的分析我们认为，财政分权和审计监督作为影响地区腐败的两个因素相互依赖、相互制约，两者之间存在交互效应。

基于以上分析，我们提出研究假设如下：

H6.2：审计监督力度越大，越有可能增强财政分权对腐败的抑制作用，从而减少地区腐败水平。

---

① 在《联合国腐败治理公约》中，审计被认为是国家腐败治理的"四大支柱"之一。

图 6 - 1 给出了本章的研究模型。

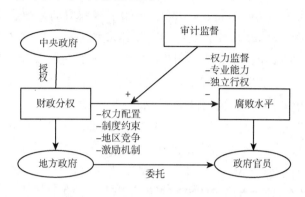

图 6 - 1   研究模型

6.3   研究设计

6.3.1   模型设计与变量定义

借鉴国内外反腐败研究的相关文献，本章设计的检验模型为：

$$\text{Corrup}_{it} = \beta_0 + \beta_1 \text{Corrup}_{it-1} + \beta_2 \text{Decen}_{it} + \beta_3 \text{Aud}_{it} + \beta_4 \text{Decen}_{it} \times \text{Audit}_{it}$$
$$+ \beta_5 \text{PGdp}_{it} + \beta_6 \text{Gov}_{it} + \beta_7 \text{Wage}_{it} + \beta_8 \text{Edu}_{it} + \varepsilon_{it} \qquad (6.1)$$

模型中各变量定义如下：

（1）地区腐败水平（Corrup）。国外文献多数利用民意调查问卷衡量腐败程度。国内学者主要采取以下几种方法衡量地区腐败水平：一是直接利用职务犯罪立案数进行测算，该方法未考虑不同省份人口规模的影响；二是采取每万名公务员中的职务犯罪立案数进行测算，这种方法未考虑国有企业存在的腐败问题；三是采用每百万人中的腐败案件数量测算各省区的腐败程度。本章采用第三种方法，以人民检察院立案侦查的贪污受贿案件立案数与当地人口数的比例来衡量我国各地区的腐败水平，即：地区腐败水平 = 贪污受贿等职务犯罪立案数/地区人口数（百万），这也与吴一平（2008）、万广华和吴一平（2012）的做法是一致。本章在模型中增加了地区腐败水平的滞后项，因为腐败行为被认为具有"传染"性（Nelson and Geol，2007），腐败治理的过程是一个持续的进程，上期对本期的影响是存在的，加入地区腐败水平的滞后项有助于减少遗漏变量。

（2）财政分权（Decen）。财政分权用于描述地方政府相对中央政府财政收支权限的大小。Oates（1985）采用下级政府的财政收支份额衡量财政分权程度。Zhang 和 Zou（1998）采用人均地方政府财政支出与人均中央政府财政支出的比值，衡量中国财政体制下的分权程度。我国学者吴一平（2008）、潘春阳等（2013）也沿用 Zhang 和 Zou 的方法计算财政分权水平。由于我国财政分权体制主要表现为"收入集权、支出分权"的特征，从支出角度衡量财政分权更加客观。因此，本章利用各省人均预算内财政支出与全国人均财政支出的比例来衡量地区财政分权程度。

（3）审计监督（Audit）。审计监督反映各级审计机关对财政支出真实性、合法性与效益性的检查监督力度。我们利用审计查出问题的处理处罚金额占该地区当年财政支出总额的比例来衡量。这种处理方式是建立在如下假设的基础上：审计监督的力度对官员腐败产生威慑作用，由于地区财政支出呈逐年递增趋势，这种威慑作用是政府官员通过审计查出问题的处理处罚金额与当年财政支出的比较"感知"到的。① 根据我们的分析，财政分权对地区腐败水平的影响受到审计监督的约束，故我们在解释变量中加入财政分权与审计监督的交互项来反映这种作用。

（4）其他控制变量。根据现有文献，借鉴 Fissman 和 Gatti（2002）、Del Monte 和 Papagni（2007）、Dincer 等（2010）、万广华和吴一平（2012）的研究，经济发展水平、政府规模、公务员工资水平、教育程度等因素都会对地区腐败水平产生影响，为避免遗漏变量导致的估计偏差，本章将上述变量作为重要的控制变量。其中：经济发展水平（PGdp）利用各地区的人均 GDP 进行衡量；政府规模（Gov）利用预算内财政支出占当地 GDP 的比例衡量；公务员工资水平（Wage）利用地区公务员（公共管理和社会组织职工）人均工资与地区人均工资的比例衡量；教育程度（Edu）利用地区人均受教育年限衡量。

6.3.2 样本选择

本章研究采用的数据来自于 2002～2011 年全国 31 个省份的面板数据，各省历年贪污受贿等职务犯罪立案数来源于《中国检察年鉴》，通过阅读各省人民检察院的工作报告获取；各省历年审计处理处罚数据来源于

---

① 审计查出问题是以前年度的问题，而财政支出是当年的数据，我们没有（也无法）对两者进行配对。上述局限的存在使得我们对审计监督的度量存在一定噪声，但如果我们在这种情况下仍能观察到显著的结果，意味着在克服潜在度量偏误后，我们可能观察到更强的结果。从这个意义而言，我们的研究是有价值的。

《中国审计年鉴》，其他数据来源于《中国统计年鉴》。

6.3.3　分析方法

本章建立了动态面板数据模型。在动态面板数据模型的参数估计中，为避免财政分权和审计监督可能存在的内生性，以及滞后项与随机误差项相关导致参数估计的有偏性和非一致性，我们采用广义矩估计方法（GMM）进行估计，通过将水平回归方程和差分回归方程结合，使有限样本估计结果更加有效。

6.4　实证结果与讨论

6.4.1　描述性统计

表6－1报告了研究变量的描述性统计结果。地区腐败水平（Corrup）的均值（中值）为0.2835（0.2686），最大值为1.603，最小值为0.101，说明各地区腐败程度差异较大。同理，财政分权（Decen）、审计监督（Audit）、经济发展水平（PGdp）和政府规模（Gov）在各地区之间也存在明显差异。但通过各变量的均值和中值的比较可知，两者的差异并不显著，说明各变量不存在极端值和异常值的影响。

表6－1　　　　　　　　　　　主要变量的描述性统计

Variable	Mean	Median	Maximum	Minimum	Std. Dev.
Corrup	0.2835	0.2686	1.6030	0.1010	0.1117
Decen	0.9843	0.7799	3.6055	0.3785	0.6382
Audit	0.0567	0.0452	0.3835	0.0016	0.0437
PGdp	2.2045	1.6953	8.5213	0.3153	1.6395
Gov	0.2055	0.1699	1.2514	0.0768	0.1498
Wage	1.1408	1.1186	1.6849	0.7650	0.1515
Edu	8.0366	8.1675	10.6469	3.7384	1.0291

6.4.2　相关性检验

对主要解释变量的相关性检验结果表明，各解释变量之间的Pearson相关系数均小于0.63，说明不存在严重的多重共线性问题（见表6－2）。

表 6 - 2　　　　　　　　　　　　　　相关系数矩阵

变量	Decen	Audit	PGdp	Gov	Wage	Edu
Decen	1.0000					
Audit	-0.2832	1.0000				
PGdp	0.5164	-0.2175	1.0000			
Gov	0.5058	-0.2809	-0.1416	1.0000		
Wage	-0.0033	0.0689	0.1663	-0.2113	1.0000	
Edu	0.0227	0.0335	0.6010	-0.6227	0.0758	1.0000

6.4.3　模型估计结果

根据动态面板数据广义矩估计的要求，选择地区腐败水平滞后 2 期的一阶差分作为工具变量。模型的估计均使用稳健标准差，扰动项相关性检验表明扰动项不存在自相关，过度识别检验表明所有工具变量均有效。模型的估计结果如表 6-3 所示。

表 6 - 3　　　　　　　　　　　模型的估计结果

变量	模型 (1)	模型 (2)	模型 (3)
Corrup (-1)	0.1598 *** (18.6716)	0.1422 *** (15.9667)	0.1466 *** (32.4294)
主效应			
Audit	-0.1212 *** (-4.3092)	-0.0756 ** (-2.5246)	-0.3264 *** (-4.9835)
Decen		-0.0479 *** (-5.9053)	-0.0468 *** (-6.0726)
交互效应			
Decen × Audit			0.3435 *** (4.7226)
控制变量			
PGdp	-0.0250 *** (-14.2521)	-0.0277 *** (-14.5602)	-0.0272 *** (-16.1438)
Gov	0.2197 *** (11.3033)	0.3665 *** (15.0555)	0.3968 *** (15.9356)
Wage	-0.1572 *** (-10.0802)	-0.1585 *** (-8.4891)	-0.1339 *** (-6.2434)
Edu	0.0064 *** (5.5605)	0.0096 *** (7.3462)	0.0085 *** (4.6759)
J-statistic	25.4539 ***	25.2047 ***	24.2508 ***

注：*** 、** 分别代表系数在 1%、5% 水平下显著；括号内为双尾检验的 t 值。

模型（1）是包括控制变量和审计监督项（Audit）的基准模型。为检验研究假设 H6.1，在模型（2）中加入财政分权项（Decen），回归结果显示，Decen 的系数为 -0.0479，且在1%的水平下显著，表明在控制其他变量的情况下，财政分权对地区腐败水平有抑制作用，H6.1 得以验证。为验证研究假设 H6.2，在模型（3）中加入 Decen × Audit 交互项，回归结果显示，Decen 的系数为 -0.0468，在1%的水平下显著，Decen × Audit 的系数为 0.3435，在1%的水平下显著，H6.2 得以验证，即财政分权（Decen）和地区腐败水平（Corrup）的关系受到调节变量审计监督（Audit）的影响，Decent 和 Audit 相互制约、相互依赖，共同对因变量（Corrup）的变化产生作用。这表明审计监督通过对财政分权的制约而发挥腐败治理工具的功能，财政分权的反腐败成效通过审计监督的力度得以体现，即：审计监督力度越大，越有可能增强财政分权对腐败的抑制作用，进而降低地区腐败水平。Decen 和 Audit 的关系如图 6 - 2 所示。

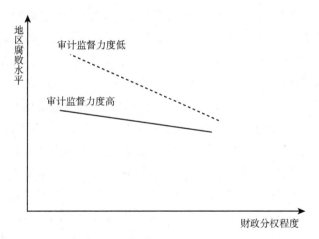

图 6 - 2 财政分权与审计监督交互项的示意

其他控制变量的回归结果显示，PGdp 的系数显著为负，说明经济发展水平的提升减少了腐败概率，地区经济的发展有助于减少腐败行为。Gov 的系数显著为正，说明政府规模的扩张会加剧地区腐败程度。Wage 的系数显著为负，说明公务员相对工资水平的提高有助于减少官员腐败行为，"高薪养廉"命题在一定程度上得到了验证。Edu 的系数显著为正，这与当前"高学历"腐败频发的现实情况相符，我们认为这一现象与我国政府官员的选聘机制过分注重学历水平有一定的关系。

6.4.4 稳健性检验

我们改变部分研究变量的衡量方法，采用职务犯罪立案数（Case）表示地区腐败水平，采用各省人均财政收入占全国人均财政收入的比例表示财政分权（Decen），采用审计监督移送人数（Tran）表示审计监督力度，模型（2）和模型（3）的回归结果显示，财政分权（Decen）的回归系数为负，且在1%的水平下显著；财政分权（Decen）与审计监督（Tran）交互项的回归系数为正，且在1%的水平下显著。研究结论无显著变化。

6.5　研究结论

本章的实证研究发现，财政分权与地区腐败水平的关系为负，且在1%的水平下显著，财政分权对官员腐败具有抑制作用的假设通过了统计检验。说明随着改革的逐渐深入和制度的不断完善，财政分权对于约束地方政府预算和规范中央与地方政府之间的权责关系发挥了积极的影响作用，促使财政分权成为官员腐败的制约因素。

本章的实证研究还发现，在回归模型中加入财政分权与审计监督的交互项之后，交互项的系数为正，在1%的水平下显著。说明财政分权与审计监督相互依存，审计监督的力度越大，越有可能增强财政分权对腐败的抑制作用，进而减少地区腐败水平。正如任何公司的健康发展，都需要构建一个合理、完善的治理结构一样，在公司治理中，离不开外部审计和内部审计的积极作用。在国家治理这样一个大系统中，国家审计是履行监督职能的重要机构，它对国家治理的执行系统（例如财政分权等）加以约束和监督，服务于国家治理的决策系统（杨肃昌和李敬道，2011）。因此，我们认为，在我国当前的国情和体制下，国家审计作为一种监督手段，通过对财政分权的权力制约，发挥腐败治理工具的作用。

根据本章的研究发现，我们认为，虽然当前我国审计处理和审计整改的协同机制尚未建立，但这并不影响国家审计作为一项独立的经济监督活动，通过发现及处理问题的威慑机制，实现对违法违纪和地区腐败问题的治理效果。

第7章 审计公告质量对证券市场的影响①

7.1 引 言

审计质量表现为审计工作的质量（过程质量）和审计报告的质量（结果质量），审计工作的质量往往通过审计报告的质量表现出来。由于审计结果公告是审计报告的载体，并向社会公开披露，我们有必要对审计结果公告质量及其社会影响开展分析。

国家审计署（CNAO）2003年开始向社会公开审计结果，2010年，CNAO开始披露针对国有企业集团的财务收支审计结果。我们的研究兴趣是分析在审计结果公告日附近，涉嫌违规的国有上市公司的股价变动情况，以及在审计结果公告之后，对涉嫌财务违规的国有上市公司会计信息质量的影响。

舞弊被发现或者被公告有可能影响股价。例如，Foster（1979）发现，那些被Abranham Briloff的文章批评有误导财务信息的公司在消息发布当天的股票价格平均下降了8%。Dechow等（1996）研究发现，当首次公开揭露公司的不谨慎财务报告事实时，公司的股票价格将大幅度下跌，机构投资者持有公司普通股股票的数量也会减少。Gerety和Lehn（1997）的研究发现，美国证监会（SEC）对会计舞弊公司进行正式处罚前后3天的事件窗口内，出现了显著的 -3.15% 的平均累计异常收益率。COSO在其1999年的研究报告《财务报告舞弊1987~1997年：美国公共企业分析》中指出，所有发生财务报告舞弊的公司在丑闻被曝光后，股票价格普遍显著下降，平均降幅达到58%。Chaney和Philipich（2002）

① Huang, R. B., Wang, L. Y. Audit Results, Market Reaction and Conservatism: Evidence from China [J]. *Public Money & Management*, Forthcoming.

分析了安然事件造成的市场反应，当安达信宣告存在过失时，其审计的除安然外的 284 家上市公司的累计异常收益率显著为负。Dee 等（2011）分析了公共公司会计监督委员会（PCAOB）制裁对德勤客户带来的市场反应，研究发现，与非德勤客户相比，德勤客户存在显著的市场负反应，且与其严重质量控制缺陷被公开有关。Chen 等（2005），Firth 等（2009），杨忠莲和谢香兵（2008）对遭受中国证监会处罚的财务报告舞弊公司在公告日附近的市场反应的研究发现，在处罚宣告日前后各 3 天中，累计负异常收益率在 1% ~ 2% 不等。李小波和吴溪（2013）考察了中国国家审计署的审计结果公告对于中国股票市场的影响，研究发现在审计结果公告事件日附近，国有上市公司的股价反应显著为负，平均累计异常收益率约为 -1.01%。从现有文献上看，主要关注证券分析师的信息披露、会计监督或证券监管机构的制裁和处罚对上市公司股价的影响。在中国，存在大量的国有控股上市公司，政府对证券市场的监管是多元化的，目前对国家审计机关信息披露股价反应的探讨涉足较少。

除财务舞弊之外，上市公司还可能通过利润操纵行为来粉饰自身经营业绩，因此，作为盈余质量和会计信息透明度重要表征的会计稳健性是否存在，对于投资者保护具有重要意义。影响会计稳健性的因素包括：债务契约（Ahmed et al.，2002；Watts，2003；Choi，2007；Nikolaev，2010）、法律环境（Basu，1997；Lobo and Zhou，2006；Alam and Petruska，2012）、税收与会计管制（Pope and Walker，1999；Ball et al.，2000；Ball et al.，2003；Ettredge et al.，2012）、公司治理（Ahmed and Duellman，2007；Lafond and Roychowdhury，2008；Garcia et al.，2009；Ahmed and Duellman，2013）、政治关系（Chaney et al.，2011）以及外部审计（Krishnan，2005；Ruddock et al.，2006；Krishnan and Chaney，2007；Jenkins and Velury，2008；Li，2010）等。虽然已有证据表明，国家对企业和银行的控制比例越高，该国的财务透明度整体上越差（Bushman et al.，2004），相对于非国有企业，国有企业因其性质特殊，会计稳健性相对水平更低（Chen et al.，2010）。但具体到国有企业会计稳健性的影响因素，特别是监管信息披露对于国有企业会计稳健性影响的研究文献尚十分薄弱。

在我国，大型国有企业仍占据重要比重，对于大型国有企业实行国家审计和民间审计的"双重"审计制度，审计机关的审计结果公告是详式审计报告，审计公告作为审计工作的产品，反映国家审计的质量，对国家审计结果公告的研究，将会对现有文献作出重要补充。

7.2　制度背景和研究假设

在中国，国有企业被认为是国民经济的重要支柱，自 1978 年改革开放以来，经过持续的改革、改组和股份制改造，在中央层面基本形成了 115 家特大型国有企业集团的格局。对国有企业集团的审计是审计机关的重要职责之一，并与稽查特派员制度、监事会制度等一起构成对国有企业监督的多元化格局。根据国家审计署的要求，国有企业集团审计主要以经济责任审计为中心，以企业资产、负债、损益的真实性审计为基础，检查企业资产质量和会计信息质量，揭露企业经营中存在的主要问题，全面客观地评价企业管理者的业绩。

针对国有企业集团的审计结果公告一般包括三个部分：一是企业集团的基本情况，如集团成立时间、所属单位户数、注册资本、主要业务领域以及合并财务报表的主要数据等。二是审计评价意见，如审计的正面评价、负面评价及其对当年度财务收支的影响。三是审计发现的主要问题及整改情况。

审计机关何时对国有企业集团开展审计并没有固定的规律，但往往根据审计规划、企业财务状况、风险评估结果以及司法、监察机关建议等因素综合确定。接受审计的国有企业集团，或多或少都会被发现存在一些违规问题，并在审计结果公告中予以反映。由于股权控制关系的存在，国有企业集团的各种经济行为，包括违规行为，有可能也有条件由其控制的上市公司参与或实现。以往的研究显示，在中国，控股股东倾向于通过关联交易等方式，向其控股的上市公司提供支持，这在国有企业更加普遍（Jian and Wong，2010）。对于国家审计查出的违规行为，被审计单位将受到处理或处罚，包括责令限期退还违法所得，责令限期退还被侵占的国有资产，以及减少财政拨款或补贴等，在情节严重的情况下，违规行为的相关责任人将被移送到司法机关或纪检监察部门处理，这将直接导致上市公司的形象和未来经营业绩受到严重影响。因此，国有上市公司所在的企业集团存在的违规问题被审计机关查出并予以公告，对市场而言是一个"坏消息"，理性的投资者会选择用脚投票，从而使受罚上市公司股价在审计结果公告日前后出现一定程度的下跌。基于上述讨论，我们提出第一个研究假设：

H7.1：在国家审计结果公告日附近，受罚国有上市公司的股价存在显著的负反应。

根据审计结果公告中披露的国有企业集团违规事实、违规金额以及整改情况等信息，投资者将对不同国有企业集团的违规程度差异作出判断。国有企业集团的违规问题越严重，受到的处理处罚可能也会越严厉；国有企业集团的整改情况不力，也可能会受到追加处理处罚，这些对上市公司都可能产生负面的影响。证券市场的投资者会基于审计结果公告揭示的违规问题严重程度，对国有企业集团控股的上市公司股价作出不同的反应。基于上述讨论，我们提出第二个研究假设：

H7.2：国家审计结果公告揭示的违规问题越严重，国有上市公司的股价反应越负面。

国有企业管理者与政府官员一样，采取行政任命的方式，两者之间的任职存在着旋转门现象。目前，审计机关对于国有企业的审计具有考察受托经济责任的性质，并将其作为国有企业管理者政治晋升的重要依据。因此，理性的国有企业管理者，在审计结果公告后，针对发现的违规问题，特别是会计核算违规问题，将表现得更加谨慎小心，体现在会计稳健性方面，国有企业集团及其控股的上市公司将更加稳健。避免引起社会公众的广泛关注或证监会的特别调查，进而影响自身政治前途。基于上述讨论，我们提出第三个研究假设：

H7.3：在国家审计结果公告后，受罚国有上市公司的会计稳健性得到增强。

稳健性原则是会计准则中的一项重要原则，它要求企业对交易或事项进行会计确认、计量和报告时应保持应有的谨慎，不应高估资产或收益，低估负债或费用。审计结果公告中披露的会计核算违规事实，很多与稳健性直接或间接相关。国有企业集团会计核算违规程度越严重，针对审计发现的问题，需要进行审计整改的内容越多，国有上市公司的会计核算表现会越谨慎。基于上述讨论，我们提出第四个研究假设：

H7.4：国家审计结果公告揭示的会计核算违规问题越严重，国有上市公司的会计稳健性越强。

7.3 研究设计

7.3.1 数据与样本

本章使用的审计结果公告数据来自于中国国家审计署网站（http：//

www. audit. gov. cn/），通过手工收集并整理而成。市场收益、会计核算及股价数据来源于 CSMAR 数据库。

国家审计署（CNAO）2010～2014 年间发布的审计结果公告共涉及 72 家国有企业集团，其中，62 家国有企业集团至少直接或间接控股 1 家中国境内的上市公司，受罚控股上市公司总数达 178 家，[①] 为获得合适的研究样本，我们对金融、保险等特殊行业的上市公司进行了剔除，最终识别出 167 家样本公司。

7.3.2 市场反应的衡量

自 Ball 和 Brown（1968）的开创性研究之后，事件研究法成为考察证券市场股价反应的基本方法。我们同样采取事件研究法分析审计结果公告的市场反应，为增强研究结果的可靠性，我们分别采用三种方法来计算累计异常收益率（CAR）。

方法一：直接采用个股累计收益率，$CAR_1(-n,n) = \prod_{t=-n}^{n}(1+R_{it}) - 1$。其中，$R_{it}$ 为上市公司 i 在第 t 个交易日考虑现金红利再投资的市场收益率，$-n$ 和 n 分别表示事件日（审计结果公告日）之前和之后的交易天数。

方法二：采用等权平均市场收益率调整后的个股累计异常收益率，$CAR_2(-n,n) = [\prod_{t=-n}^{n}(1+R_{it}) - 1] - [\prod_{t=-n}^{n}(1+R_{emt}) - 1]$。其中，$R_{emt}$ 为第 t 个交易日，中国深圳、上海 A 股市场综合计算的等权平均市场收益率，其他符号与方法一中的定义相同。

方法三：采用总市值加权平均市场收益率调整后的个股累计异常收益率，$CAR_3(-n,n) = [\prod_{t=-n}^{n}(1+R_{it}) - 1] - [\prod_{t=-n}^{n}(1+R_{vmt}) - 1]$。其中，$R_{vmt}$ 为第 t 个交易日，中国深圳、上海 A 股市场综合计算的总市值加权平均市场收益率，其他符号与方法一的定义相同。

我们将报告 n＝1，3，5 天的情况，对应的（$-n$，n）期间的交易日个数分别为 3，7，11。由于样本公司数量相对于市场整体的上市公司数量较小，虽然市场整体中已包含了样本公司，但我们预计上述方法计算个股累计异常收益率不会导致较大偏差。

---

① 通过 CSMAR 中国上市公司股东研究数据库，将上市公司"直接控制人名称"或"实际控制人名称"为审计结果公告中国有企业集团的，识别为这些企业集团直接或间接控股的上市公司。

7.3.3 会计稳健性的衡量

根据 Watts（2003）的分类，会计稳健性的计量方法可概括为：反向回归、净资产基础计量和应计基础计量三类。具体而言包括：盈余－股票报酬计量法（Basu，1997）、盈余持续性计量法（Basu，1997）、多期间累积的盈余－股票报酬计量法（Roychowdhury and Watts，2007）、应计－现金流计量法（Ball and Shivakumar，2005）、C-Score 计量法（Watts and Khan，2009）、净资产账面与市场价值比率法（Beaver and Ryan，2005），以及负累积应计项目计量法（Givoly and Hayn，2000）等。

会计稳健性表现为多个方面，单一计量方法可能缺乏说服力，而多种方法相互补充和验证则有助于增强研究结论的可靠性。张兆国等（2012）以深圳、上海证券交易所 A 股上市公司作为研究样本，对不同会计稳健性计量方法的比较和选择问题进行了实证考察。研究发现，盈余－股票报酬计量法（AT）和应计－现金流计量法（ACF）在中国证券市场具有比较优势。我们在研究中选用上述两种计量方法，并通过添加变量的方法来检验解释变量对于会计稳健性的影响。

Basu（1997）利用盈余－股票报酬计量法（AT）衡量会计稳健性的模型如下：

$$\frac{EPS_{i,t}}{P_{i,t-1}} = \beta_0 + \beta_1 DR_{i,t} + \beta_2 RET_{i,t} + \beta_3 DR_{i,t} \times RET_{i,t} + \varepsilon_{it} \qquad (7.1)$$

模型（7.1）从盈余对"坏消息"和"好消息"的反应速度差异角度计量稳健性。$EPS_{i,t}$ 为 i 公司 t 年度的每股盈余，$P_{i,t-1}$ 为 i 公司在 t 年初的股票开盘价格，$RET_{i,t}$ 为 i 公司 t 年度 12 个月的股票平均报酬率，且 $RET_{i,t} = \prod_{j=1}^{12} (1 + RET_{ij}) - 1$，$DR_{i,t}$ 为哑变量，当 $RET_{i,t} < 0$ 时取值为 1，否则为 0。会计稳健性意味着会计盈余对"坏消息"的反应比对"好消息"的反应更为敏感，即回归系数 β_3 应显著为正。

Ball 和 Shivakumar（2005）利用应计－现金流计量法（ACF）衡量会计稳健性的模型如下：

$$ACC_{i,t} = \beta_0 + \beta_1 DR_{i,t} + \beta_2 CFO_{i,t} + \beta_3 DR_{i,t} \times CFO_{i,t} + \varepsilon_{it} \qquad (7.2)$$

模型（7.2）中采用经营活动现金流量作为"好消息"和"坏消息"的替代变量。ACC＝（净利润＋财务费用－经营活动现金流量）÷年初总资产。CFO＝经营活动现金流量÷年初总资产。$DR_{i,t}$ 为哑变量，当 $CFO_{i,t} < 0$ 时取值为 1，否则为 0。如果存在会计稳健性，则 β_3 应显著大于 0。

7.3.4 违规程度的衡量

为了进一步探讨国有企业集团控股的上市公司在审计结果公告日附近的股价波动差异，我们需要对每一份审计结果公告所揭示的国有企业集团违规程度进行度量。通过对近年来审计结果公告的内容分析，我们发现审计结果公告中反映的问题集中体现在以下三个方面：（1）会计核算存在的问题，如 CNAO2014 年第 15 号公告《中国石油天然气集团公司 2012 年度财务收支审计结果》，审计发现集团所属 10 家单位存在当期天然气销售收入计入次年、盘盈成品油未冲减管理费用等问题，导致 2012 年少计利润 6.03 亿元。（2）重大经济决策中存在的问题，如 CNAO2014 年第 18 号公告《华润集团有限公司 2012 年度财务收支审计结果》，审计发现集团所属子公司实施的一项水泥生产企业并购中，未按规定报经国资委审批和进行资产评估，合同总价款 1.75 亿元。（3）内部管理存在的问题，如 CNAO2013 年第 7 号公告《中国航空集团公司 2011 年度财务收支审计结果》，审计发现集团公司在部分航线租赁中，因承包合同不完善，导致 2011 年油价大幅上升时未能及时调整包机价格，形成亏损 1551 万元。

为量化审计结果公告中不同国有企业集团的违规程度，首先，我们将违规事项涉及的金额进行加总计算。这种处理方式是建立在如下假设的基础：一是虽然违规金额对于国有企业集团财务报表的影响可能体现在即期或远期，虚增或虚减，表内或表外，但我们仅通过加总的方式测量这种影响的绝对值。二是不同违规问题在性质上可能存在差异，但这种差异尚难以找到公认的标准进行衡量，我们在汇总时忽略了违规事项在性质上的潜在差异。其次，由于不同企业在规模上存在差异，我们将加总的违规金额除以相应企业接受审计年度实现的营业收入以消除这类因素影响。最后，我们分别计算得出各份审计结果公告的违规金额程度（$Viol^{total}$），以及会计核算违规金额程度（$Viol^{acc}$）、重大经济决策违规金额程度（$Viol^{dec}$）和内部管理违规金额程度（$Viol^{man}$）。

7.4 实证检验

7.4.1 审计结果公告与市场反应

首先选择一个较长的窗口期分析审计结果公告的市场反应。在图7-1

中，以国家审计署（CNAO）发布针对国有企业集团的审计结果公告作为事件日，报告事件日前后各 30 个交易日的期间内累计异常收益率的变化情况。个股股价和整体市场收益的数据来源于 CSMAR 数据库。在表 7 - 1 中，报告了在事件日附近（-1，1）、（-3，3）和（-5，5）的累计异常收益率的描述性统计。CAR_1 是方法一直接采用个股累计收益率的市场反应，CAR_2 是方法二等权平均市场收益率调整后的个股累计异常收益率的市场反应，CAR_3 是方法三总市值加权平均市场收益率调整后的个股累计异常收益率的市场反应。

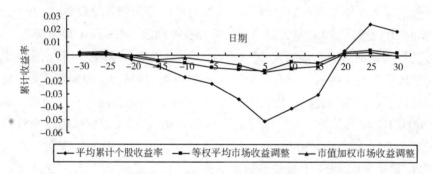

图 7 - 1　国家审计结果公告日附近的异常收益率走势

表 7 - 1　　　　　审计结果公告事件日附近市场反应的描述性统计

	Mean	Std. Dev	Minimum	Maximum
CAR_1 （-1，1）	-0.0102 *	0.0085	-0.0136	0.0119
CAR_2 （-1，1）	-0.0017 **	0.0085	-0.0204	0.0051
CAR_3 （-1，1）	-0.0034 **	0.0085	-0.0157	0.0070
CAR_1 （-3，3）	-0.0154 **	0.0066	-0.0198	0.0133
CAR_2 （-3，3）	-0.0022 **	0.0066	-0.0265	0.0095
CAR_3 （-3，3）	-0.0043 **	0.0066	-0.0247	0.0153
CAR_1 （-5，5）	-0.0375 **	0.0165	-0.0480	0.0165
CAR_2 （-5，5）	-0.0090 **	0.0165	-0.0380	0.0105
CAR_3 （-5，5）	-0.0135 *	0.0165	-0.0440	0.0225

注：*** 、** 、* 分别代表 1% 、5% 、10% 的显著性水平。

由图 7 - 1 可知，在审计结果公告日前后各 30 个交易日的期间里，三种公式计算的累计异常收益率平均值均呈现先下降后上升的趋势。在事件日前后大约各 5 个交易日的期间内，累计异常收益率平均值下降最为明显，并分别在事件日后 5 个交易日附近达到 -0.051，-0.012，-0.013 的最低值。研究假设 H7.1 得以验证。

由表7-1可知，在审计结果公告日前后各1、3、5个交易日的期间里，三种方法衡量的市场反应与零差异的t检验结果显示，市场反应都显著为负。以CAR（-3，3）为例，与以往文献（如Chen et al.，2005；Firth et al.，2009）考察中国证监会处罚或谴责上市公司日附近的市场负反应幅度（约-2%），以及与李小波和吴溪（2013）考察的审计结果公告日市场负反应幅度（-1.01%）相比，方法一直接采用个股累计收益率计算的市场反应幅度为-1.54%，而方法二考虑采用等权平均市场收益率调整后的个股累计异常收益率和方法三采用总市值加权平均市场收益率调整后的个股累计异常收益率，市场反应幅度分别为-0.22%和-0.43%。因为扣除了市场收益，方法二和方法三的计算结果能够更好地代表审计结果公告的真实市场反应。[①] 这些结果进一步支持本章的研究假设H7.1。

7.4.2 市场反应与违规金额程度的关系

我们利用如下模型检验市场反应与审计结果公告涉及违规金额程度的关系：

$$CAR = \beta_0 + \beta_1 Viol + \beta_2 Debt + \beta_3 Earn + \beta_4 Flow + \beta_5 Cash$$
$$+ \beta_6 CPA + \varepsilon \qquad (7.3)$$

我们以每家样本上市公司在审计结果公告发布日附近的市场反应 $CAR(-3,+3)$ 为被解释变量，解释变量为违规金额程度（$Viol^{total}$）。考虑到公司自身因素（如偿债能力等）以及外部审计师的意见类型可能对被解释变量产生影响，借鉴 Palmrose 等（2004）、Jones and Danbolt（2005）的做法，我们选择资产负债率（Debt）、扣除非经常损益后加权净资产收益率（Earn），总资产周转率（Flow）、每股经营现金流量净额（Cash），以及会计师事务所审计意见（CPA）作为控制变量。

主要变量定义如下：

$Viol^{total}$ = 各类违规金额 ÷ 审计年度实现营业收入；

$Viol^{acc}$ = 会计核算违规金额 ÷ 审计年度实现营业收入；

$Viol^{dec}$ = 重大经济决策违规金额 ÷ 审计年度实现营业收入；

$Viol^{man}$ = 内部管理违规金额 ÷ 审计年度实现营业收入；

Debt = 资产负债率；

Earn = 扣除非经常损益后加权净资产收益率；

---

① 我们认为，这一结果也反映了处罚对象（国有企业集团）与市场反应对象（国有控股上市公司）不一致的情况下，市场反应程度的一种衰减性。

Flow = 总资产周转率；

Cash = 每股经营现金流量净额；

会计师事务所当年度审计意见为标准意见，CPA 取 1，其他取 0。

表 7 - 2 报告了主要变量的描述性统计。违规金额程度的样本总数为 62 家国有企业集团，控制变量的样本总数为 167 家国有控股的上市公司。

表 7 - 2 显示，审计结果公告涉及的 62 家国有企业集团的各类违规金额占审计年度实现营业收入的比例（$Viol^{total}$）中值为 8.41%，会计核算违规金额占审计年度实现营业收入的比例（$Viol^{acc}$）中值为 2.38%，重大经济决策违规金额占审计年度实现营业收入的比例（$Viol^{dec}$）中值为 1.02%，内部管理违规金额占审计年度实现营业收入的比例（$Viol^{man}$）中值为 3.22%。由此可见，审计机关审计发现的内部管理违规金额最多，会计核算违规金额次之，重大经济决策违规金额相对较小。描述性统计结果还表明，违规金额程度变量存在明显的极端值，导致均值明显高于中位数，为此，我们在随后的多元回归分析中对样本数据进行了缩尾处理。

表 7 - 2   主要变量的描述性统计

变量	Mean	Minimum	Median	Maximum
$Viol^{total}$	0.2081	0.0475	0.0841	3.1462
$Viol^{acc}$	0.0632	0.0011	0.0238	0.5213
$Viol^{dec}$	0.1017	0.0000	0.0102	1.8328
$Viol^{man}$	0.1458	0.0001	0.0322	2.0956
Debt	0.7655	0.2303	0.6432	1.8532
Earn	0.0840	-0.3171	0.0813	0.6388
Flow	0.2993	0.002	0.1944	1.0703
Cash	0.0735	-0.2074	0.0197	2.7560
CPA	0.7812	0	1	1

多元回归分析结果如表 7 - 3 所示。

表 7 - 3   市场反应与违规金额程度的多元回归结果

系数 （t 统计量）	Column A			Column B		
	违规金额总额			违规金额分类		
	CAR_1	CAR_2	CAR_3	CAR_1	CAR_2	CAR_3
Intercept	-0.134 (1.491)	-0.106 (1.183)	-0.111 (1.240)	-0.139 (1.502)	-0.110 (1.195)	-0.116 (1.251)
$Viol^{total}$	-0.017 (2.547**)	-0.016 (2.463**)	-0.016 (2.475**)			

系数 （t 统计量）	Column A 违规金额总额			Column B 违规金额分类		
	CAR₁	CAR₂	CAR₃	CAR₁	CAR₂	CAR₃
$Viol^{acc}$				−0.018 (1.63)	−0.017 (0.81)	−0.017 (0.94)
$Viol^{dec}$				−0.033 (1.16)	−0.032 (0.91)	−0.032 (1.04)
$Viol^{man}$				−0.054 (1.25)	−0.052 (1.01)	−0.052 (0.89)
Debt	−0.003 (0.971)	−0.003 (1.011)	−0.003 (1.010)	−0.003 (0.771)	−0.003 (0.795)	−0.003 (0.788)
Earn	0.027 (1.631)	0.031 (1.893*)	0.030 (1.864*)	0.028 (1.665)	0.032 (1.889*)	0.031 (1.863*)
Flow	0.035 (1.512)	0.034 (1.449)	0.034 (1.455)	0.037 (1.526)	0.035 (1.428)	0.036 (1.454)
Cash	0.014 (1.195)	0.013 (1.201)	0.014 (1.203)	0.015 (1.221)	0.015 (1.197)	0.015 (1.201)
CPA	0.039 (1.471)	0.037 (1.343)	0.038 (1.366)	0.040 (1.572)	0.039 (1.435)	0.039 (1.452)
样本数	167	167	167	167	167	167
模型 F 值	3.191	3.185	3.185	2.555	2.542	2.541
$Adj - R^2$	0.273	0.274	0.271	0.258	0.285	0.256

注：***、**、* 分别代表1%、5%、10%的显著性水平，括号内的数字表示双尾检验的 t 值，下同。

表 7 – 3 中 Column A 显示，解释变量 $Viol^{total}$ 的系数显著为负（$p < 0.05$）。这意味着审计结果公告揭示的国有企业集团的违规金额程度越大，被公告企业集团所控股的上市公司的市场反应越负面。该结果支持本章研究假设 H7.2。[①]

表 7 – 3 中 Column B 显示，$Viol^{acc}$、$Viol^{dec}$、$Viol^{man}$ 的系数都为负，但并不显著。这意味着虽然证券市场对于审计结果公告产生负面反应，但仅限于对整体违规金额程度的认知。这一发现与李小波和吴溪（2013）认为审计结果公告的市场负反应主要与"经济活动"的违规严重程度相关不同。我们认为，由于审计结果公告采取罗列被审计单位违规事实的信息披露方式，而没有分类别计算各项违规事实的金额，也没有对违规行为的整改情况进行统计，证券市场投资者并不会特别的、主动的关注和计算各

---

① 我们将审计结果公告涉及的违规事件数量作为被解释变量纳入回归模型，并不影响我们的研究结论，说明研究结果具有稳健性。

类违规金额及其整改情况的信息，因而对具体违规事项的市场反应并不显著。这也说明在审计结果公告中，仅罗列违规事实而不统计违规金额及整改情况的披露方式不具有明显的信息含量。

7.4.3 审计结果公告与会计稳健性的关系

根据本章的研究思路，为了考察审计结果公告及其披露的违规程度对会计稳健性的影响，在模型（7.1）的基础上，我们建立如下模型：

$$
\begin{aligned}
\frac{EPS_{i,t}}{P_{i,t-1}} = &\beta_0 + \beta_1 DR_{i,t} + \beta_2 RET_{i,t} + \beta_3 DR_{i,t} \times RET_{i,t} + \beta_4 Aud_{i,t} \\
&+ \beta_5 Aud_{i,t} \times DR_{i,t} + \beta_6 Aud_{i,t} \times RET_{i,t} + \beta_7 Aud_{i,t} \times DR_{i,t} \\
&\times RET_{i,t} + \beta_8 Viol^{acc}_{i,t} + \beta_9 Viol^{acc}_{i,t} \times DR_{i,t} + \beta_{10} Viol^{acc}_{i,t} \\
&\times RET_{i,t} + \beta_{11} Viol^{acc}_{i,t} \times DR_{i,t} \times RET_{i,t} + \varepsilon_{i,t} \quad\quad (7.4)
\end{aligned}
$$

模型（7.4）中，$Aud_{i,t}$ 为哑变量，审计后两年（$t=1$，$t=2$）为 1，审计前两年（$t=-2$，$t=-1$）为 0，$Viol^{acc}_{i,t}$ 为会计核算违规金额程度，变量定义如下：

EPS = 每股收益；

P = 年初的股票开盘价格；

RET = 年度月股票报酬率的几何平均值；

DR 是哑变量，RET < 0 时取值为 1，否则为 0；

Aud 是哑变量，审计后两年为 1，否则为 0；

$Viol^{acc}$ = 会计核算违规金额 ÷ 审计年度实现营业收入。

根据 Basu（1997），如果存在会计稳健性，β_3 应显著为正。我们更关注交互项 β_7 和 β_{11}，β_7 反映审计结果公告发布后会计稳健性的变化，根据假设 H7.3，β_7 显著为正。β_{11} 反映会计核算违规金额程度对会计稳健性的影响，根据假设 H7.4，β_{11} 显著为正。

表 7-4 报告了模型（7.4）的回归结果，采用基于盈余 - 股票报酬计量法的扩展模型，检验审计结果公告对会计稳健性的影响，以及会计核算违规程度对会计稳健性的影响。

表 7-4　　　基于盈余 - 股票报酬计量法的会计稳健性检验

变量	审计结果公告		违规程度	
	Coefficient	t - stat	Coefficient	t - stat
Intercept	0.156	7.410 ***	0.044	1.045

变量	审计结果公告		违规程度	
	Coefficient	t − stat	Coefficient	t − stat
DR	− 0. 037	− 3. 845 ***	0. 015	0. 202
RET	0. 003	0. 213	0. 077	2. 174 **
DR × RET	− 0. 063	− 1. 311	0. 314	0. 412
Aud	0. 025	0. 825		
Aud × DR	0. 148	1. 863 *		
Aud × DR × RET	0. 203	2. 847 ***		
$Viol^{acc}$			− 0. 004	0. 103
$Viol^{acc}$ × DR			− 0. 003	− 1. 931 *
$Viol^{acc}$ × RET			− 0. 024	− 1. 990 **
$Viol^{acc}$ × DR × RET			0. 107	2. 333 ***
R^2	0. 361		0. 454	
Adj. R^2	0. 547		0. 612	
n	517$^\Delta$		517	

注：Δ2010 ~ 2012 年审计结果公告涉及的上市公司，考察时间包括审计结果公告前后各两年（t = − 2，− 1，1，2），样本数为 460。2013 年审计结果公告涉及的上市公司，考察时间包括审计结果公告前两年以及审计结果公告后一年（t = − 2，− 1，1），样本数为 57。样本总数为 517 家上市公司。

在模型（7.2）的基础上，我们建立如下模型：

$$\begin{aligned} ACC_{i,t} = &\beta_0 + \beta_1 DR_{i,t} + \beta_2 CFO_{i,t} + \beta_3 DR_{i,t} \times CFO_{i,t} + \beta_4 Aud_{i,t} \\ &+ \beta_5 Aud_{i,t} \times DR_{i,t} + \beta_6 Aud_{i,t} \times CFO_{i,t} + \beta_7 Aud_{i,t} \times DR_{i,t} \\ &\times CFO_{i,t} + \beta_8 Viol^{acc}_{i,t} + \beta_9 Viol^{acc}_{i,t} \times DR_{i,t} + \beta_{10} Viol^{acc}_{i,t} \\ &\times CFO_{i,t} + \beta_{11} Viol^{acc}_{i,t} \times DR_{i,t} \times CFO_{i,t} + \varepsilon_{i,t} \end{aligned} \quad (7.5)$$

模型（7.5）中，β_3，β_7 和 β_{11} 的含义同模型（7.2）和模型（7.4）。

表 7 - 5 报告了模型（7.5）的回归结果，采用基于应计 – 现金流量法的扩展模型，检验审计结果公告对会计稳健性的影响，以及会计违规程度对会计稳健性的影响。

表 7 - 5　　　　基于应计 – 现金流计量法的会计稳健性检验

变量	审计结果公告		违规程度	
	Coefficient	t − stat	Coefficient	t − stat
Intercept	0. 0139	8. 414 ***	0. 115	0. 522
DR	− 0. 016	1. 605	0. 005	0. 254

变量	审计结果公告		违规程度	
	Coefficient	t – stat	Coefficient	t – stat
CFO	0.002	– 0.231	– 0.149	– 4.528 ***
DR × CFO	0.045	1.570	0.048	1.875 *
Aud	0.152	8.848 ***		
Aud × DR	0.008	1.436		
Aud × DR × CFO	0.018	2.236 ***		
Viol^{acc}			– 0.129	– 1.396
Viol^{acc} × DR			– 0.002	– 0.874
Viol^{acc} × CFO			0.035	5.6.6 ***
Viol^{acc} × DR × CFO			0.053	5.412 **
R^2	0.402		0.335	
Adj. R^2	0.524		0.412	
n	517		517	

根据表 7 – 4 和表 7 – 5，Aud × DR × RET，Aud × DR × CFO 的系数为正，且在 1% 的水平下显著，与预期一致，即审计结果公告后，无论是盈余还是经营活动现金流量，对"坏消息"的反应更加敏感，审计结果公告增强了国有上市公司的会计稳健性，提高了盈余质量，支持研究假设 H7.3。Viol^{acc} × DR × RET，Viol^{acc} × DR × CFO 的系数为正，且分别在 1% 和 5% 的水平下显著，研究假设 H7.4 得到验证，说明审计结果公告披露的会计核算违规程度越高，涉嫌的国有上市公司在会计政策的选择上将会越谨慎。

7.5　研究结论

本章考察了针对国有企业集团的国家审计结果公告对证券市场上国有上市公司的影响。我们的研究发现，其一，在审计结果公告事件日附近，国有企业集团控股的上市公司的股价反应显著为负，采用三种计算方法衡量的个股累计异常收益率分别为 – 1.54%，– 0.22%，– 0.43%，并且审计结果公告中披露的违规程度越严重，市场反应越负面。其二，审计结果公告之后，无论采用盈余 – 股票报酬计量法，还是应计 – 现金流计量法，涉嫌违规的国有控股上市公司的会计稳健性显著增强，审计发现的会计核算违规程度对稳健性的影响显著为正。其三，在目前审计结果公告的格式规范下，市场对各类违规事实的反应不具有差异性。

上述发现意味着，审计结果公告作为审计工作的产品，具有一定的质量属性。从短期来看，国家审计结果公告作为一种监管机制具有信息含量，证券市场的投资者对涉嫌违规的国有控股上市公司作出消极的市场反应。从长期来看，国家审计结果公告具有治理效应，涉嫌违规的国有控股上市公司在会计政策选择上将更加谨慎，会计稳健性得到增强。同时，审计结果公告制度在公告质量方面还有进一步完善的空间。尤其在信息披露的充分性方面，审计结果公告中虽然包括审计发现的问题和简要审计评价等信息，但没有分类别地对违规金额和整改情况的数据进行统计以及更深入的分析，难以保证投资者信息获取的内容和深度。

我们认为可以借鉴美国审计总署（GAO）的经验，将审计结果公告分为摘要和全文，摘要包括审计目标、审计发现、审计建议等，简明扼要，便于公众快速浏览。审计报告全文则包括：以前审计结果的清单概要，财务报表、内部控制及法律法规遵循情况审计结果的分类披露，根据审计结果进行整改的行动计划，必要时开展项目比较分析或时间趋势分析。在GAO审计结果公告的附录中，还往往包含审计过程、审计方法的披露。因此，通过审计结果公告形式、内容和格式的改革完善，提高审计结果公告的质量，分类揭示审计发现违规问题的性质、金额，及时披露各类违规违纪问题的整改情况，通过信号传递机制，有助于增强国家审计服务于国家治理现代化的能力。

第8章 基于问卷调查的国家审计质量影响因素研究

8.1 引 言

国家审计是国家治理的重要组成部分，国家治理的需求决定了国家审计的产生，国家治理的目标决定了国家审计的方向，国家治理的模式决定了国家审计的制度形态（刘家义，2012）。我国实行行政型审计体制，审计机关是国家行政机关，这使得我国的国家审计与立法型国家的国家审计有不同的侧重。我国审计机关履行的是政府内部，独立于其他行政部门之外的经济监督，法律赋予了审计机关必要的行政权力，这就要求审计机关通过履行监督（oversight）、检查（detection）、威慑（deterrence）、洞察（insight）、前瞻（foresight）等职能，满足组织价值增值的需要（IIA，2012），揭示问题促进整改、推动完善制度、健全法制，发挥建设性作用和"审计免疫"功能。客观全面地分析我国国家审计质量的影响因素，有助于更好地服务于国家治理，维护人民群众的根本利益。

国内外学者关于审计质量影响因素的研究文献（见绪论之文献综述）已经比较丰富，但主要分布在民间审计领域，对国家审计质量的关注程度尚显不足，由于审计质量难以直接测度等方面的原因，现有文献对国家审计质量影响因素的研究主要集中在单一要素或定性分析层面，尚缺乏全面统一认识，系统性和综合性研究仍比较薄弱。本章结合文献研究和问卷调查，构建国家审计质量影响因素概念模型，以期对影响国家审计质量的关键要素进行全面考察；在此基础上，利用结构方程模型解决审计质量及其影响因素无法直接测度的问题，为国家审计质量控制和管理创新提供一种经验证据。

8.2 研究设计

8.2.1 概念模型

在回顾已有研究文献和对审计机关进行调研的基础上，本章将国家审计质量影响因素归纳为审计主体、审计客体和审计环境三个维度，构建二阶三因子概念模型如图 8 – 1 所示，并据此有针对性的设计和选择测量题项。

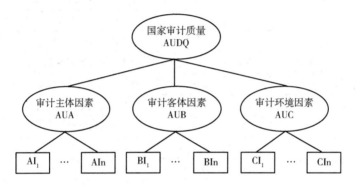

图 8 – 1　国家审计质量影响因素的概念模型

8.2.2　问卷设计

对于测量问卷的开发分为四个阶段：第一阶段，从国内外审计质量研究文献中摘录测量指标，在不改变原有含义的基础上，形成国家审计质量影响因素的 17 个测量题项（观察变量）。第二阶段，对审计机关进行实地调研和访谈，结合审计工作实际，对上一阶段确定的测量题项进行充分讨论，根据讨论结果对题项进行增删，共形成 20 个测量题项。第三阶段，邀请 5 位专家对第二阶段测量题项表述不当之处提出修改意见，对测量题项的有效性进行打分，形成包括 18 个测量题项的初步问卷。第四阶段，选择 1 个特派办和 1 个地方审计机关进行问卷前测，共发放问卷 80 份，回收 68 份。利用前测的样本对调查问卷进行信度和效度分析，删除相关系数偏低（项目得分与分量表总分的相关性不高）和区分度不高（删除该题项后 Cronbach's Alpha 值上升）的题项后，各分量表的因子载荷均在 0.5 以上，Cronbach's Alpha 值均在 0.7 以上，最终完成一份包含 16 个测量题项（如表 8-1 所示）和人员统计信息的国家审计质量影响因素调查问卷。

表 8-1   最终测量题项

潜变量	序号	测量题项（观察变量）
审计主体要素（AUA）	AI_1	审计机关的隶属关系
	AI_2	审计组的专业结构
	AI_3	审计人员的工作经验
	AI_4	审计人员的职业道德
	AI_5	主审人员的政策水平
审计客体要素（AUB）	BI_1	审计（调查）项目的数量
	BI_2	被审计单位的支持理解
	BI_3	被审计单位的内部控制
	BI_4	被审计单位的业务性质
	BI_5	被审计单位的财务状况
审计环境要素（AUC）	CI_1	高层领导重视
	CI_2	审计机关权限
	CI_3	审计组织管理创新
	CI_4	审计技术方法创新
	CI_5	审计质量控制指南
	CI_6	审计结果公告制度

8.2.3 研究样本

在正式问卷调查中，调查对象选取审计署审计干部教育学院培训班的学员，使用李克特七级量表（从"非常不同意"到"非常同意"分别赋值 1~7 分）进行评分。共下发调查问卷 300 份，选择 2014~2015 年不同批次的 3 个培训班，每次下发 100 份。经整理后，形成有效问卷 238 份，样本容量满足结构方程要求的最小样本规模（侯杰泰等，2004）。样本基本情况如表 8-2 所示。

表 8-2   样本基本情况

样本特征	分类	比例（%）
性别	男	44.1
	女	55.9

样本特征	分类	比例（%）
年龄	30 岁以下	10. 9
	31～40 岁	34. 5
	41～50 岁	36. 6
	50 岁以上	18. 0
学历	专科及以下	6. 7
	本科	56. 8
	硕士研究生	35. 7
	博士研究生	0. 8
职称	初级	8. 4
	中级	75. 6
	高级	16
工作年限	5 年以下	12. 7
	6～10 年	42. 1
	10 年以上	45. 2

8.3　数据分析和结果

在文献分析、实地调研访谈和专家经验的基础上，对调查问卷的题项进行了四轮修改和增删，最终形成覆盖审计主体因素、审计客体因素和审计环境因素的 16 个测量题项，因此，本研究所使用的调查问卷具有内容效度。由于审计质量作为潜变量无法准确、直接地测度（Watkins et al.，2004），需要用一些外显指标（观察变量）间接地予以衡量。传统的统计分析方法不能妥善处理这些潜变量，而结构方程模型则能同时处理潜变量及其指标。为进一步确保研究结果的可靠性和有效性，本章对问卷进行信度检验，并采用 AMOS 20.0 进行验证性因子分析，评价收敛效度和区别效度。

8.3.1　信度检验

采取 Cronbach's Alpha 系数、项目 – 总体相关系数（CITC）以及删除测度α系数评价问卷的内部一致性，由表 8 – 3 可知，各潜变量的 Cronbach's Alpha 值分别为 0. 8324，0. 8547 和 0. 8145，皆高于 0. 8，表明其信度较高。CITC 的值介于 0.4609 ~ 0.8272 之间，除 BI$_5$（被审计单位的财务状况）为 0.4609 外，其他都大于 0.5；进一步地，BI$_5$ 的删除测度 α 为 0.8606（删除 BI$_5$ 后，其余 4 个题项的 α 系数为 0.8606，高于包含 5 个题项的 α 系数 0.8547），说明删除该测度项后可以提升整体信度，遵循吴明隆（2010）的建议，本章在后续研究中删除测度项 BI$_5$。

表 8 - 3　　　　　　　　　　信度分析结果

潜变量	观察变量（测度项）	CITC	删除测度 α	Cronbach's Alpha
AUA	AI$_1$	0.7009	0.8211	0.8324
	AI$_2$	0.6812	0.8308	
	AI$_3$	0.6523	0.8132	
	AI$_4$	0.7343	0.8272	
	AI$_5$	0.7212	0.8054	
AUB	BI$_1$	0.7378	0.8291	0.8547
	BI$_2$	0.6158	0.7821	
	BI$_3$	0.5476	0.8455	
	BI$_4$	0.6932	0.8323	
	BI$_5$	0.4609	0.8606 *	
AUC	CI$_1$	0.6643	0.7312	0.8145
	CI$_2$	0.6221	0.7589	
	CI$_3$	0.5509	0.6427	
	CI$_4$	0.5955	0.7045	
	CI$_5$	0.6043	0.5527	
	CI$_6$	0.6312	0.8088	

注：* 根据信度检验结果，在后续研究中删除。

8.3.2　收敛效度检验

利用 AMOS 20.0 软件，采取极大似然估计法，进行验证性因子分析，根据 AMOS 修正指数（MI）对结构模型就进行检验和修正，通过增加 e$_3$ 与 e$_4$，e$_9$ 与 e$_{10}$ 之间的共生关系，可以分别减少 χ^2 值，同时增加 p 值，且界定误差变量相关并不违反结构模型的假定，总体上看，修正后的模型拟合度更好，如图 8 - 2 所示。

利用验证性因子分析评价调查问卷的收敛效度主要依据 2 个标准，分别是测量项（观察变量）的标准化负荷（λ）和平均方差提取量（AVE）。从表 8 - 4 可知，各测量项与一阶因子、一阶因子与二阶因子的标准化因

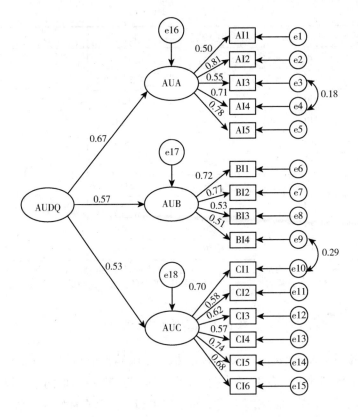

图 8 - 2　国家审计质量影响因素的参数估计

子载荷在 0.5048 ~ 0.8101 之间, 超过了 0.50 的最低要求, 最小的 T 值为 2.6871, 大于 2.0 的最低标准。各个潜变量的 AVE 值在 0.5414 ~ 0.7425 之间, 同样超过了 0.50 的可接受水平。因此, 研究结果具有较高的收敛性。

表 8 - 4　　　　　　　　　　收敛效度分析结果

因子和测度项		标准化因子载荷 λ	T 值	AVE
AUDQ	AUA	0.6712	3.3822	0.5414
	AUB	0.5634	4.5682	
	AUC	0.5268	2.6871	
AUA	AI_1	0.5048	6.2689	0.6584
	AI_2	0.8101	—	
	AI_3	0.5488	5.1240	
	AI_4	0.7147	8.2547	
	AI_5	0.7835	5.2544	

因子和测度项		标准化因子载荷 λ	T 值	AVE
AUB	BI₁	0.7215	—	0.7425
	BI₂	0.7667	4.5012	
	BI₃	0.5344	7.124	
	BI₄	0.5133	4.2651	
AUC	CI₁	0.7023	3.3535	0.5677
	CI₂	0.5847	—	
	CI₃	0.6208	4.2311	
	CI₄	0.5662	2.7754	
	CI₅	0.7420	8.2354	
	CI₆	0.6819	5.2315	

注:"—"表示对于测量项的因子负荷在标准化之前是固定参数,因此没有计算相应的 T 值;AVE = 标准化因子负荷的平方和 ÷(标准化因子负荷的平方和 + 测量项的测量误差)。

8.3.3 区别效度检验

借鉴 Netemeyer 等(1990)的方法,利用 AVE 值与相关系数来评价各潜变量的区别效度,表 8 - 5 表明,3 个一阶潜变量 AVE 值的平方根大于该潜变量与其他潜变量的相关系数,说明潜变量之间具有良好的区别效度。

表 8 - 5　　　　　　　　描述性统计与 AVE 的平方根

潜变量	Mean	Std. D	AUA	AUB	AUC
AUA	5.3712	0.7911	**0.8114**		
AUB	4.1677	0.9647	0.4425***	**0.7425**	
AUC	4.3558	0.8851	0.5218***	0.6124***	**0.6677**

注:***,p < 0.01;对角线加粗数字是 AVE 的平方根,下方数字是变量之间采用双尾检验的 Pearson 相关系数。

为进一步验证最终模型的区别效度,利用结构方程分别对二阶三因子模型、一阶三因子模型、一阶一因子模型的各项拟合度指标进行了检验,如表 8 - 6 所示。根据判别标准,二阶三因子模型是最佳匹配模型。

表 8 - 6　　　　　　　　区分效度验证性因子分析结果

模型	χ^2/df	RMR	GFI	AGFI	NFI	IFI	CFI	RMSEA
判别标准	<2.0	<0.08	>0.9	>0.8	>0.9	>0.9	>0.9	<0.08
二阶三因子(最终模型)	1.664	0.078	0.954	0.858	0.915	0.959	0.959	0.067

模型	χ^2/df	RMR	GFI	AGFI	NFI	IFI	CFI	RMSEA
一阶三因子	2.014	0.087	0.917	0.789	0.904	0.915	0.914	0.120
一阶一因子	2.495	0.090	0.839	0.776	0.841	0.898	0.896	0.140

8.4 研究结论

本章的研究发现，审计主体因素、审计客体因素和审计环境因素均对我国的国家审计质量有显著影响，根据表 8-4 和图 8-2，其中审计主体因素的影响最大（$\lambda = 0.6712$），其次分别为审计客体因素（$\lambda = 0.5634$）和审计环境因素（$\lambda = 0.5268$）。与以往研究主要关注审计体制和审计人员素质的影响不同，本章设计了包括 16 个测量题项（观察变量）的量表，不仅对于审计主体因素的考察更加全面，而且首次探讨了审计客体因素和审计环境因素对于国家审计质量的影响及其构成。

对国家审计质量影响最大的因素是审计主体因素。关于审计机关的隶属关系（AI_1）、审计人员的工作经验（AI_3）、审计人员的职业道德（AI_4）对审计质量的影响，一些学者已经做了相应的研究（吴联生，2002；马曙光，2007；苏孜，2005）。本章在调查和访谈基础上，参考实务部门和专家意见，在量表中新增加了审计组的专业结构（AI_2）、主审人员的政策水平（AI_5）两个测度项。研究发现：AI_2、AI_5 具有较高的因子载荷，说明审计工作是一项团队活动，保证审计组多元互补的知识结构和各司其职的能力结构对提高国家审计质量至关重要。同时，增强主审人员的政策掌控能力，坚持促进宏观管理与建设性审计理念，把具体的审计项目与宏观的政策、体制、机制性问题关联起来，服务于国家治理的需要，才能从真正意义上提高审计机关的审计质量。

审计客体因素同样会影响国家审计的审计质量，但这一因素以往并未引起足够的重视。验证性因子分析的结果表明，审计（调查）项目的数量（BI_1）对国家审计质量的影响较大，实地访谈的情况也表明，审计机关特别是基层审计机关的工作任务十分繁重，有时还会接受上级临时交办的各种审计项目，与此相比，审计人员的数量由于受编制限制严重不足。因此，应通过制订科学的审计计划，建立重点项目动态数据库，以及必要的审计业务外包等方法克服审计人员少、工作量大的矛盾。为提高审计工作质量，还需要获得被审计单位的支持理解（BI_2），通过审计工作的程序公正、互动公正和结果公正，减少抵触情绪，加强被审计单位与审计机关的合作，建立权威信任和公正感知。被审计单位的内部控制（BI_3）同样会影响审计机关的审计质量，这就要求审计人员在审计工作中通过审计意见和审计建议，促进被审计单位完善内控、防范风险、改进管理，不断提高后续审计的审计质量。

审计环境因素通过作用于审计主体，间接影响审计主体的执业能力和独立性，进而影响审计质量。审计中发现问题的处理和整改涉及多个单位、多个部门，因此，高层领导重视（CI_1）以及必要的审计权限（CI_2），对提高审计质量有积极的影响。审计组织管理创新（CI_3），如异地交叉审计、"四分离"审计模式、矩阵式审计组等，审计技术方法创新（CI_4），如联网审计、专家经验模型、3G 技术等，都有助于提高审计工作效率和审计质量。研究结果还表明，高审计质量很少自动实现，需要嵌入组织运行加以管理并且持续改进，建立适合我国国情的国家审计质量控制指南（CI_5）、推进审计结果公告制度（CI_6），有助于在依据适当目标、原则和战略而设计的审计质量管理体系中建立针对性的审计质量控制程序。

第 9 章　国家审计质量影响因素的 DEA-Tobit 分析

9.1　引　言

20 世纪 70 年代，西方发达国家为解决公众对政府的信任度降低、满意度下降等问题，掀起了重塑政府的改革运动，在这种"以企业家精神变革政府"的浪潮中，首次将"绩效评价"理念引入公共管理领域，要求政府部门注重管理绩效、提高公共服务的质量，重塑政府和社会的关系（范柏乃，2007）。

作为国家治理的重要组成部分，国家审计是监督公共部门的一种重要机制，其责任是代表全民利益对政府的其他部门进行监督和检查，通过绩效审计、经济责任审计等方式，审查政府是否恰当合规有效地运用公共资金。随着民主法治的进步和服务型政府的观念逐渐深入人心，人们不仅产生了这样的疑问：谁来监督"监督者"，在对被审计单位实施绩效审计的同时，审计机关自身的绩效又如何？是否有效实现国家审计的职能？这一问题的解决，对于审计机关提高工作效率，提升服务国家治理能力具有重要的理论和现实意义。

从国内外的研究和实践来看，公共部门绩效评价的对象包括财政、科技、农业、教育和公益事业等部门，本章将审计机关作为独立的公共部门，评价其工作绩效，对现有政府绩效评价的研究文献进行了丰富和完善。国家审计机关提供的审计服务是一项多投入多产出的转换过程，这无疑加大了测量的难度，我们利用数据包络分析（DEA）模型对审计投入资源转化为公共服务及产出的效率进行衡量，以反映全部投入要素的综合影响。本章首先采用数据包络分析 C^2R 模型测算我国各地方审计机关的相对绩效，C^2R 模型允许在非统一量纲、不预先设定评价标准的情况下，对决策单元（DMU）的综合效率进行评价。在此基础上，构建 Tobit 模型，以各决策单元的效率值为因变量进行回归分析，探究地方审计机关绩效的关键影响因素及其影响程度。

9.2　文献回顾

进入 21 世纪以来，对公共部门及其支出进行绩效评价受到世界各国的普遍关注，国内外的研究文献显示：（1）对公共部门绩效评价的结果因部门或领域不同而存在差异，一些研究成果给予了肯定的结论（Holzer，2001；Afonso and Fernandes，2008；郭亚军和何延芳，2003），而另一些文献的观点则相反（Heinrich，2004；陈诗一和张军，2008），但无论观点如何，对公共部门改进绩效的影响都是积极的，因为它使得政府对民众更具有责任心（尚虎平和钱夫中，2015）。（2）政治、经济、文化等外部环境以及政府治理、任务设计、人力资源和自治程度等内部管理（Borge et al.，2008；Kim et al.，20111）都是影响公共部门绩效的重要因素，当政府部门面临问责压力时，治理过程对绩效的影响是决定性的（吴建南和张翔，2006）。（3）对公共部门及其支出的绩效评价主要围绕经济性、效率性、效果性、公平性、回应性、服务质量和公众满意程度等维度（Afonso et al.，2005；安秀梅，2007），对政策效果与过程，成本、收益与结果，以及项目影响与产出等不同层次进行评价（Downe et al.，2010），绩效评价的重点由评价目的决定，比如业绩评价需要的是结果评价，而预算和分配决策需要的是效率评价（Behn，2003）。（4）平衡计分卡（Lilian and Yee，2004）、数据包络分析（Afonso and Fernandes，2008；陈诗一和张军，2008；伏润民等，2008）、主成分分析（吕炜和王伟同，2007）、多变量回归分析（Borge et al.，2008；沈坤荣和张王景，2007）等多种定量分析工具都曾在绩效评价中应用，选择绩效评价方法的主要原则是绩效评价战略与评价对象组织特征的匹配（Liguori et al.，2012）。

国外学者如 Dopunch 等（2003），Knechel 等（2009），以及国内学者许汉友等（2008），邱吉福等（2012），卢太平和张东旭（2014）分别利用 DEA 模型测算了国外或国内会计师事务所的相对效率，得出了一些有益的研究结论。对国家审计机关的绩效评价是近年来才引起关注的话题，我国国家审计署从 2011 年开始连续 5 年发布年度绩效报告，从投入产出角度分析所在部门的绩效状况，事实上，很多国家和地区（包括美国、英国、欧盟等）最高审计机关都会发布类似的绩效报告，但实务界的绩效报告并非严格意义上的绩效评价。在实证研究方面，李璐和夏昱（2011）运用 DEA 分析了审计署特派办的工作绩效，将在编审计人员数、科室数量作为投入变量，将审计决定处理处罚金额、审计移送处理人数和审计报告、信息简报篇数作为产出变量，但该研究以科室数量作为资本投入的代理变量，可能导致测量结果的偏误。刘爱东和张鼎祖（2014）运用 DEA 分析了地方审计机关的投入产出效率，他们以"用于审计事务的财政支出"决算数作为资本投入，提高了研究结论的可靠性，但该研究并没有进一步讨论地方审计机关绩效的影响因素。同时，我们认为，审计机关绩效体现在两个方面：一是审计效力，即查实违法违纪问题作出审计决定的情况；二是审计效果，即审计发现问题得到落实整改的情况，两者相辅相成，才能产生"审计免疫"的良性循环。但以往的研究中，在产出变量的选择方面没有考虑对审计处理和审计整改进行区分。

综上所述，以 DEA 测量审计机构或审计机关的效率已经具有良好的理论基础和文献储备。但由于 DEA 用于审计机关绩效评价目前尚处于探索阶段，因此难免会存在一些瑕疵。本章构建 DEA – Tobit 模型，分析地方审计机关的相对效率及其影响因素，以期在借鉴前人研究的基础上，弥补现有文献的不足。本章的研究样本为 2006～2012 年中国 30 个省份（因数据缺失，不包含西藏地区）的地方审计机关。审计人员编制数、在编数及审计处理、审计整改等数据来源于《中国审计年鉴》，其他数据来源《中国统计年鉴》。

9.3 地方审计机关绩效的数据包络分析

9.3.1 指标构建

在劳动力投入指标方面，本章选择各地方审计机关的在编人数作为衡量指标。在资本投入指标方面，因统计数据的缺失，各地审计机关的财政支出决算数难以完整获取。但我国政府部门基本支出预算的编制基础是各部门的编制数以及按此计算的人员经费（马国贤，2011），因此我们选择各地方审计机关的编制数与所在地区公务员平均工资水平的乘积作为衡量资本投入的替代指标。

本章选择地方审计机关的审计成果作为产出指标，其中与审计处理有关的指标包括：单位审计决定处理金额，单位审计移送处理人数，单位审计提出建议条数；与审计整改有关的指标包括：审计决定得到落实情况、审计移送得到追责情况、审计建议得到采纳情况。

本章构建了投入产出综合模型、处理模型和整改模型，分别测度综合效率、处理效率和整改效率。具体如表9－1所示。

表9－1　　　　　　　　　　　投入产出组合模型

模型类型	投入指标	产出指标	测度目标
综合模型	劳动力、资本	处理、整改	综合效率
处理模型	劳动力、资本	单位审计查出应上缴财政金额	处理效率
		单位审计查出应减少财政拨款或补贴金额	
		单位审计查出应归还原渠道资金	
		单位审计查出移送司法机关人数	
		单位审计查出移送纪检监察机关人数	
		单位审计提出审计建议条数	
整改模型	劳动力、资本	上缴财政落实率	整改效率
		减少财政拨款或补贴落实率	
		归还原渠道资金落实率	
		移送司法机关问责率	
		移送纪检监察机关问责率	
		审计建议采纳率	

9.3.2　地方审计机关的绩效测度结果

应用 DEA-Solver Pro 5.0r 软件，测算地方审计机关 2006 ~ 2012 年的效率值，描述性统计和方差分析结果如表9－2所示。由于审计机关作为公共部门拥有与生产企业不同的特性，我们未对效率值按纯技术效率和规模效率作进一步的分解。从全国总体来看，综合效率均值为 0.8792，投入产出效率较好；但处理效率和整改效率的均值分别为 0.6990、0.7936，说明地方审计机关在审计效力和审计效果方面仍有较大的改善余地。

表 9 - 2 　　　　　　　　　 地方审计机关绩效的描述性统计与方差分析

测度目标	N	Mean	Std. Dev	Min	Max	组间效应	F	Sig.
综合效率	210	0.8792	0.1843	0.2384	1.0000	Area	14.681	0.000
						Period	0.690	0.658
处理效率	210	0.6990	0.2630	0.1711	1.0000	Area	8.130	0.000
						Period	0.791	0.578
整改效率	210	0.7936	0.2200	0.2370	1.0000	Area	17.217	0.000
						Period	0.401	0.878

　　我们从时期因素和地域因素（东、中、西部）进行两因素方差分析，根据组间效应的检验结果可知，无论是综合效率、处理效率还是整改效率，时期因素（Period）检验统计量的概率 Sig. 值皆大于 0.10，因此接受零假设，可以认为不同时期（2006~2012 年）审计机关的效率值不存在显著差异。地域因素（Area）检验统计量的概率 Sig. 值皆小于 0.01，因此拒绝零假设，可以认为东、中、西部审计机关的相对绩效存在显著差异。

　　关于地域因素的进一步分析结果如表 9 - 3 所示，其中，第一均衡子集（Subject = 1）包括西部组和中部组，两组均数比较的概率 Sig. 值都大于 0.10，接受零假设，即西部和中部组地方审计机关在综合效率、处理效率以及整改效率方面并无显著差异；第二均衡子集（Subject = 2）仅包括东部组，且东部地区与中、西部地区的差异较显著。

表 9 - 3 　　　　　　　　　 地方审计机关地域因素的多重验后检验

Area	N	Subject					
		综合效率子集		处理效率子集		整改效率子集	
		1	2	1	2	1	2
东部	77		0.9762		0.8072		0.9170
西部	70	0.8214		0.6466		0.7673	
中部	63	0.8556		0.6592		0.7166	
Sig.		0.2471	1.0000	0.7724	1.0000	0.1487	1.0000

　　从上文的分析可以发现，地方审计机关投入产出效率在不同时期表现比较稳定，但仍存在提升空间，特别是在处理效率和整改效率方面需要加强改进。从不同地域角度来看，审计机关的效率值存在地区差异，东部地区审计机关的审计质量普遍高于中部和西部地区。

9.4　Tobit 回归分析

应用 DEA 方法计算出地方审计机关各决策单元的审计质量效率值后，为进一步分析效率值受到哪些因素的影响及其影响程度，我们需要在有关研究假设的基础上，以效率值（Per）为因变量对各影响因素进行回归，由于 DEA 分析得出的效率值是截尾数据，为避免普通最小二乘法的参数估计值是有偏的，我们采用了 Tobit 回归模型。

9.4.1　研究假设与变量定义

（1）制度环境的影响。国家审计职能的发挥受到不同制度环境的影响（Longsale et al. , 2011；Goolsaran，2007），制度环境好的地区对政府良治和预算执行的要求会更高，国家审计作为国家治理中发挥预防、揭示和抵御功能的"免疫系统"，其受到的重视程度和分配的资源也会增多，这有助于审计中发现违法违纪问题的处理和整改，进而提升审计机关的绩效。现有文献中，制度环境大多利用市场化指数来衡量（林斌和刘瑾，2014）。市场化指数是一个包括政府与市场关系、非国有经济发展、要素市场发育、产品市场发育，以及中介组织发育与法律环境等因素的综合指标。本章同样采取市场化指数来衡量制度环境（Inst），并根据樊纲等（2010）的方法对市场化指数进行测算。基于此，我们提出如下研究假设：

H9.1：制度环境与审计机关的绩效正相关。

（2）审计需求。在我国，由各级人大负责对本级政府的财政预决算进行审查批准和监督，而审计机关依据《审计法》的要求开展审计监督，每年向本级人民代表大会提出预算执行和其他财政收支的审计工作报告。"财政资金运用到哪里，审计监督就要跟进到哪里"，审计工作报告需要实事求是地反映被审计单位在财政财务收支方面存在的问题以及整改意见，为人大的财政监督工作提供直接的信息资源。因此，财政支出的规模越大，对财政监督的需求就越高，这就要求审计机关通过高质量的审计供给，证明自身以应有的职业谨慎履行法定职责。我们利用财政支出规模的对数值来衡量审计需求（Dem），并提出如下假设：

H9.2：审计需求与审计机关的绩效正相关。

（3）公众参与的影响。如果公众能够积极参与政府立法、决策和治理过程，则有助于形成政府与公众的互动，促进责任政府、透明政府的建立（王卓和吴迪，2010）。由于审计报告揭示的问题及整改建议属于相对敏感的公共资源信息，会引起社会媒体及公众对这些上述信息的报道和关注，公众参与有助于对审计机关的工作产生推动作用，通过倒逼机制促使其不断提升工作质量，更好地维护人民群众利益。我们利用互联网普及程度，即省（区、直辖市）互联网用户数量表示媒体关注（Pub）；利用各省（区、直辖市）人均受教育年限表示参政意识（Qua），共同来衡量审计监督中的公众参与水平，并提出如下假设：

H9.3：媒体关注与审计机关的绩效正相关。

H9.4：参政意识与审计机关的绩效正相关。

9.4.2 实证分析结果

根据上文的分析，本章构建 Tobit 模型如下：

$$Per = \alpha_0 + \alpha_1 Inst + \alpha_2 Log(Dem) + \alpha_3 Pub + \alpha_4 Qua + \varepsilon$$

根据模型回归结果（见表9-4），无论是综合效率，还是处理效率、整改效率，制度环境和审计需求的系数都显著为正，研究假设 H9.1 和 H9.2 得以验证，说明一个地区的制度环境越好、审计需求越强，该地区审计机关的相对绩效和审计质量越高。整改效率模型中，媒体关注的系数为正，且在1%的水平下显著，说明媒体关注有助于促进审计发现问题的整改，但对于处理效率以及综合效率并无积极影响，研究假设 H9.3 得到部分验证。在三个模型中，参政意识的系数不显著或与预期符号相反，研究假设 H9.4 未被验证。我们认为可能的原因是，在包括中国在内的一些发展中国家，公众真正的政治参与行为和其参政意识水平之间并不一致。正如著名政治学者塞缪尔·亨廷顿和琼·纳尔逊（1989）所言，在有些国家，受理性预期和政治环境的影响，文化程度越高，其政治参与程度也可能越低。

表9-4	Tobit 回归分析结果		
	综合效率模型	处理效率模型	整改效率模型
C	0.9299 *** (6.0510)	0.4378 ** (2.0021)	1.1954 *** (6.9711)
Inst	0.2624 *** (2.9767)	0.4524 *** (3.6075)	0.4046 *** (4.1143)

	综合效率模型	处理效率模型	整改效率模型
Log（Dem）	0.4117 ** （2.0493）	0.5449 * （1.9060）	0.6951 *** （3.1007）
Pub	0.0020 （1.4962）	0.0018 （0.9573）	0.0053 *** （3.6254）
Qua	−0.0245 （−1.5354）	0.0054 （0.2398）	−0.0809 *** （−4.5468）
N	210	210	210
Log likelihood	63.5183	−10.5544	40.5094
Akaike info criterion	−0.5478	0.1577	−0.3287
Schwarz criterion	−0.4522	0.2533	−0.2331

注：***、**、*分别代表1%、5%、10%的显著性水平，括号内的数字表示双尾检验的t值。

9.5 研究结论

本章的研究发现，地方审计机关的综合效率、处理效率和整改效率存在地域差异，但不存在时期差异，2006～2012年期间，审计机关的绩效水平总体上表现稳定，但在投入产出效率方面仍存在提升的空间。影响地方审计机关绩效的因素包括：（1）制度环境和审计需求，它们与各类效率值呈正相关关系；（2）媒体关注，与审计整改效率呈显著正相关关系。

本章的研究结论对于如何提高地方审计机关工作质量具有指导意义。首先，要不断完善制度环境，通过市场化进程的推动促进审计机关改善绩效。其次，履行财政监督的人大常委会应在强化审计需求方面发挥更大作用，切实落实审议审计工作报告制度，把督促审计查出突出问题的处理与整改和审查监督政府、部门预算决算工作结合起来，能够为提高审计工作效率提供组织保障。最后，媒体关注的合理引导，有助于维护各方的信息知情权，利用舆论监督促进审计整改效率的提高。

第10章 高质量国家审计的协同演化研究

10.1 引 言

政府部门作为公共资金的受托管理者，对社会公众承担着公共受托责任——防止公共资金的私人化滥用，最大限度保障公共资金的使用绩效。1977 年，由世界审计组织（INTOSAI）第九次大会通过的《利马宣言——关于财政监督的指导方针》明确表述了财政监督的主张，指出"财政监督本身不是目的，而是一个正式制度中必不可少的组成部分，它应该揭示财政活动偏离准则的行为和违反合法性、效益性、目的性以及节约原则的事实，以便在具体情况下采取措施，使有关机关承担责任，达成赔偿损失或纠正行动，避免今后重犯，或者至少使这种重犯难以发生"（任剑涛，2011）。

最高审计机关的绩效不仅体现在节约财政支出方面，而且包括改善公共服务以及审计建议被议会采纳等情况（Longsdale，2011）。从历史经验来看，不同的制度环境催生出不同的国家审计需求，国家审计发挥作用的表现形式也不一样（Goolsarran，2007）。根据《宪法》和《审计法》，我国实行审计监督制度，维护国家财经秩序、保障人民群众根本利益是法律赋予审计机关的基本职责。与世界上大多数国家的最高审计机关实行立法型审计体制不同，我国最高审计机关采取行政型隶属模式，审计机关不仅需要"发现"和"报告"财政违规行为，更重要的是需要履行"纠偏"职责，帮助组织改善绩效（王跃堂和黄溶冰，2008）。刘家义（2012）指出，国家审计是国家政治制度的重要组成部分，是依法用权力监督制约权力的制度安排，国家审计以监督财政财务收支及其相关经济活动的真实、合法和效益情况为基本内容，关注财政安全、防范财政风险，最终目的是实现国家良好治理。蒲丹琳和王善平（2014）的研究发现，媒体关注有助于提高审计机关在维护国家财政安全中的作用。林斌和刘瑾（2014）指出，财政收支不平衡的地区，审计信息、审计报告被批示、采纳的比例较高。刘雷等（2014）认为，审计机关维护国家财政安全的揭示功能和抵御功能已经得到有效的发挥，可以显著提高地方政府财政安全程度，而审计机关维护地方财政安全的预防功能暂时还未充分显示出来，需要进一步加强。

现有的规范研究认为，国家审计制度的有效运行，有助于维护国家财政安全、防范财政风险，但对于国家审计维护国家财经秩序的实现机制或演化机理尚缺乏理论解释与经验证据的支撑。本章利用破窗理论、协同理论对上述问题进行讨论，以期在弥补以往研究不足的基础上，进一步就上述主题开展探索性研究。

10.2 破窗理论及其启示

"破窗效应"最早源于心理学范畴的一个概念，用来描述环境对人们心理造成暗示性或诱导性影响的一种认识。美国心理学家 Zimbardo（1969）开展了一次环境与行为关系的心理学实验，他找到了两辆外形一模一样的汽车，将其中一辆卸掉牌照打开顶棚，停在纽约相对杂乱贫困的布朗克斯（Bronx）街区。10 分钟后，汽车的冷却箱和电池被偷走，接着是随意的破坏，3 天后汽车已面目全非，完全成了一堆垃圾。而这位心理学家停在帕罗阿尔托（Palo Alto）中产阶级社区的一辆类似的汽车过了一个多星期也无人问津。于是，Zimbardo 用锤子在那辆车的车窗上敲了一个破洞，很快过路的行人开始破坏车辆，数小时后，车上所有值钱的东西都不见了。据此，Zimbardo 认为，完美的东西，人们往往会珍视，并自觉阻止破坏行为；而对于已经破损的东西，人们非但对破坏行为视而不见，甚至会加剧其破坏程度。此后，Wilson 和 Kelling（1982）首次提出犯罪心理学的"破窗理论"。他们指出，如果有人打破了社区建筑物的窗户玻璃，而没有及时维修，有些人会因此受到心理暗示去打破更多玻璃。这样就给人造成社会无序的感觉，社会治安将日趋恶化。

"破窗理论"在美国学术界催生了环境犯罪学研究的同时，也引发了美国的警务革新浪潮（Muniz，2012）。根据"破窗理论"，无序现象对人的反常举动和违法行为具有强烈的暗示性，而警察通过实施规则性干预可以有效预防和减少区域性无序（Ranasinghe，2012）。"破窗理论"还提出了基于社区的犯罪预防警务思想，即警察的有效性在于使社会不会发生犯罪和混乱，而不是有了犯罪和混乱之后再去干预（Caudill et al.，2013）。

上述观点的核心思想分别是如何有效制止"破窗者"和如何及时修复"破窗"。依据"破窗理论"所阐述的原理，纽约市警察局实施了一系列改革措施，并在20世纪90年代初的社会治安治理中取得了极大的成功，其所提出的针对反社会行为和犯罪活动"零容忍"政策也成为各国警务工作的一项重要策略（廖晓明和罗文剑，2012；Dur and Weele，2013）。

"破窗理论"的贡献并不在于构造了一种深奥的理论体系，而是其来自于生活的观察和体验，因此更容易被理论工作者和社会公众所接受。"破窗理论"的应用也逐渐从犯罪控制拓展到法制建设、反腐败和企业管理等多个领域（Michael，2005；Alford，2012；Gau et al.，2014）。

对于国家审计与国家财经秩序的关系，"破窗理论"同样具有重要的启示：财经秩序是反映国民经济运行质量、社会经济管理水平和法制建设程度的重要标志之一，只有目标明确、路径合理、执行和处罚及时的预算管理制度才是有效的。审计机关在维护财经秩序过程中要善于发现问题，查找漏洞并暴露"破窗"。但查出问题、做出处理不是根本目的，针对所发现的问题，审计机关要及时将处理处罚落到实处，从严惩戒"破窗者"；同时，要采取恰当的补救措施，改善管理、健全制度，有效修复"破窗"。因此，国家审计维护财经秩序的实现机制体现在三个方面：一是威慑性，审计机关要及时对发现的违规违纪问题予以处理处罚；二是回应性，通过加强跟踪促进整改，保证审计机关的审计决定得到落实；三是预防性，审计机关应反馈审计意见和建议帮助被审计单位完善内部控制、提升管理水平，从根源上杜绝类似问题的再次发生。

10.3 威慑性、回应性与预防性的协同分析

10.3.1 威慑性、回应性、预防性协同演化的理论解释

协同理论（synergeics）是20世纪70年代以来在多学科研究基础上逐渐形成和发展起来的一门新兴交叉学科，是系统科学的重要分支理论。其创立者为德国斯图加特大学赫尔曼·哈肯教授（H. Haken）。协同论主要研究远离平衡态的开放系统在与外界有物质和能量交换的情况下，如何通过自身内部协同作用，自发地出现时间、空间和功能上的有序结构（赫尔曼·哈肯，1989）。协同论自创立以来，不仅为揭示自然现象之谜提供了一把理论钥匙，而且为探索复杂社会现象提供了可以洞见的自然科

学规律，促进了自然科学和社会科学两大学科的交融（成思危，1998）。20世纪90年代中期开始，协同论思想开始在公共管理领域受到关注（解亚红，2004），并被各国学者广泛应用于政府改革与政府再造的研究和实践之中（Cope and Goodship，1999；Hilvert and Swindell，2013；Christensen et al.，2014）。

国家审计能否维护国家财经秩序，服务于国家治理之目标实现，具体表现为国家审计的审计质量。现实中存在的"屡审屡犯"现象，表现为国家审计低质量；而国家审计作为国家治理中内生的"免疫系统"（刘家义，2012），如果能够发挥"审计免疫"功能，则表现为国家审计高质量。国家审计质量管理是一项由人参与的多维、庞杂的系统工程（孙宝厚，2008），因此，对于高质量国家审计的实现机制同样可以应用协同理论进行解释。

协同论的理论观点包括伺服原理、协同效应和自组织理论（李冬等，2013）。首先，根据伺服原理，有序结构是由少数几个缓慢增加的变量（也被称为慢弛豫变量）决定的，所有子系统都受到这些慢变量的支配，通过它们就可以描述系统的演化。这表明在国家审计维护国家财经秩序的过程中，快变量要服从慢变量，就威慑性、回应性和预防性而言，并非三者中效果最高的变量影响着国家审计质量，而是三者中效果最低的变量决定了最终的国家审计质量。其次，根据协同效应，各要素之间存在着非线性作用，当外界控制参量达到一定的阈值时，各要素之间互相联系、互相关联代替相对独立、相互竞争占据主导地位，从而表现出协调、合作、整体效应增强，系统从无序状态走向有序状态。这表明在国家审计维护国家财经秩序的过程中，"协同"导致有序，其治理机制体现为：威慑性、回应性、预防性之间的协同作为序参量，最终代表系统的有序结构和类型。最后，根据自组织理论，内部系统在没有外部指令的情况下，能够按照某种规律自发形成一定具有内生性和自生性特点的结构或功能。这表明在国家审计维护国家财经秩序的过程中，通过大量子系统之间的协同作用，国家审计质量的提升从"微涨落"到"巨涨落"，能够实现从"屡审屡犯"之无序到"审计免疫"之有序的演变，最终实现服务于国家治理现代化、保障人民群众利益的根本目标。

10.3.2 威慑性、回应性、预防性协同演化的数理分析

我们利用数学模型对上述分析过程作进一步阐释，国家审计的审计质量 AQ 取决于威慑性、回应性和预防性，AQ 可以表示为：

$$AQ = f(S_w, S_h, S_y) \qquad (10.1)$$

其中，S_w、S_h、S_y 分别代表威慑子系统、回应子系统和预防子系统。假设国家审计质量的现状为初始状态，记为 x^0，将国家审计质量 AQ 在 x^0 展开得：

$$AQ = f(S_w, S_h, S_y)_0 + \left[\left(\frac{\partial f}{\partial S_w} \right)_0 \delta_w + \left(\frac{\partial f}{\partial S_h} \right)_0 \delta_h + \left(\frac{\partial f}{\partial S_y} \right)_0 \delta_y \right]$$

$$+ 2 \left[\begin{array}{l} \left(\frac{\partial^2 f}{\partial S_w^2} \right)_0 (\delta_w)^2 + \left(\frac{\partial^2 f}{\partial S_h^2} \right)_0 (\delta_h)^2 \\ + \left(\frac{\partial^2 f}{\partial S_y^2} \right)_0 (\delta_y)^2 \end{array} \right] + \left(\frac{\partial^2 f}{\partial S_w \partial S_h} \right)_0 \delta_w \delta_h$$

$$+ \left(\frac{\partial^2 f}{\partial S_w \partial S_y} \right)_0 \delta_w \delta_y + \left(\frac{\partial^2 f}{\partial S_h \partial S_w} \right)_0 \delta_h \delta_w + \cdots \qquad (10.2)$$

若令：

$$M^1 = \begin{pmatrix} \left(\frac{\partial f}{\partial S_w} \right) \delta S_w & 0 & 0 \\ 0 & \left(\frac{\partial f}{\partial S_h} \right) \delta S_h & 0 \\ 0 & 0 & \left(\frac{\partial f}{\partial S_y} \right) \delta S_y \end{pmatrix}$$

$$M^2 = \begin{pmatrix} 2 \left(\frac{\partial f}{\partial S_w^2} \right) (\delta S_w)^2 & \left(\frac{\partial f}{\partial S_w \partial S_h} \right) \delta S_w \delta S_h & \left(\frac{\partial f}{\partial S_w \partial S_y} \right) \delta S_w \delta S_y \\ \left(\frac{\partial f}{\partial S_h \partial S_w} \right) \delta S_h \delta S_w & 2 \left(\frac{\partial f}{\partial S_h^2} \right) (\delta S_h)^2 & \left(\frac{\partial f}{\partial S_h \partial S_y} \right) \delta S_h \delta S_y \\ \left(\frac{\partial f}{\partial S_y \partial S_w} \right) \delta S_y \delta S_w & \left(\frac{\partial f}{\partial S_y \partial S_h} \right) \delta S_y \delta S_h & 2 \left(\frac{\partial f}{\partial S_y^2} \right) (\delta S_y)^2 \end{pmatrix}$$

M^i，$i = 3, \cdots$，可以作类似定义，并定义 $I = [1, 1, \cdots, 1]$，于是有：

$$\delta AQ = AQ - f(S_w, S_n, S_y)_0 = I \cdot (M^1 + M^2 + M^3 + \cdots) \cdot I^T$$

$$= I \cdot M^1 \cdot I^T + \sum_{i \geq 2} I \cdot M^i \cdot I^T = \Delta_1 + \Delta_2 \qquad (10.3)$$

公式（10.3）中，I^T 为 I 的转置矩阵，$\Delta_1 = I \cdot M^1 \cdot I^T$ 表示 S_w、S_h、S_y 各自优化对 δAQ 的贡献，称为一级优化贡献。$I \cdot M^2 \cdot I^T$ 表示 S_w、S_h、S_y 两两相互作用优化对 δAQ 的贡献，称为二级优化贡献，$I \cdot M^i \cdot I^T$ 则表示 i 级优化贡献。$\Delta_2 = \sum_{i \geq 2} I \cdot M^i \cdot I^T$ 为二级以上相互作用优化对 δAQ 贡献

之和，即系统整体协同对δAQ的贡献。δAQ的大小取决于Δ_1和Δ_2。

以上分析表明：威慑性、回应性、预防性各子系统的一级优化未必一定提升国家审计质量；国家审计质量提升需要考虑各子系统的优化是否加强整体协同。因此，在国家审计与国家财经秩序的关系中，为实现从"屡审屡犯"到"审计免疫"之高审计质量的"涨落"，审计监督中威慑性、回应性和预防性需要相互协同，并在各个阶段上维持一致的高水平。根据审计工作流程的逻辑关系，具体表现为：威慑性和回应性要保持双高平衡，既要对查出问题进行处理，又要保证处理的问题得到有效整改；回应性和预防性要保持双高平衡，对查出的问题不仅要修正错误，而且要从问题根源出发加以整章建制。唯有如此，才能实现国家审计质量管理系统的整体协同。以国家审计维护国家财经秩序为目标，高质量国家审计的实现机制如图10-1所示。

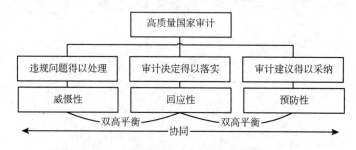

图10-1　国家审计维护财经秩序的演化机理

10.4　基于审计结果公告的实证检验

10.4.1　假设提出

根据前文的理论分析，我们提出如下研究假设：

H10.1：在国家审计监督中，威慑性与回应性的双高平衡、回应性与预防性的双高平衡，有助于提升国家审计质量。

通过对审计结果公告的内容分析，我们选择对数线性模型对国家审计维护国家财经秩序的实现机制进行检验。对数线性模型将交叉列联表的频数取对数后分解成主效应和因素之间的交互效应，利用交互效应来反映各变量之间的关系（Evans and Richardson，2013），适合于对定性的分类变量的研究。

10.4.2　研究设计和变量定义

2005 年开始，审计署开始向社会公开对中央部门预算执行和决算草案的审计结果，表 10-1 列示了中央部门单位审计结果公告的基本结构和主要内容，从中我们发现，审计结果公告的主要内容包括审计发现的具体问题（即违规问题）①、涉及金额和数量等。

表 10-1　　　　　　　　　审计结果公告的结构

标题：××部门××年度预算执行情况和其他财政收支情况审计结果	
正文结构	内容说明
一、基本情况	介绍预算单位基本情况、审计结果的整体情况和以前年度发现问题的整改情况
二、审计发现的主要内容	
（一）预算执行中存在的主要问题	介绍在预算执行中发现的具体问题，以及涉及金额和数量的披露
（二）其他财政收支中存在的主要问题	介绍在其他财政收支中发现的具体问题，以及涉及金额的披露
三、审计处理情况和建议	说明审计署已出具审计报告，对于审计中发现的各项问题提出具体建议
四、审计发现问题的整改情况	说明被审计单位针对发现的有关问题的整改态度以及主要整改措施
附表（可选）	
1、××部××年度财政拨款预算执行总体情况	
2、××部××年度重点审计单位财政拨款预算执行情况	

审计署每年向社会公开《中央部门单位预算执行和其他财政收支审计结果》，我们选取 2005～2014 年的审计公告进行内容分析并对变量进行定义。如果中央某部门在连续两年审计中，发现的单位违规问题金额（审计发现的违规问题金额÷审计的本级和下级单位数）降低，说明被审计单位的预算执行和会计核算工作得到了改进，因变量 decrease = 1；否则，如果单位违规问题金额增加，decrease = 0。针对审计发现的违规问题，如果审计处理覆盖了所有事项，则衡量威慑性的解释变量 guard = 1，否则 guard = 0。在审计公告的审计整改部分，一般有两种表述：一种是分别具体问题，提出整改措施或反映整改结果；另一种是使用"高度重视""积极整改"等词语对总体整改情况进行描述，针对审计发现的违规问

---

① 在审计结果公告中，上述违规问题主要以挤占挪用、套取资金、应缴未缴、超投资、超预算等主题词予以体现。

题，逐条加以核实，如果提出整改措施或反映整改结果的事项超过50%，衡量回应性的解释变量 response = 1，否则 response = 0。在审计结果公告中，如果有针对审计建议的反馈和说明，则衡量预防性的解释变量 defend = 1，否则 defend = 0。主要变量的定义如表 10 – 2 所示。

表 10 – 2   变量定义

变量类型	变量符号	变量定义
因变量	decrease	连续两次审计中，发现单位违规问题金额比率减少取 1，否则取 0
解释变量	guard	审计处理的威慑性高取 1，否则取 0
	response	审计决定的回应性高取 1，否则取 0
	defend	审计建议的预防性高取 1，否则取 0
	coord1	guard = 1，且 response = 1，则 coord1 = 1；否则取 0
	coord2	response = 1，且 defend = 1，则 coord2 = 1；否则取 0

10.4.3　样本选择和数据来源

审计署每年开展预算执行审计的部门单位个数有所不同，我们以 2005 年为基点，通过比较分析，2005 ~ 2006 年两年内连续进行审计的部门数为 17 家，2006 ~ 2007 年两年内连续进行审计的部门数为 26 家，以此类推，2005 ~ 2014 年审计公告的样本数总计为 245 家。通过描述性统计，样本的列联表计数情况如表 10 – 3 所示。

表 10 – 3   单元计数表

违规金额	威慑性	回应性	预防性	观测	
				计数	占比（%）
增加	低	低	低	46.00	18.78
			高	14.00	5.71
		高	低	27.00	11.02
			高	2.00	0.82
	高	低	低	21.00	8.57
			高	20.00	8.16
		高	低	3.00	1.22
			高	0.00	0.00

违规金额	威慑性	回应性	预防性	观测	
				计数	占比（%）
减少	低	低	低	2.00	0.82
			高	5.00	2.04
		高	低	4.00	1.63
			高	51.00	20.82
	高	低	低	2.00	0.82
			高	6.00	2.45
		高	低	40.00	16.33
			高	2.00	0.82
合计				245	100

从表 10 - 3 可知，在单位违规金额增加（decrease = 0）的情况下，低威慑性 - 低回应性，低回应性 - 低预防性的样本数量分别占 24.49% 和 27.35%；当单位违规金额降低（decrease = 1）的情况下，高威慑性 - 高回应性，高回应性 - 高预防性的样本数量分别占 17.15% 和 21.64%；上述组合远高于其他情形组合下的样本分布。初步验证了本章的研究假设。

10.4.4 实证分析

10.4.4.1 模型选择过程

首先，我们不区分因变量和自变量，选择 decrease、guard、response、defend 作为参与分析的因素变量，通过模型选择过程（model selection），从高阶交互项开始逐步剔除不具有显著差异的高阶效应项，直到最终形成一个最佳的简约模型。从表 10 - 4 可知，简约模型的 Sig. 值大于 0.10，说明包括 3 个交互项的不饱和模型的拟合优度与所有交互项的饱和模型相比无显著的统计学差异，该模型能够充分反映 4 个变量间的关系。

表 10 - 4　　　　　　　　收敛信息与拟合优度检验

Panel A 收敛信息	
生成类	decrease * guard * response，decrease * response * defend，guard * response * defend
迭代数	0
"观测边际"与"拟合边际"之间的最大差异	0.196
收敛性准则	0.250

Panel B 拟合优度			
	卡方	df	Sig.
似然比	0.591	2	0.744
Person	0.610	2	0.737

通过模型选择过程的探索性分析，我们发现：违规金额（decrease）分别与威慑性（guard）、回应性（response）的交互效应（coord1），以及与回应性（response）、预防性（defend）的交互效应（coord2）之间存在一定的关系。

10.4.4.2 Logit 过程

在模型选择过程的基础上，明确因变量（decrease）和自变量（coord1，coord2），开展 Logit 过程分析，参数估计如表 10 - 5 所示。

表 10 - 5　　　　　　　　参数估计

参　　数		估计	标准误	Z	Sig.	95% 置信区间	
						下限	上限
常量	[coord1 = 0] ∗ [coord2 = 0]	2.944					
	[coord1 = 0] ∗ [coord2 = 1]	3.932					
	[coord1 = 1] ∗ [coord2 = 0]	3.689					
	[coord1 = 1] ∗ [coord2 = 1]	0.693					
[decrease = 0]		-7.737	0.968	-7.989	0.000	-9.636	-5.839
[decrease = 1]		0					
[decrease = 0] ∗ [coord1 = 0]		4.498	0.647	6.951	0.000	3.230	5.766
[decrease = 0] ∗ [coord1 = 1]		0					
[decrease = 1] ∗ [coord1 = 0]		0					
[decrease = 1] ∗ [coord1 = 1]		0					
[decrease = 0] ∗ [coord2 = 0]		5.147	0.762	6.758	0.000	3.654	6.639
[decrease = 0] ∗ [coord2 = 1]		0					
[decrease = 1] ∗ [coord2 = 0]		0					
[decrease = 1] ∗ [coord2 = 1]		0					

从表 10 - 5 可知，[decrease = 0] ∗ [coord1 = 0] 的系数为正，说明不考虑回应性 – 预防性的影响，威慑性 – 回应性非双高平衡的情况下违规问题金额增加的概率较大。同理，[decrease = 0] ∗ [coord2 = 0] 的系数为正，说明不考虑威慑性 – 回应性的影响，回应性 – 预防性非双高平衡的

情况下违规问题金额增加的概率较大。

进一步，相关指标 Z 检验的显著性 Sig 值为 0，可以推断出相应的系数显著不为 0，即威慑性－回应性的双高平衡，回应性－预防性的双高平衡这两个因素对于审计发现违规问题金额的降低有积极的影响，审计质量提升带来了"审计免疫"效应，国家审计维护国家财经秩序的实现机制得到证实，本章的研究假设 H10.1 得以验证。

10.5 研究结论

根据"破窗理论"与"协同理论"的理论阐释和实证检验，规范财经秩序、避免屡审屡犯，需要各级审计机关在威慑性－回应性，以及回应性－预防性两个维度上保持双高平衡。对于被审计单位而言，虽然预算违规的形式多种多样，但主要目的表现在：增加可支配收入、扩大支出范围和标准，以及增加支出的灵活性（宋达和郑石桥，2014）。如果威慑性－回应性之间的协同效应未得以建立，被审计单位的违规收益高于违规成本，"屡审屡犯"则在所难免。同样，如果回应性－预防性之间的协同效应未得以建立，对于审计发现的问题仅治标不治本，自然不会产生"审计免疫"的良性循环。

发挥审计机关在维护国家财经秩序中的建设性作用，关键在于加大审计成果的利用率，实现三个维度（威慑性、回应性和预防性）、两个层面（威慑性－回应性，回应性－预防性）的协同，通过协同治理，最大限度地维护和增进公共行政的目的——公共利益（郑巧和肖文涛，2008）。这既包括具有法律约束力的正式制度和规制的不断完善，也包括协商沟通等非正式制度安排的促成。

第11章　国家审计质量协同演化的系统仿真

11.1　引　言

国家治理是一个以追求善治为目标的、动态的过程，国家治理应当实现经济社会发展和公共利益的最大化，并根据实践需求不断调整具体治理目标。为达成国家治理目标，需要科学地对公共权力进行分权、配置和运用公共资源，以使得权力运行和资源利用体现国家治理的基本价值导向和目标。追求租金最大化和社会产出最大化的政府面临滥用权力的"诺斯悖论"或"本质两难"，由此可能导致偏离国家治理目标。国家审计通过审查公共权力运行和公共资源运用后果，评价其产出和社会影响，分析国家治理目标的实现及其程度，提供政策制定、措施实施的反馈信息，作为改进治理决策的依据，促进国家治理目标的实现。从国家审计活动的过程和结果来看，国家审计要通过查出问题与整改问题的协同，及时有效地提供国家治理运行的反馈信息，以此作为国家治理自我控制的决策依据，促进实现国家治理目标。

因此，在国家审计服务于国家治理目标实现、维护国家经济安全的宏观背景之下，需要关注国家审计质量中效力、效果与效应的动态演绎与协同关系。在本章中，我们首先利用统计数据对审计署特派办和地方审计机关的效力与效果进行聚类，探讨审计机关在威慑性－回应性－预防性上的现实表现；在此基础上，通过构建国家审计质量与财政收支违规行为的系统动力学模型，对高质量国家审计的实现路径进行仿真模拟。

11.2 基于威慑性－回应性－预防性的聚类分析

11.2.1 初步的经验观察

根据第 10 章的分析，我们选取 3 个指标变量反映国家审计在维护国家财经秩序中的特征表现。其中：与威慑性相关的是处理处罚率（pun），等于提出审计决定进行审计处理处罚的金额（应上缴财政、应减少财政拨款或补贴、应归还原渠道资金、应调账处理）除以审计查出的违规问题金额。与回应性相关的是整改落实率（imp），等于已经落实的处理处罚金额（已上缴财政、已减少财政拨款或补贴、已归还原渠道资金、已调账处理）除以审计决定提出的处理处罚金额。与预防性相关的指标是建议采纳率（adp），等于采纳的审计建议数量除以提出的审计建议数量。为反映我国财经秩序的总体状况，我们还考虑了审计查出问题比率（fnd），等于审计查出的各类问题金额（包括违规、损失浪费和管理不规范的金额）除以当年地区财政支出总额。我们分别对审计署特派办和地方审计机关的审计成果进行初步分析，样本数据来源于 2008～2012 年《中国审计年鉴》和《中国财政年鉴》。

由表 11－1 可知，审计署特派办的 fnd 呈上升趋势，最高达到财政支出总额的 29.91%，均值为 21.33%，说明我国正处于经济转轨、社会转型时期，在财政资金筹集、分配和使用各个环节容易出现各种各样的问题，国家审计维护财经秩序的压力不容乐观。在审计署特派办层面，pun 均值为 1.61%①；imp 在 5 年内有一定幅度的波动，均值为 39.81%；adp 呈逐年增长趋势，在 2011 年最高达到了 66.29%。

表 11－1　　　　　　　各级审计机关 2007～2011 年审计成果

年份	审计署特派办				地方审计机关			
	fnd	pun	imp	adp	fnd	pun	imp	adp
2007	10.94%	2.04%	29.29%	36.98%	33.54%	18.96%	54.13%	56.40%

---

① 审计署特派办处理处罚率低的一个可能原因是，与地方审计机关相比，审计署大力开展绩效审计，审计发现的问题除了违规问题之外，还包括损失浪费和管理不善等问题，而处理处罚主要是针对合规性审计的违规问题。

年份	审计署特派办				地方审计机关			
	fnd	pun	imp	adp	fnd	pun	imp	adp
2008	23.43%	1.13%	42.97%	45.13%	33.14%	15.94%	57.38%	59.47%
2009	29.91%	0.29%	50.60%	58.62%	25.31%	16.69%	57.96%	62.71%
2010	14.53%	0.53%	47.30%	61.07%	34.49%	11.79%	55.85%	66.40%
2011	27.82%	4.05%	28.91%	66.29%	33.54%	18.96%	54.13%	56.40%
平均	21.33%	1.61%	39.81%	53.62%	33.14%	15.94%	57.38%	59.47%

地方审计机关各项指标的均值要普遍高于审计署特派办，说明前者的审计力量和审计覆盖面要超过后者①，由表 11-1 可知，在地方审计机关，pun 有较大幅度提高，但仍有接近 85% 的违规问题未被处理；imp 和 adp 近年来呈增长趋势，其均值分别达到了 56.33% 和 61.24%。

从审计署特派办和地方审计机关的初步经验证据来看，各级审计机关查出的问题多，处理的问题少，即使是处理的问题，其执行效果也并不十分理想。由于对违反财经纪律的破窗者缺乏有效的惩戒，以及欠缺修复破窗的长效机制，这种无序必然会对财经秩序带来不良影响。

11.2.2 聚类分析

在聚类分析中，为避免样本数据在个别年份可能存在的异常波动影响分析结果，我们分别选取 pun、imp、adp 三个指标变量在 2007~2011 年的平均值。采用欧式距离（euclidean distance）和系统聚类方法，分组方差分析结果表明，无论是审计署特派办，还是地方审计机关，4 个聚类组各指标对应的 Sig. 值皆小于 0.05，可以判定划分 4 个聚类组符合最佳分类结果。具体见表 11-2 和表 11-3。

表 11-2　　　　　　　　审计署特派办的迭代聚类结果

分组		均值	分类特征（威慑性-回应性-预防性）	个数
A1	pun	0.0111	低-高、高-高	4
	imp	0.7777		
	adp	0.7349		

----

① 据统计，截至 2015 年底，全国审计人员总数约 9.5 万人，其中审计署（含特派办）的编制数为 5000 人左右。

分组	均值		分类特征（威慑性 - 回应性 - 预防性）	个数
A2	pun	0.0898	高 - 中、中 - 低	1
	imp	0.6020		
	adp	0.4607		
A3	pun	0.0122	低 - 中、中 - 低	10
	imp	0.3104		
	adp	0.3888		
A4	pun	0.0112	低 - 低、低 - 高	3
	imp	0.1167		
	adp	0.7878		
分指标	均方		F	Sig.
pun	0.002		13.713	0.000
imp	0.311		10.409	0.001
adp	0.190		14.820	0.000

表 11 - 3   地方审计机关的迭代聚类结果

分组	均值		分类特征（威慑性 - 回应性 - 预防性）	个数
B1	pun	0.0650	低 - 高、高 - 高	1
	imp	0.9695		
	adp	0.6181		
B2	pun	0.1502	中 - 低、低 - 高	27
	imp	0.5740		
	adp	0.6560		
B3	pun	0.0819	低 - 高、高 - 低	2
	imp	0.6270		
	adp	0.3459		
B4	pun	0.3256	高 - 低、低 - 低	1
	imp	0.3139		
	adp	0.4734		
分指标	均方		F	Sig.
pun	0.016		4.382	0.012
imp	0.076		4.751	0.009
adp	0.068		7.289	0.001

从表 11 - 2 和表 11 - 3 的聚类结果可知，大部分审计机关在威慑性、

回应性和预防性的某一个方面有较高的表现，而从协同的角度进行考察，仅4个特派办（A1 类）和1个地方审计机关（B1 类）在回应性－预防性上表现出双高平衡。正是由于缺乏效力与效果之间的有效协同，审计机关在审计过程中即使发现并报告了较多的违法违纪问题，但在具体实施中，如果真正被处理、落实、采纳的意见、提案和建议很少；对审计结果不追责问效，对违法者不严加追究，审计力度虽高歌猛进，审计效果仍然可能是劳而无功，"屡审屡犯"在所难免，国家审计的权威性和公信力必然会受到质疑。

11.3　基于系统动力学的模拟仿真

要揭示我国国家审计质量与财政收支违规行为的系统动态演化，必须建立国家审计质量的整体结构模型，进行动态变化结构分析（胡志勇，2010）。系统动力学（system dynamics）方法可以用来模拟系统中变量之间的递推机制和演化过程，还可以预测变量的变化对整个系统的影响。通过构建系统动力学模型，能够动态地呈现系统特征，为分析系统行为及其关键要素之间关系提供一个直观的工具（王其藩，2009）。

为进一步动态追踪和反映审计效力、审计效果与我国国家审计质量的演化关系，探讨服务于国家治理的审计免疫观下，高审计质量的演化机理，本章选用系统动力学方法开展仿真模拟。

11.3.1　模拟方案设计

结合前文分析和我国具体国情，本章共考虑四种不同审计质量控制策略下的仿真模拟情景。

（1）威慑驱动型审计策略。该方案为维持现状的基准情境，即保持审计决定、审计移送和审计建议的力度，通过发现和惩处大案要案来提高审计效力，进而达到不断减少财政收支违规行为的目的。

（2）回应驱动型审计策略。该方案适当降低了审计决定处理处罚的力度，将工作的中心转向问题的落实和整改，通过提高审计决定的整改率、审计移送的落实率、审计建议的采纳率来提高审计效果，进而达到不断减少财政收支违规行为的目的。

（3）双高平衡型审计策略。该方案是在威慑驱动型和回应驱动型审计策略基础上的综合方案，通过实现高审计效力与高审计效果的双平衡来提高审计质量，进而达到不断减少财政收支违规行为的目的。

（4）预防驱动型审计策略。该方案通过引入审计建议相关性因子，在双高平衡型审计策略的基础上，进一步强调审计建议的针对性、可行性和可操作性，通过整章建制消除问题产生的体制、机制和制度成因，进而达到不断减少财政收支违规行为的目的。

11.3.2　系统动力学模型的构建

系统动力学模型包括：状态变量、速率变量、辅助变量和常量。状态变量用来描述系统要素的状态；速率变量决定了状态变量随时间变化的趋势；辅助变量主要为建立速率变量和状态变量间的关系提供必要的辅助信息；常量在研究期间内相对不变，与状态变量共同决定流率的变化。利用 Vensim PLE 软件构建审计效力、审计效果与财政收支违规问题金额的流图如图 11 - 1 所示，在模型中，包括状态变量 4 个、速率变量 8 个、辅助变量和常量 14 个。主要变量函数关系如表 11 - 4 所示。

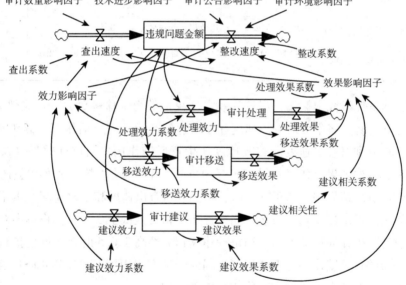

图 11 - 1　审计效力、审计效果对财政违规问题金额影响的流图

表 11 - 4　　　　　国家审计质量演化系统模型的主要变量

变量名	类型	变量表达式及说明	单位
违规问题金额	状态	INTEG（查出速度 - 整改速度）	万元
审计决定	状态	INTEG（决定效力 - 决定效果），等于未整改的审计决定金额	万元

变量名	类型	变量表达式及说明	单位
审计移送	状态	INTEG（移送效力－移送效果），等于未追责的审计移送人数	人
审计建议	状态	INTEG（建议效力－建议效果），等于未采纳的审计建议条数	条
查出速度	速率	违规问题金额×查出系数×（1－效力影响因子）×（1－效果影响因子）	万元/年
整改速度	速率	违规问题金额×整改系数×（1＋效力影响因子）×（1＋效果影响因子）×建议相关系	万元/年
决定效力	速率	违规问题金额×决定效力系数	万元/年
移送效力	速率	违规问题金额×移送效力系数	人/年
建议效力	速率	违规问题金额×建议效力系数	条/年
决定效果	速率	审计决定×决定效果系数	万元/年
移送效果	速率	审计移送×移送效果系数	人/年
建议效果	速率	审计建议×建议效果系数	条/年
效力影响因子	辅助	IF THEN ELSE（（MIN（决定效力，移送效力，建议效力）＜0.5，0，（MIN（决定效力，移送效力，建议效力）－0.5）））	无
效果影响因子	辅助	MIN（决定效果，移送效果，建议效果）－0.5	无
建议相关系数	辅助	IF THEN ELSE（（建议相关性＜0.5，0，EXP（建议相关性））	无

本章在研究中假设，当审计效力（决定效力、移送效力、建议效力）低于 0.5 时，将不会对查出速度和整改速度产生任何反馈作用；高于 0.5 时，将分别对查出速度和整改速度产生正反馈作用。当审计效果（决定效果、移送效果、建议效果）低于 0.5 时，将分别对查出速度和整改速度产生负反馈作用；高于 0.5 时，将分别对查出速度和整改速度产生正反馈作用。对于建议相关系数，当审计建议相关性低于 0.5 时，将不会对整改速度产生任何反馈作用，当审计建议相关性高于 0.5 时，将产生指数函数分布的正反馈作用。上述机制在辅助变量方程中用 IF THEN ELSE 函数表示，三个辅助变量的交互作用采取乘法表示。

在仿真模拟中，违规问题金额、审计决定、审计移送和审计建议作为状态变量的初始值分别赋值为 {1 000, 0, 0, 0}。主要常量作为外生的政策调控变量赋值如下，查出系数 ＝0.2066，根据近三年审计查出财政收支违规问题金额的平均速度计算而得；整改系数 ＝0.0338，根据近三年查阅审计机关披露的审计结果公告中审计整改的数额经分析计算而得；决定效力系数、决定效果系数、移送效力系数、移送效果系数、建议效力系数、建议效果系数分别赋值为 {0.4178，0.667，0.6397，0.334，0.774，0.599}，根据近三年审计机关相关统计数据的均值计算而得；建议相关性按0.4估计。审计数量影响因子、技术进步影响因子、审计公告影响因子、审计环境影响因子在四种质量控制策略中保持不变。

11.3.3 仿真结果分析

利用 Vensim PLE 软件拟合历史数据并对不同政策方案进行推演，分析不同情境下，审计查出违规问题的金额和趋势。模拟的时间长度为20年，步长1年。

威慑驱动型审计策略（current），作为基准方案，仿真模拟结果如图11-2所示。从图11-2可知，曲线的斜率为正，说明每年审计发现财政收支违规问题的金额呈逐年增多趋势，"屡审屡犯"现象日益加剧，在模拟结束期（20年），财政违规问题的金额将出现接近250倍的巨额增长。

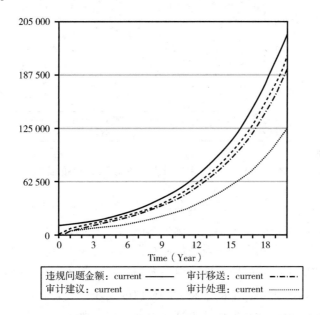

图11-2　威慑驱动型审计质量控制策略（基准方案）模拟结果

回应驱动型审计策略（test1），审计效果系数在基准方案基础上增加40%，审计效力系数在基准方案基础上减少10%，其他参数保持不变。

双高平衡型审计策略（test2），审计效力系数在基准方案基础上增加10%，审计效果系数在基准方案基础上增加40%，其他参数保持不变。

预防驱动型审计策略（test3），审计效力系数在基准方案基础上增

10%，审计效果系数在基准方案基础上增加 40%，建议相关性提高到 0.7，其他参数保持不变。

不同审计策略下，审计发现财政违规问题金额的比较如图 11 – 3 所示。从图 11 – 3 可知，注重审计效果的回应驱动型审计策略虽然在一定程度上遏制了财政收支违规问题金额的增长趋势，但只是有限程度地缓解了问题的严重性，与注重审计效力的威慑驱动型审计策略一样，不能从根本上解决"屡审屡犯"问题。

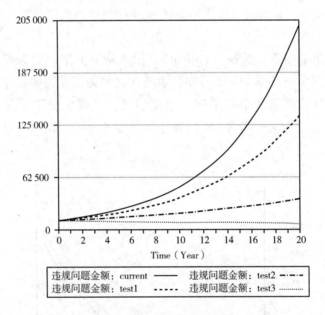

图 11 – 3　不同方案审计发现违规问题金额的比较

审计效力与审计效果并重的双高平衡型审计策略，能够有效遏制财政收支违规问题金额的过快增长。说明我国当前正处于经济转型期，经济发展方式的转变，必然带来利益格局和社会结构的深刻调整，由于各项改革措施的衔接需要一定的磨合期，以及政府部门管理体制、内部控制尚不完善等诸多因素的影响，可能带来财经秩序的失稳，以及寻租腐败等违规违纪违法行为。因此，必须保持审计监督的高压态势。

预防驱动型审计策略能够不断减少财政收支违规问题的金额。事实上，很多"屡审屡犯"问题源于体制、机制或制度的原因，只有改革当前体制和制度缺陷才能根本上解决问题。图 11 – 3 的仿真结果显示，预防驱动型审计策略有助于从问题产生的根源入手，从体制、机制和制度层面不断改进管理水平，达到标本兼治、防患于未然的目的，从而实现审计监督的"审计免疫"功能。

11.4 研究结论

"屡审屡犯"问题具体表现为审计质量上的缺陷——审计效力与审计效果的二元化。我们亟须寻求一条弥合审计期望差距、促进审计效力与效果协同的治理机制。威慑性、回应性和预防性的协同,是从"屡审屡犯"之无序到"审计免疫"之有序的序参量,对实现国家审计质量的自组织演化起到支配作用。

根据第 10 章的分析,高质量国家审计的实现机制需要威慑性 – 回应性的双高平衡,回应性 – 预防性的双高平衡。而本章系统动力学的仿真结果显示,体现审计效力与效果协同效应的预防驱动型审计策略,能够从根本上杜绝"屡审屡犯"现象。这就要求我们在制度设计中考虑将审计效力与审计效果的协同需要嵌入国家政策加以运行并且持续改进,唯有如此才能形成一种审计免疫的长效机制。

第12章 国家审计的质量评价研究

12.1 引　言

低审计质量的扩散效应既有外部因素的引发，也包括内部原因的推动（薛芬，2012），特别是审计机关内部的激励约束机制不健全，在审计质量评价中过分强调大案要案的数量、审计移送的人数和违规问题的金额，忽视从体制、机制和政策层面分析问题的根源，忽视被审计单位的整章建制和完善管理，不利于推进审计决定的整改和落实。传统的评价方法中，因预设权重的固定性，针对绩效评估公式的博弈，主要表现为对最大权重指标的重视和特别容易完成指标的强调。只要权重高的指标值足够大，往往就能获取理想的评价结果（黄溶冰，2013）。

在国家审计项目质量评价和优秀审计项目评选中，传统的常权评价方法由于自身缺陷，难以体现对审计规范、审计效力和审计效果的均衡性要求，容易导致重查证轻整改、重效力轻效果引发的"屡审屡犯"现象。本章基于变权原理构建一种层次变权综合评价方法，在指标体系与评价方法的设计中，通过权重分配实现对审计规范、审计效力与审计效果因素的协同和制衡，有助于提高国家审计质量评价方法的科学性，推动查证问题高质量与整改问题高质量的协同，服务于国家审计战略转型的需要。

12.2　国家审计质量评价指标体系设计

与传统工业企业提供有形产品不同，审计提供的是一种鉴证服务。审计因授权管理经济活动的需要而产生，受托经济责任关系是审计产生的客观基础。在国家审计中，审计主体（审计机关）接受委托人（社会公众）的委托对受托人（政府部门和国有企业）所履行的公共受托经济责任进行审查和评价，定期或不定期地了解其授权或委托的代理人是否忠于职守、尽职尽责地从事管理、经济和行政工作，有无违法违纪、徇私舞弊以及提供虚假财务信息等行为，出具审计意见和建议，以确定或解除受托经济责任。根据现代质量管理理论和现代服务理念，国家审计提供的不仅仅是一种产品，更是一种服务，能否从公共受托经济责任出发，保障广大人民群众根本利益，满足审计委托人的需要，反映了审计质量的高低（史宁安等，2006）。具体而言，国家审计质量的内涵可表述为：一是发现违法违纪问题，其核心观点是审计人员在审计工作中符合审计准则（技术标准）的要求，为审计结论收集充分、适当的审计证据。二是报告已经发现的违法违纪问题，其核心观点是审计人员对发现的问题引用适当的法律法规进行定性并及时披露处理结果。三是及时整改违法违纪问题，其核心观点是通过针对性的审计建议以及跟踪审计等手段，督促被审计单位及时落实审计决定和审计意见，整改违规违纪问题。上述三个层面的国家审计质量内涵作为一个整体，相辅相成、缺一不可，具体如表 12 - 1 所示。

表 12 - 1　　　　　　　　　　国家审计质量内涵

类型	对象	重点
审计过程质量	审计工作	审计规范
审计产品质量	审计报告	审计效力
审计服务质量	审计整改	审计效果

我们基于国家审计质量的内涵，借鉴审计机关《优秀审计项目评分标准》，并经过实地问卷调查和专家访谈，从审计规范、审计效力、审计效果三个层面，构建国家审计质量评价指标体系如表 12 - 2 所示。

表 12 - 2　　　　　　　国家审计项目的审计质量评价指标体系

准则层	指标层
审计规范（y_1）	审计方案规范程度（x_{11}）
	审计方法规范程度（x_{12}）
	审计程序规范程度（x_{13}）
	审计证据规范程度（x_{14}）
	审计日记规范程度（x_{15}）
	审计档案规范程度（x_{16}）

准则层	指标层
审计效力（y_2）	审计决定应上缴财政金额（x_{21}）
	审计决定应减少财政补贴或拨款金额（x_{22}）
	审计决定应归还原渠道资金金额（x_{23}）
	审计移送司法机关人数（x_{24}）
	审计移送纪检监察部门人数（x_{25}）
	审计提出建议条数（x_{26}）
审计效果（y_3）	已上缴财政金额占应上缴财政比率（x_{31}）
	已减少财政补贴或拨款占应上缴财政补贴或拨款比率（x_{32}）
	已归还原渠道资金占应归还原渠道资金比率（x_{33}）
	已审计移送人数占应移送司法机关和纪检监察部门人数比率（x_{34}）
	被采纳的审计建议条数（x_{35}）
	审计后挽回（避免）损失（x_{36}）

上述指标中，审计规范评价指标属于水平性指标，可根据评价标准采取 Likert 五点量表计分法进行评分。例如，审计程序规范程度的评价标准考察点包括：（a）是否按规定向被审计单位送达审计通知书；（b）是否按规定要求被审计单位提供书面承诺；（c）审计报告是否按规定征求了被审计单位的意见并作了说明；（d）符合听证条件的，是否按规定告知并组织了听证；（e）是否按规定进行了三级复核，并出具了复核意见；（f）是否按规定召开审计业务会议并形成审计业务会议决议。审计效力和审计效果评价指标属于计算性指标，可根据实际情况计算得出。

12.3 基于变权理论的国家审计质量综合评价模型

12.3.1 基本原理

根据"审计免疫"观，审计要善于发现问题，并处理问题；但查处问题不是审计的根本目的，根本目的是根据发现的问题，从体制、机制、政策层面分析问题的根源，帮助被审计单位完善制度、改善管理、增进绩效，从而起到堵塞漏洞、防范风险、避免问题再次发生的预防免疫作用。但是在现实审计实践中，落实审计决定难的问题普遍存在（郑石桥等，2011），审计机关主要通过提高审计决定处理处罚和审计移送的力度，而不是通过提高审计结果利用率，来减少违法违纪问题的数量（黄溶冰和王跃堂，2010；刘雷等，2014）。这需要开发出更适合"审计免疫"观的评价模型和评价方法，引导审计机关工作理念和工作方式的转型。

变权理论作为一种新型的权重分配方法，其核心思想是转变权重一旦确定就固定不变的传统思维定式，将权重作为评价因素的函数，权重伴随因素状态值的变化而调整，目的是使权重分配能够更好地体现相应因素在管理决策中的作用（李德清等，2004）。根据变权原理，变权包括惩罚型变权和激励型变权。前者强调因素之间的均衡性，对低水平的单因素状态值的减少反应灵敏，对高水平的单因素状态值的增加反应迟钝；后者强调对关键性因素的激励，对高水平的单因素状态值的增加反应灵敏，对低水平的单因素状态值的减少反应迟钝（温素彬，2010）。

12.3.2 评价模型与评价方法

12.3.2.1 评价指标的规范化

对原始指标进行归一化处理，其中：

极大型指标：

$$x_{ij} = \frac{\mu_{ij}}{\mu_j^{max}} \qquad (12.1)$$

极小型指标：

$$x_{ij} = \frac{\mu_j^{min}}{\mu_j} \qquad (12.2)$$

其中，μ_{ij} 为归一化之前的指标值，x_{ij} 为归一化之后的指标值。

12.3.2.2 常权向量的确定

依据表 12-2，国家审计项目的审计质量评价分为三个层次，分别是指标层（x_{ij}）、准则层（y_i）和目标层（z）。

首先，采取层次分析法确定指标层的常权，得到指标层的因素常权向量 $W = (w_1, w_2, \cdots, w_m)$；其次，按照等权原则确定审计规范、审计效力和审计效果的常权，得到准则层的常权向量 $D = (d_1, d_2, d_3)$。

12.3.2.3 状态变权向量和变权向量的确定

在指标层中，如果各指标值之间存在差异过大的情况，说明审计质量存在缺陷。因此，对于指标值之间的"不均衡"，选用惩罚型状态变权向量。状态变权向量 $S(x)$ 可表示为：

$$S_{ij}(x_i) = e^{-\delta(x_{ij} - \bar{x}_i)} \qquad (12.3)$$

指标层的变权向量 W（x）可表示为：

$$W(x) = \frac{(w_1 S_1(x), \cdots, w_m S_m(x))}{\sum\limits_{j=1}^{m} w_j S_j(x)} \qquad (12.4)$$

在准则层中，针对审计规范（y_1）和审计效力（y_2），建立局部的惩罚型状态变权向量，当 y_1 或 y_2 低于一定水平时，给予惩罚；当高于该水平时，不予惩罚也不予激励。

$$S_i(y) = \begin{cases} e^{-(a-y_i)} & y_i < a \\ 1 & y_i \geqslant a \end{cases} \qquad i = 1, 2 \qquad (12.5)$$

为推进"审计免疫"理念在审计工作中的应用，针对审计效果（y_3），建立混合型状态变权向量，当 y_3 低于一定水平时，给予惩罚；当 y_3 高于一定水平时，给予激励；当 y_3 处于中间水平时，不予惩罚也不予激励。

$$S_3(y) = \begin{cases} e^{-(a-y_3)} & y_3 < a \\ 1 & a \leqslant y_3 < b \\ e^{(y_3 - b)} & y_3 \geqslant b \end{cases} \qquad (12.6)$$

在上述公式中，δ 为大于 0 的参数。a 为"惩罚水平"，b 为"激励水平"。

准则层的变权向量 W（y）可表示为：

$$W(y) = \frac{(d_1 S_1(y), \cdots, d_3 S_3(y))}{\sum\limits_{j=1}^{3} d_j S_j(y)} \qquad (12.7)$$

12.3.2.4 综合评价值

对各层次分别进行变权综合评价，最终目标层的评价值表示为：

$$z = \sum_{i=1}^{3} W_i(y) \times S_i(y) \qquad (12.8)$$

12.4 案例分析

在某省级审计机关开展的年度优秀审计项目评选中，根据本章的评价指标和变权原理，对 A、B、C、D 四个审计项目进行综合评价。主要步骤如下：

第一，对四个审计项目的评价指标进行打分，并作归一化处理，极大值和极小值的取值范围为所有参与评选的优秀审计项目。四个审计项目经处理后的无量纲数据如表 12-3 所示。

表 12-3　　　国家审计项目质量评价指标数据集（经规范化处理后）

指标	A			B			C			D		
	y_1	y_2	y_3	y_1	y_2	y_3	y_1	y_2	y_3	y_1	y_2	y_3
x_{i1}	1.000	0.781	0.648	0.654	0.693	0.731	0.642	0.564	0.645	0.611	0.637	0.788
x_{i2}	0.857	0.762	0.116	0.784	0.454	1.000	0.618	0.634	0.665	0.660	0.622	0.866
x_{i3}	0.617	0.810	0.412	0.507	0.553	0.805	0.599	1.000	0.606	0.508	0.736	0.689
x_{i4}	0.731	0.659	0.335	0.673	0.506	0.773	0.682	0.511	0.703	0.674	0.592	0.567
x_{i5}	0.943	0.990	0.245	0.852	0.621	0.645	0.459	0.594	0.649	0.569	0.569	0.522
x_{i6}	0.756	0.862	0.190	0.690	0.747	0.884	0.600	0.576	0.616	0.582	0.674	0.675

第二，采取层次分析法计算指标层的常权向量，如表 12-4 第 8 列所示；按照等权原则确定准则层的常权向量，如表 12-4 第 2 列所示。

表 12-4　　　　国家审计项目质量评价的常权向量和变权向量

准则层	常权	变权				指标层	常权	变权			
		A	B	C	D			A	B	C	D
1	2	3	4	5	6	7	8	9	10	11	12
y_1	0.333	0.352	0.328	0.333	0.333	x_{11}	0.167	0.056	0.188	0.133	0.165
						x_{12}	0.083	0.057	0.049	0.074	0.064
						x_{13}	0.083	0.190	0.195	0.082	0.137
						x_{14}	0.333	0.431	0.341	0.216	0.240
						x_{15}	0.167	0.075	0.070	0.331	0.203
						x_{16}	0.167	0.190	0.157	0.164	0.191
y_2	0.333	0.352	0.328	0.333	0.333	x_{21}	0.235	0.231	0.140	0.255	0.224
						x_{22}	0.107	0.115	0.210	0.082	0.110
						x_{23}	0.094	0.080	0.112	0.012	0.055
						x_{24}	0.217	0.390	0.327	0.308	0.260
						x_{25}	0.139	0.048	0.118	0.130	0.186
						x_{26}	0.208	0.136	0.094	0.213	0.165

准则层	常权	变权				指标层	常权	变权			
		A	B	C	D			A	B	C	D
1	2	3	4	5	6	7	8	9	10	11	12
y_3	0.334	0.295	0.343	0.334	0.334	x_{31}	0.142	0.020	0.166	0.147	0.064
						x_{32}	0.161	0.318	0.049	0.151	0.049
						x_{33}	0.062	0.028	0.050	0.078	0.046
						x_{34}	0.217	0.143	0.205	0.168	0.294
						x_{35}	0.243	0.252	0.436	0.247	0.411
						x_{36}	0.175	0.239	0.095	0.210	0:138

第三，依据公式（12.3）和公式（12.4），分别计算指标层的状态变权向量和变权向量，如表 12 - 4 中 9 ~ 12 列所示。依据公式（12.5）、（12.6）、（12.7），分别计算准则层的状态变权向量和变权向量，结果如表 12 - 4 中 3 ~ 6 列所示。在本案例中，令 $\delta = 5$，$a = 0.5$，$b = 0.7$。

第四，对 A，B，C，D 四个审计项目的审计规范、审计效力和审计效果情况进行常权综合评价，结果如表 12 -5 所示。

表 12 -5　　　　　国家审计项目审计质量常权综合评价结果

	A			B			C			D		
	y_1	y_2	y_3	y_1	y_2	y_3	y_1	y_2	y_3	y_1	y_2	y_3
y	0.817	0.801	0.302	0.698	0.615	0.794	0.612	0.608	0.654	0.616	0.633	0.662
z	0.639			0.702			0.625			0.637		

第五，对 A，B，C，D 四个审计项目的审计规范、审计效力和审计效果情况进行变权综合评价，结果如表 12 -6 所示。

表 12 -6　　　　　国家审计项目审计质量变权综合评价结果

	A			B			C			D		
	y_1	y_2	y_3	y_1	y_2	y_3	y_1	y_2	y_3	y_1	y_2	y_3
y	0.752	0.754	0.216	0.658	0.563	0.734	0.578	0.565	0.650	0.728	0.445	0.641
z	0.595			0.653			0.597			0.607		

根据表 12 -5 和表 12 -6，可知：

（1）四个参与评选项目的变权评价值皆低于其常权评价值，说明他们在指标层和准则层中都存在部分因素状态值"不均衡"的现象，因此都受到了一定程度的"惩罚"，导致变权综合评价值偏低。

（2）从审计效力来看，A 项目的常权、变权综合评价分值分别为 0.801 和 0.754，在四个项目中居于首位。但如果综合考察审计规范、审计效力和审计效果，A 项目的常权、变权综合评价的排名都有不同程度下降，表明在国家审计质量评价中，仅考虑审计效力是不够的，还需要从过程（审计规范）、整改（审计效果）维度考察技术规范的遵循和审计成果的利用程度，唯有如此，才能更好满足服务于国家治理导向的国家审计战略转型的需要。

（3）在常权综合评价下，四个参评项目的排名是 B > A > D > C；在变权综合评价下，四个参评项目的排名是 B > D > C > A。主要原因是在变权综合评价下，A 项目的审计效果评价分值仅为 0.216，存在比较突出的重查证、轻整改问题，国家审计的建设性作用和"审计免疫"功能未得以发挥，审计效果的权重因"惩罚"机制而增加，导致 A 的综合评价指标值最低。

（4）在四个项目中，无论是常权综合评价还是变权综合评价，B 项目的排名都居于首位，除指标层和准则层各因素相对均衡外；B 项目因审计效果评价值较高，超过了 0.7 的阈值，审计效果的权重因"激励"机制而增加，使 B 项目的综合评价指标值最高。

12.5　研究结论

在我国，审计机关的审计质量不仅体现在发现问题的技术性特征、报告问题的独立性特征，还需要考察对违法违纪问题纠偏的行政性特征（赵劲松，2005）。现实中，对国家审计质量行政性特征的重视程度不够，是导致当前"屡审屡犯"现象的原因之一。在国家审计质量评价中，传统的常权评价方法容易使审计机关将重心放在绩效评估公式的博弈上，通过"进步学习"摸索到成为先进的规律，无助于形成审计免疫的长效机制。本章根据国家审计质量的内涵，构建了国家审计质量评价指标体系，在此基础上，利用变权理论提出了一种新的权重分配方法——层次变权综合评价法。该方法的特征是将权重与因素状态值建立函数关系，权重伴随因素状态值的变化而调整，从而对影响审计质量的各个因素进行均衡性处理，使评价结果建立在更加客观合理的基础之上。通过案例分析，证明了该方法在实践应用中的可行性。

第13章　国家审计的质量控制研究

13.1　国家审计质量控制中存在的问题

按照《中华人民共和国审计法》的规定，政府部门、行政事业单位、拥有和管理国有资产的单位，都必须依法接受国家审计的监督；审计机关做出的审计决定，被审计单位和有关人员必须执行。我国《审计法》及其实施条例的有关规定，赋予了国家审计在国民经济中"守夜人"的角色，也决定了国家审计质量在内涵上除具有民间审计的一般属性之外，还应该具有很强的纠偏属性，即国家审计质量的行政性特征（赵劲松，2005；王跃堂和黄溶冰，2008）。

当前，我国国家审计质量的现实表现与审计质量的内涵要求相比，仍存在一定的差距。我们从事前控制、事中控制和事后控制三个方面，对当前我国国家审计质量管理中存在的问题进行归纳和总结。

13.1.1　审计质量事前控制存在的问题

（1）组织机构方面。现行的审计机构建制不适应质量控制要求，实际工作中审计局长分管副局长、副局长分管有关审计业务处室，这种纵向管理模式，不利于审计机关内部业务科室横向联系与控制。虽然有些单位配备了总审计师，但对于总审计师的职能分工以及审计组长的具体职责并没有明确的法律法规予以规范（赵爱玲和杨丽娟，2012）。

（2）审计计划方面。审计计划是审计人员为了完成各项审计业务，达到预期的审计目标，在具体执行审计程序之前编制的工作计划。我国基层审计人员少，任务重，审计项目主要来源于政府交办，审计工作很难做到有计划、有安排，更谈不上计划的科学性。由于工作计划的盲目性和随意性，导致部分审计目标未能实现或未能完全实现。

（3）审前调查方面。审前调查是审前准备阶段的一项重要内容，是在下发审计通知书之前，就审计的内容、范围、方式和重点，到被审计单位及相关单位了解其基本情况，以掌握第一手资料的一项活动。很多审计部门缺乏具备专业素质的审计人员，在审计实务中不重视审前调查环节。对于连续审计的项目不愿做审前调查，仍按照以往的经验对待已经发生变化的审计项目，这会造成审计方案简单、针对性差等问题，直接影响到审计监督的深度和效率。

上述问题主要体现为审计过程（审计规范）的质量问题，导致审计中一些违规违法违纪问题因机构不健全、计划不细致、调查不充分，在审计前期被忽视或忽略。

13.1.2 审计质量事中控制存在的问题

（1）审计取证程序方面。审计证据是审计人员获取的用以说明审计事项真相，形成审计结论基础的证明材料。尽管审计证据准则中提出了"审计人员收集的审计证据，必须具备客观性、相关性、充分性和合法性"的原则要求，但对于不同性质审计项目的取证要求，并没有明确规定，审计人员在具体执行时更多是根据经验和主观判断来完成证据搜集工作。

（2）审计综合分析方面。审计分析是对审计现场收集的资料进行加工整理，进而发现问题，并分析原因，最后提出解决方案的一个过程。目前，由于综合分析的深度不够，审计机关出具的审计意见缺乏针对性、可行性，审计报告的质量和水平不高，个别项目对问题的定性处理还存在引用法规不准确、不完整或不适当的问题。

（3）审计工作底稿方面。一般说来，防范审计风险的方法之一就是按照审计方案的要求进行操作，并详细记录于审计工作底稿。但是，在实际审计工作中有些审计人员没有充分认识到这一点，仅对重要或有问题的项目编制审计工作底稿，这样做很容易遗漏重大事项和问题，大大增加了审计风险。

（4）审计复核制度方面。在一些审计机关重结果轻过程的现象普遍存在，审计复核制度流于形式。有的只进行一级或两级复核；有的复核出的问题没有及时得到纠正；有的从形式上履行了三级复核程序，但未签署意见，对复核的程序和内容也没有记录，各级复核机构和人员缺乏明确的责任分工。

上述问题主要表现为审计过程（审计规范）和审计报告（审计效力）

的质量缺陷，导致一些重大问题或者未被发现，或者即使发现问题也由于定性不恰当、复核不规范以及地方利益作祟，而未予以对外披露或进行处理处罚。

13.1.3　审计质量事后控制存在的问题

（1）审计决定落实方面。一方面，被审计单位对审计发现的问题没有采取有效措施予以整改，不能很好地落实审计提出的建议和意见；另一方面，有关部门、单位不能正确及时运用审计结果加大责任追究力度，影响审计结果运用的成效。

（2）后续跟踪监督方面。由于理念、时间、精力和成本等方面的原因，对于审计中发现问题的整改或纠偏情况，审计机关很少开展后续审计；对审计决定的落实情况、审计移送的追责情况和审计建议的采纳情况缺少跟踪，这在一定程度上影响了审计成果的有效利用。

上述问题主要表现为审计整改（审计效果）中存在的问题，被审计单位不予以配合，审计机关缺少跟踪审计手段，导致审计发现的问题整改或落实的情况不够理想。

13.2　审计质量控制的国际经验

13.2.1　国际组织的审计质量控制经验

13.2.1.1　最高审计机关亚洲组织（ASOSAI）《审计质量管理系统指南》

该指南认为：审计质量包括一个由审计机关、审计人员、审计程序组成的系统，该系统提供审计产品满足利益相关者和社会公众的要求。审计机关应当根据潜在风险的可能性和规模大小，设计质量管理系统，以合理保证审计工作在合规和绩效方面遵循适用的法律、规则、法规、审计准则、政策手册、指南和程序的要求。一般认为，审计质量管理系统包括下列要素：领导与指导、人力资源管理、审计实施、客户及利益相关者关系、持续改进（李永强和辛金国，2010）。

在该指南中，质量控制是审计过程中的业务技术和活动，审计质量控制的基本特征包括：（1）质量控制应当建立于审计过程中，而不能依赖于事后检查；（2）每一位审计人员的控制职责应当明确界定并充分沟通；

（3）质量控制应当采用结果导向，及时应对主要风险；（4）过多的控制导致没有控制；（5）建立多层次的质量控制系统；（6）不断改进质量控制系统。

13.2.1.2　最高审计机关欧洲组织（EUROSAI）的《审计质量指南》

最高审计机关欧洲组织《审计质量指南》的核心内容包括引言、质量控制、质量保证、机构管理和附录五个部分。其中最重要的内容是质量控制和质量保证部分。

（1）质量控制。质量控制是指最高审计机关为了确保高质量审计工作所采取的一系列政策和程序，以一贯性地保持高质量的工作标准，并努力实现以下目标：①重要的、有价值的事项被特别强调；②在评估和发表意见时保持客观性与公正性；③说明已执行的审计计划及实施范围的完备性；④确保审计发现、意见和结论的可靠性和有效性、审计建议的适当性，以及提供审计报告和其他服务的相关性；⑤确保审计报告及其他产品提供的及时性，以符合法定截止期限和使用者的预期；⑥保证审计报告及其他产品的明晰性；⑦保证审计工作及其他业务执行的有效性；⑧确保预期结果和影响的效果等。

为实现上述目标，最高审计机关应该建立一套政策、制度和程序，以激励大家努力达成高标准要求，并阻止或预防各种损害审计质量的行为出现（宋夏云，2010）。这些质量控制活动主要按照审计过程来执行，其控制环节主要包括：①选择被审计事项；②决定审计时间；③审计计划；④审计实施；⑤审计结果报告；⑥审计发现、结论和建议的后续跟踪与评价。

（2）质量保证。质量保证是指最高审计机关所建立的一整套用于评估质量控制系统有效性的程序，其目标在于：①确保所必需的质量控制系统的适当性；②确定现有的质量控制程序是否得到一贯、适当的执行；③验证已实际执行审计工作及报告的质量；④识别可以提高或改善质量控制潜在的其他方法。

质量控制评估程序包括审计工作的事后复核，它主要通过对已被充分执行的审计工作及相关审计工作底稿的抽样复核方式来进行，其执行者是独立于审计工作的人员或小组。

13.2.1.3　国际会计师联合会（IFAC）的《质量控制准则》

国际会计师联合会的质量控制准则第 1 号（ISQC1）《会计师事务所执行历史财务信息审计和审阅业务、其他鉴证业务及相关服务业务的质量控制》，从控制目标和控制要素两个方面阐述了审计质量控制的基本框架。（1）质量控制目标为：合理保证会计师事务所及其人员遵守职业准则、法律法规要求；合理保证注册会计师或项目合伙人根据具体情况出具恰当的报告。（2）质量控制要素为：对质量的领导责任、道德要求、客户关系和具体项目的接受和保持、人力资源、项目执行、对控制的监督。会计师事务所应当根据控制目标和要素，结合具体审计环境，制定和实施适当的政策和程序，并记录质量控制系统有效运行的证据。

13.2.2　主要国家的审计质量控制经验

13.2.2.1　美国审计总署（GAO）的审计质量控制

美国《一般公认政府审计准则（GAGAS）》指出，执行审计和（其他）鉴证业务的审计组织必须建立质量控制系统，以确保审计组织及人员严格遵循专业准则，并依照法规标准严格执业。

美国各级审计机关对审计质量控制的主要做法是：

一是要求审计人员必须保持独立性。美国审计总署每年要对审计人员进行问卷调查，调查内容包括妻子、子女的工作单位，家人持有证券情况，审计人员兼职情况。如果被审计单位与审计人员有利害关系，审计人员将不会去参加对该单位的审计。就是对聘任人员也要进行这样的调查。

二是强调执行审计准则。不同审计机关根据法律规定和业务性质，执行适用的审计准则。例如，纽约州审计局根据市宪法的规定执行美国审计总署的审计准则，而橙县（纽约州下辖县）审计局定位于政府部门的内部监督，选择执行国际内部审计师协会制定的审计准则。

三是审计机构内部设立专门部门对审计项目进行复核。例如，美国审计总署设立法律顾问处，对每一份审计报告进行复核；纽约市审计局则要求审计报告必须经过另一个审计组的复核。复核的方式都是由复核人员将审计报告与审计底稿相对照，以查看审计报告反映的事实是否清楚。如果不清楚，复核人员可以要求审计人员进一步查清事实。

四是开展审计项目质量检查。美国审计总署规定，部门领导每年要对下属的审计报告进行抽查。例如，纽约市审计局设有质量检查处，负责对当年完成的审计项目进行抽查，除此之外还组织各业务科室进行互查。通过问卷和填写表格的方式，以查明审计人员是否按照审计方案实施了审计，审计工作底稿是否反映了审计的全过程，审计中是否执行了法定的审计程序。如果发现审计项目有质量问题，检查人员要与项目负责人交换意见，并结合年度培训对有关责任人员进行指导（李桂枝，2001）。

五是同业复核。除了审计机关内部对审计报告的复核和对审计项目的抽查外，每三年审计机关还要请民间审计组织按照审计机关执行的审计准则对审计机关完成的审计报告进行同业复核，并发表检查报告。在美国，各级审计机关的审计报告和被审计单位的反馈意见，还有民间审计组织对审计机关的审计质量检查报告都是对社会公开的，一旦报告质量有问题，将影响到审计机关负责人的政治前途。

13.2.2.2 英国审计署的审计质量控制

英国审计署指出，审计质量控制是指最高审计机关为确保高质量的审计工作而采取的控制措施。审计质量控制对于防范审计风险、确保审计工作效果以及规范审计人员的职业行为具有重要意义。例如，在绩效审计的质量控制中，英国审计署采取了"质量环节"控制和聘请外部机构评价两种方式。其中质量控制的核心环节包括：

（1）审计准备。控制要点包括项目选题的恰当性、预期成果的多少、审计成果的成本效益性、被审计事项的分析、审计方法的可行性、审计技能的适当性、消耗资源的情况、审计报告的及时性、被审计单位的支持、审计风险的控制、信息沟通、审计执行的可行性和审计证据等重要文件的保管。上述问题必须由审计项目负责人组织审计人员进行充分讨论，并得以全面如实的回答之后，才可向上报告，并由主计审计长决定是否开展某项审计工作。

（2）审计实施。控制要点包括审计证据的充分相关及可靠性、审计证据的全面分析和理解、关键信息的鉴别与证据支持、审计发现与相关利益主体及有关专家意见的相互印证、被审计单位对审计发现问题的认可及分歧的解决方案，以及审计报告草案的框架统一性等（宋夏云，2010）。

（3）审计报告。控制要点包括是否起草了一份简明扼要且包含主要信息的审计报告、审计报告摘要和反映的问题是否与审计报告草案一致、审计建议是否以证据为基础、是否清晰和有价值、审计报告是否通俗易懂、审计报告草案在长度和形式上是否符合英国审计署标准、审计报告草案是否有效地利用了图片和附录，以及是否获取了所有支持的材料等。

（4）信息发布。控制要点包括与被审计单位的意见交换、向第三方征求审计意见的草案、审计报告草案结构的维持及简洁情况、审计报告草案符合专业标准的情况、审计报告出版与组织、最新的审计信息的披露计划、审计结果发布和后续检查的具体行动方案。

（5）经验总结。控制要点包括是否采取了内部和外部质量保证措施、是否适当地总结了经验教训、是否证实了存在的问题、是否能控制其潜在的影响、对与审计项目有关的文件是否妥善归类保管等。其中外部机构对审计质量的评估非常关键，英国审计署对绩效审计质量的评估主要由伦敦政治经济学院的独立专家组承担，其评价内容主要包括行政管理背景、结构安排及语言表述、图表和统计资料、审计范围、审计方法、审计结论或审计建议，以及审计报告等。

13.2.2.3 德国审计署的审计质量控制

德国审计署审计质量控制的途径包括内部管理和外部监督两个方面。

（1）内部管理。内部管理主要是指对审计人员、审计组、业务和决策部门在内的相关机构和人员的内部管理。

第一，对审计人员的严格管理是德国审计质量控制成功实施的重要原因。德国审计机关拥有一支高素质的审计队伍，其主要做法是：录用时要求大学本科毕业或以上学历，年龄在 35 岁以上且必须有五年以上相关工作经验并通过国家有关资格考试；录用后须在行政学院进行一年有针对性的培训；全部审计人员每年按规定参加一个月的继续教育。通过对人员录用的严格挑选和后续教育的持续跟进，使得审计人员专业和综合素质始终保持较高水平。

第二，审计法律法规对审计实施的各个环节有明确、具体的规定，可操作性强，为审计工作质量控制提供了直接依据。如《联邦审计院审计条例》对审计计划、审计的准备与实施、审计结果的处理、报告与咨询等环节都有明确具体的规定，甚至连审计通知书如何写、应该发给哪些部门、什么情况下不发通知书都在法规中有明确规定。又如，《联邦审计院工作守则》明确规定了组织机构各层次人员的权力和责任，各决策层的决策范围，并对决策小组的会议记录、会签程序提出明确要求。各州审计院也都制定了操作性很强的审计标准。

第三，责任明确，能够有效控制全过程和各个层次审计人员的工作质量。审计前，必须由审计业务处处长、审计组组长和审计人员共同制定目标明确、操作性强的审计方案；审计中设专人负责跟踪检查工作流程，并根据实际情况适时调整方案。同时，德国审计院还明确规定了审计处处长、审计组组长、审计人员各自的权限和责任。

第四，经常和被审计单位交换意见，有效控制审计风险。一是审计组组长经常要和被审单位就审计的情况和问题交换意见、交流看法，避免审计中可能出现的误差或者认识判断上的错误；二是审计结束时交换意见，双方尽可能对审计查出的问题达成共识，并要求被审计单位表态；三是审计查出问题被写入年度审计报告向议会递交之前，再次和被审计单位交换意见（邓小红，2007）。

（2）外部监督。德国国家审计机关由联邦审计院和16个州的审计院组成。审计院是依法行使职权的独立机构，只服从于宪法、忠实于法律。一是《公务员法》的监督。如对审计人员的考核、奖励、惩罚、评价等方面参照公务员制度来执行，规范审计人员的行为。二是社会公众的监督。当被审计单位与审计机关的意见不一致时，不影响审计报告的形成，审计机关坚持自己的意见并向议会报告，而且通过新闻媒体和互联网等方式公布报告内容；被审计单位可以书面向议会报告或通过新闻媒体表达自己的意见。三是议会的监督。一般议会委托民间审计组织对审计院的工作进行检查。此外，议会的一些工作委员会也会监督审计工作。四是其他欧盟国家审计部门的监督。德国作为欧盟成员国，联邦审计院要接受其他欧盟成员国审计部门的同业互查。

13.2.2.4 印度审计长公署的审计质量控制

印度审计长公署认为：审计机关良好的信誉确保了决策者能更加信赖审计发现和结果，也会更加严肃地看待和接受审计报告中的意见及建议，而这种良好声誉来自于长期不懈的高质量的工作（常树涛，2003）。审计长公署主要通过以下几个方面确保审计质量：

第一，坚持审计准则，确保审计质量。确保审计质量的前提是具有衡量和改进绩效的评价标准。为了规范全国的审计工作，印度审计长公署建立了自己的审计准则体系，以此来确定审计的基本原则和在审计实务中应当遵守的规范。审计准则体系包括审计标准和审计指南两个层次。审计标准包括三类：一是一般标准，主要规定审计人员任职的基本职业要求和审计机关的质量保证机制。二是作业标准，用以确立审计工作程序的基本框架，以便审计机关在实施审计和对审计工作进行管理时遵循。三是报告标准，对报告审计结果提出框架性规定。

第二，重视人力资源开发。审计长公署拥有一大批资深的审计工作人员，他们具备执行审计职能的广泛技能和丰富经验，能够胜任这一工作。同时审计部门也积极开发最新的审计方法，包括系统审计技术、分析性复核方法、统计抽样等。在必要的情况下，审计长公署会聘请外国专家为顾问并向其他国家最高审计机关寻求建议。为了保证审计人员的素质与能力，审计人员都是通过全国范围激烈的竞争考试并从不同的专业和学科中挑选出来的，如金融学、管理学、会计学、成本计算、法律和工程学等。其附属机构人员的更新也要通过竞争考试来完成。

第三，加强对审计工作的规划和资源配置的管理。为确保审计工作能够及时、经济、高效的进行，不受有限的审计资源限制，审计长公署非常重视审计计划。审计长公署每年审计任务繁重，因此，审计计划对于保证审计质量显得尤为重要。审计长公署建立了一个有效的一年和两年计划制定体系。该体系强调在风险分析、收支金额大小和交易数量多少的基础上，在一定的时间范围内确定重点审计对象。审计长公署在制订审计计划时还注意将人力和技术资源以合理的形式分配到审计工作中。当项目涉及有关境外审计、EDP 审计、环境审计等特殊项目审计时，审计长公署将会委派具有相关技能的审计人员。审计长公署依靠自己的审计人员对政府工作进行审计，但在必要情况下，例如商业领域，也会挑选注册会计师参加。

综上，无论是国际组织，还是典型国家的审计质量控制，都强调过程与结果的全面控制，注重人力资源开发，关注审计准则和指南的制定，加强与被审计单位的沟通与协调，及时发布审计结果公告，接受同业复核以及社会公众的监督。这些经验对于我国的国家审计质量控制具有积极的借鉴意义。

13.3　基于 TQM 和 QAA 的国家审计质量控制

13.3.1　国家审计质量控制的理论基础

质量是现代质量管理学中的基本概念，在质量管理中，质量被认为是一种适用性，即产品在使用过程中成功地满足用户目标的程度。国家审计是一项特殊的公共服务，借鉴现代服务观念和现代质量管理理念，以及他们在改善质量方面的一些成功实践，无疑对提高国家审计质量管理大有裨益。其中全面质量管理（total quality management，TQM）和品质保证评核（quality assurance appraisal，QAA）作为质量管理成功实践的重要思想（约瑟夫和布兰顿，2004），也是我国国家审计质量控制的理论基础。

全面质量管理的核心思想是：（1）提倡提高人的素质，强调人人做好本职工作；（2）以事后检验和把关为主转变为以预防和改进为主，进行全面的综合治理；（3）从管结果转变为管因素，使生产（作业）处于受控制状态。

质量保证评核的核心思想是：（1）以程序为基础，以流程为手段，以标准为控制点；（2）各项工作严格按照标准规范执行业务；（3）标准规范作为保证品质的最低要求，实际工作规范应该高于标准规范的水准；

（4）强调督导、内部检查与外部复核。

全面质量管理和质量保证评核的思想精髓是系统性。任何系统都是一个有机的整体，系统中各要素不是孤立地存在着，每个要素在系统中都处于一定的位置上、起着特定的作用，系统的整体功能是各要素在孤立状态下所没有的新质。而在审计质量的基本含义中，我们清晰地看到，国家审计作为一种公共服务，系统性是审计质量的内在要求，是一个关键因素。改善国家审计质量不是一个孤立的项目，而是一个有机体系，是一种管理方式和手段，我们不能单就质量而论质量，必须从系统论的角度来认识与研究审计质量问题。有一支过硬的审计队伍、有健全的监督控制机制、有一套健全完善的法律法规体系和先进的审计技术方法等，这些保障审计质量的因素都应自始至终地、有机联系地贯穿于审计全过程之中。

13.3.2 我国国家审计质量控制框架体系

借鉴全面质量管理和质量保证评核的要求及其中的系统性思想，根据我国国家审计工作的实际，从检查链、程序链和证据链三个环节，设计国家审计质量全员控制、全过程控制和全要素控制的基本框架体系。

13.3.2.1 全员控制——检查链控制

国家审计质量全员控制是指从审计组成员到审计机关负责人，以及上级审计机关、同级审计机关和社会公众共同对国家审计质量予以关注，通过复核、审查、检查和监督等方式对国家审计实施质量控制。包括审计机关内部检查链控制、行业检查链控制和外部检查链控制（见图13-1）。其中，审计机关内部检查链控制，主要体现于"三级复核"和"二级把关"，即审计组组长、审计组所在部门、法制机构三级复核；法制机构负责人、审计业务会议二级把关。

行业检查链控制，包括上级审计机关的定期检查和同级审计机关的同业互查。一方面，上级审计机关应该通过审计质量检查、优秀审计成果评选等方式对下级审计机关的审计行为进行规范；另一方面，同级审计机关之间应加强互查、互学、互评活动，交流各自的经验做法，对发现的问题和不足之处予以纠正，通过相互交流，促进共同提高。

外部检查链控制，主要是通过审计公告接受社会公众的监督。向社会公告的审计结果必须保证事实确凿、证据充分；所做的审计评价和结论要经得起社会公众的推敲；处理、处罚的宽严尺度要把握正确。这就从客观上要求审计人员提高业务素质和工作水平，提高审计质量。审计机关在条件成熟时可考虑进一步扩大社会舆论监督，例如，邀请民间审计机构对审

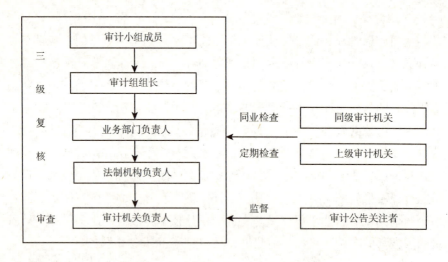

图 13 - 1　国家审计质量的检查链控制

计质量进行检查，并在适当时机向社会公布检查结果。

13.3.2.2　全过程控制——程序链控制

国家审计质量全过程控制是根据分工协作和分权制衡的思想，按照 PDCA 循环，从提高审计工作效率和审计质量出发，改进现有按照审计内容设置部门（财政审计处、金融审计处、行政事业审计处等），相应地按部门安排业务的机构运行模式；整合为按照审计职责划分的、相对独立的综合计划、实施、审理和执行的"四分离"审计业务管理模式（湖南省审计学会，2007），对包括审计结果利用在内的审计业务实施程序进行控制（见图 13 - 2）。

传统上由一个部门或一个人"包办"全部业务职能的模式，与"分权制衡"原则相悖，同样也不符合内部控制中"不相容职务分离"的原则。以业务部门为主的质量控制模式往往存在重局部、轻全局；重查证、轻问责的问题，不仅不利于提高审计结果的公正性，而且容易滋生腐败和权力寻租现象。"四分离"审计质量控制模式是将审计机关内部与审计业务密切相关的职责和权力划分成四个部分，即审计计划权、调查取证权、案件审理权和审计执行权，并相应地将内部机构设置对应划分为四类，形成四部门各司其职、相互监督制约、密切配合协作的运作机制和管理模式。计划、实施、处理、执行四个环节并非是相互割裂的，而是一种专业化分工基础上的矩阵式组织模式，比如，计划环节将根据前期审计实施情况制订更加科学的滚动审计计划，在处理和执行环节也将建立与审计组的实时沟通机制，在程序链中，不再仅仅关注审计查证的局部层面，而是从

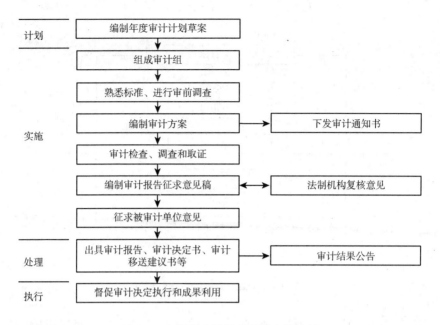

图 13 – 2　国家审计质量的程序链控制

查证和执行的全局层面，更多地关注整改问责机制，更好地体现国家审计的行政性特征。

13.3.2.3　全要素控制——证据链控制

构成一项审计行为的要素包括审计目标、审计环境、审计主体、审计客体、审计准则和审计方法等。审计主体（投入时间和人力），为完成既定审计目标，以审计环境为依托，通过遵循审计准则、利用适当审计方法，作用于审计客体（提供资料和配合），建立审计监督基本关系。上述因素的共同作用是获得审计证据，只有将上述要素紧密围绕审计证据的充分性和适当性开展工作，才能有效地保证审计质量（见图 13 – 3）。

在审计质量控制中首先必须明确审计目标，明确了审计目标就等于明确了审计取证的方向，否则审计活动是盲目的，审计的取证行为也是分散的。在此基础上，审计人员必须根据审计目标选择审计范围、设计审计程序和方法，以及明确审计质量控制标准，审计质量控制标准的选择体现在审计准则的建立和维护之上，审计准则是审计实践经验的总结，建立审计准则，即确立了审计工作规范，使审计人员在搜集和整理审计证据时有章可循，减少不必要的失误和重复劳动，也有助于复核人员和监督人员对审计质量进行评价。审计方法同样是为搜集审计证据服务的，随着计算机的普及，审计证据的载体逐步由纸质模式转向电子模式，相应地对信息系统

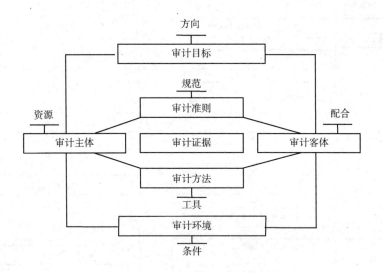

图 13 - 3　国家审计的证据链控制

审计方法（技术）提出了更高的要求。而审计工作环境，直接影响着审计主体和审计客体的关系，在实践中直接体现在审计对象对审计监督的接受程度。

13.3.3　国家审计质量控制体系的关键控制点

影响国家审计质量的因素众多，内容错综复杂。在开展质量控制活动中，一方面应该统筹设计，关注影响审计质量的各个环节、各个因素，保证在机制设计中不出现疏漏和盲点；另一方面应该突出重点，分析影响审计质量的关键控制点，即搜寻质量控制过程中发挥作用最大，影响范围最广，甚至决定全局成效的控制点，因为它们对于实现审计质量控制的目标具有至关重要的影响。

国家审计质量控制中检查链、程序链和证据链中包含的要素如下：

$N_1 = \{a_1, a_2, a_3, \cdots, a_n\}$ 代表全员控制集合，是检查链中涉及的与审计质量有关之元素。

$N_2 = \{b_1, b_2, b_3, \cdots, b_n\}$ 代表全过程控制集合，是程序链中涉及的与审计质量有关之元素。

$N_3 = \{c_1, c_2, c_3, \cdots, c_n\}$ 代表全要素控制集合，是证据链中涉及的与审计质量有关之元素。

在检查链、程序链和证据链中，三个集合的交集所涉及的元素是国家审计质量控制的一级关键控制点，而任何两个集合的交集所涉及的元素是国家审计质量控制的二级关键控制点。

如图 13 - 4 所示，按照文氏图，$K_0 = N_1 \cap N_2 \cap N_3$，$K_1 = N_1 \cap N_2$，$K_2 = N_1 \cap N_3$，$K_3 = N_2 \cap N_3$。虽然分析问题的角度不同，但三个集合中都涉及审计组这一元素，即检查链中包含审计组长对审计小组成员工作底稿的复核，程序链中包含审计组的设立程序，证据链中包含审计主体投入的人员和时间，因此审计组的组建机制（K_0）是一级关键控制点。

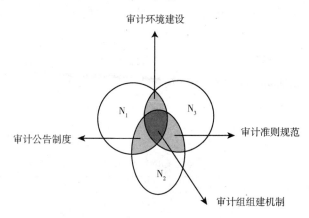

图 13 - 4　国家审计质量控制的关键控制点

同理，在检查链和程序链中，都涉及审计公告这一元素；在检查链和证据链中都涉及审计环境这一元素；在程序链和证据链中都涉及审计准则这一元素。因此，审计公告制度（K_1）、审计环境建设（K_2）和审计准则规范（K_3）是二级关键控制点。

为使研究成果更加符合客观实际，我们下发了包含 15 个主观问题和客观问题的调查问卷 120 份，调查对象包括江苏省审计厅和各地市级审计机关，以及部分被审计单位，调查问卷采取匿名方式，共收到有效回函 93 份，有效回函率 77.5%。在有效回函中江苏省审计厅 23 份，审计学会 7 份，地市级审计机关 36 份，被审计单位 27 份。

由于篇幅限制，下面选择有代表性的 4 个问题：

（1）您认为，目前和国家审计质量关系最密切的因素是：

a. 审计机关的独立性　　b. 审计机关的经费　　c. 审计人员的素质

d. 业绩考核的标准　　　e. 法律法规的约束

（2）您认为，在审计结果运用方面需要特别关注的因素是：

a. 审计机关投入的人力　b. 审计建议的针对性

c. 被审计单位的配合　　d. 审计技术方法的先进性

e. 高层领导的重视

（3）在下列审计人员中，您认为哪一类的监督检查对提高审计质量而言至关重要：

    a. 审计组组长（主审）   b. 审计业务部门负责人

    c. 审计复核机构负责人 d. 审计机关负责人

    e. 社会公众（审计结果公告）

（4）在下列各项要素中，您认为哪一种要素在保证审计证据的充分性和适当性中处于相对核心地位：

    a. 审计计划的制订   b. 审计报告的撰写

    c. 熟悉标准实施审计   d. 与被审计单位沟通

    e. 审计方案的编制

对调查结果的分析如表 13-1 所示。

表 13-1   调查问卷的汇总结果

Panel A：与国家审计质量关系最密切的因素				
意见类型	a	b	c	d	e
人数	17	8	46	13	9
比例（%）	18.3	8.6	49.5	14.0	9.7

Panel B：在审计结果运用方面需要特别关注的因素				
意见类型	a	b	c	d	e
人数	7	15	30	9	32
比例（%）	7.5	16.1	32.3	9.7	34.4

Panel C：哪一类的监督检查对提高审计质量而言至关重要				
意见类型	a	b	c	d	e
人数	33	11	10	10	29
比例（%）	31.2	11.8	10.8	10.8	35.5

Panel D：哪一种要素在保证审计证据的充分性和适当性中处于相对核心地位				
意见类型	a	b	c	d	e
人数	33	11	10	10	29
比例（%）	31.2	11.8	10.8	10.8	35.5

调查问卷的汇总结果较好地支持了本章理论分析的观点。例如，在对问题（1）的反馈中，有近一半（49.5%）的调查对象认为审计人员的素质是影响审计质量最为关系密切的因素，而审计机关的独立性仅占 18.3%，这说明相对审计管理体制而言，人们开始更加重视审计机关的自

身建设。在问题（2）至问题（4）中，调查对象关注的重点与全员控制、全过程控制和全要素控制中的二级关键控制点也是基本相符的。

13.4　国家审计质量管理论纲

依据国家审计质量的内涵、关键控制点，以及前面章节的研究结论，我们以论纲的形式，分别从外部制度安排和内部制度设计两个层面提出加强国家审计质量管理的有关对策建议。

13.4.1　外部制度安排

审计效力与效果的协同需要嵌入国家政策加以运行并且持续改进，才能形成一种审计免疫的长效机制。而这样的制度安排，需要以维护审计机关的独立性和胜任能力为基本出发点，不断增强审计机关"发现"和"报告"财政收支违规问题能力的同时，提高对财政收支违规问题"纠偏"的落实能力。

第一，要充分保障审计机关享有足够的检查权。通过发现和报告财政收支违法、违规、违纪问题等损害人民群众利益的各类行为，有效揭露体制障碍、制度缺陷和管理漏洞。审计效力的发挥源于审计独立性的增强，应认真贯彻2015年中共中央办公厅、国务院办公厅《关于完善审计制度若干重大问题的框架意见》及相关配套文件，增强审计监督的整体合力和独立性，改革地方审计机关的"双重领导"体制，实行人事任免、经费保障的"垂直领导"，从体制上增强地方审计机关的独立性，提高其财政监督的威慑力。

第二，推进与预算改革配套的政策设计。目前对预算支出进行立法控制已普遍被看成是民主政府的基本原则，结合我国的财税制度改革，应进一步简政放权，将适合地方管理的事项连同项目确定权和相关资金分配权一并下放，落实决策审批终身责任制，完善预算公开、审计监督与责任追究一体化制度，规范各级政府财政收支行为。

第三，进一步完善审计协助函制度。涉及上缴财政资金、追缴税款、滞纳金、收缴国有资产收益等情况，审计机关可以向财政、税务、国有资产管理等部门发送审计协助函，有关部门应当在一定期限内予以协助。各级政府应将重要事项审计结果的落实情况纳入本级人民政府督查范围。要完善对审计人员的问责机制，对违规违纪问题无特殊原因不予以报告和处理的，一经发现，当事人应承担相应的行政责任。改进审计查出突出问题整改情况向全国人大常委会报告的机制，① 健全全国人大常委会监督工作机制，推进审计整改工作制度化、长效化。

第四，强化对被审计单位的刚性约束。推进上级部门将审计整改落实情况纳入下级政府绩效考核指标体系，提升审计监督的执行力，充分发挥审计监督在落实党委政府工作部署、提高政府部门工作效能中的重要作用。例如，在政府部门工作绩效综合考评中，把审计中是否存在重大违法违规问题，是否支持配合审计机关开展监督工作，是否对审计部门提出的审计决定落实到位，是否及时反馈审计整改落实情况等内容作为审计监督及审计整改的考核标准。考核中，被审计单位提供的年度整改情况报告，需要经过必要的审核，以评价报告的真实性、有效性。同时，将被审计单位的整改报告、整改措施及相关整改凭证通过考评系统进行网上公示、自评和量化考核，这些措施有助于从根本上推进审计发现问题的整改落实。

第五，审计监督需要与国家治理中其他监督手段紧密结合共同发挥作用。特别是对于审计发现财政收支违规问题的整改落实，需要构建审计监督与司法监督、纪检监察、人大监督、中央巡视组等监督制度的相互协作机制，从资源配置、信息共享、成果互用、多专业融合、大兵团作战等角度，探索查出问题高质量与整改问题高质量协同的宏观监管体制。

13.4.2　内部制度设计

13.4.2.1　优化审计组组建机制

人的因素在审计质量控制中发挥着举足轻重的作用，一个高效精干的审计组能够更好地发挥审计人员的群体效应。在审计质量控制中，要力争实现审计组成员具有多元化的知识结构、各司其职的能力结构、老少和谐的年龄结构和彰显个性的性格结构（张萍，2006），保证审计组发挥审计质量控制的桥头堡作用。在实际工作中可通过设立审计人员个人档案、建立定期培训制度、实施外聘专家指导等，不断提高审计人员的业务水平。

对审计组织体系进行变革，建立适应项目化管理的国家审计质量组织保障体系，必须改变旧的官僚制的组织体系，打破现有的处、科、室制的组织管理体制，以用户（国家审计委托人，即各级党委、政府和人民群众）需要为中心，建立以项目矩阵制为基础的创新型国家审计组织模式

---

① 具体规定见 2015 年 8 月 18 日国家深化改革领导小组通过的《关于改进审计查出突出问题整改情况向全国人大常委会报告机制的意见》。

（史宁安，2008）。

（1）审计项目层次的组织设计。根据审计机关的年度审计计划、党委政府和上级审计机关的工作安排，在明确审计任务后，成立以审计组组长为核心的审计组。审计组组长需要具有较高的政策水平和业务水平，全面负责特定的审计项目，对审计质量管理负有直接责任。审计组组长根据审计项目的实际，以审计目标为审计组的工作导向，以委托人的需求为审计人员的最高行为标准，打破原有的职位导向，打破科室限制组建团队，充分发挥团队审计成员知识能力结构优势，充分利用不同科室人员的业务专长。

（2）审计机关层次的组织设计。在审计机关内部设立审计质量检查委员会，负责监督检查下级审计机关的审计质量，负责同级审计机关的审计质量互查，评估和追究审计组的质量控制责任。审计机关主要领导应担任委员会主任，委员可包括审计机关其他领导、相关职能机构、法制工作机构、人事教育机构、办公厅负责人及有关专家。审计质量检查委员会下设法制工作机构，具体负责调查违反审计质量控制规定的各类行为。

13.4.2.2　不断完善审计准则和管理制度

要注重审计准则的规范化，特别是在某些审计领域，比如资源环境审计、政策执行审计，相关的法律、法规还应该进一步具体化、明确化，保证在开展工作时有法可依、有章可循。要注重审计准则的体系化，在统一遵守基本准则的前提下，应根据不同的审计对象，如财政审计、金融审计、企业审计、经济责任审计等，从业务层面尽快启动审计指南的制定工作。要注重审计准则的适应性。审计准则也应该考虑例外原则，例如，对县级以下行政事业单位的审计，可以按照《小型行政事业单位审计简易程序》的规范执行。

审计管理制度，是指审计活动中应当遵守的各项行为规则。在审计准备阶段的管理制度包括：审计项目计划管理制度、审前调查制度、审计实施方案编制制度、审计承诺制度和审计回避制度。核心内容包括：①被审计单位的选择；②审计业务类型的选择（包括财务审计和绩效审计等）；③预审；④审计资源及服务能力的评估；⑤审计时间及经费预算；⑥被审计单位的经营风险评价；⑦审计人员独立性的评价和专业胜任能力的评估；⑧审计小组的成立及人员的委派。其中审计资源及服务能力，以及审计人员的独立性及专业胜任能力的评估是重点环节。

在审计实施阶段的管理制度包括：审计工作底稿和证据的复核制度、审计日记规范制度、审计责任制度、审计项目动态控制制度。核心内容包括：①被审计单位的支持；②审计技术方法的选择；③审计风险的评估；④内部控制有效性的测试；⑤重要性水平的确定；⑥内部审计成果的利用；⑦外部独立专家的支持；⑧审计证据的评价；⑨审计工作底稿的编写及复核；⑩独立性损害程度的评价等。其重点环节包括审计风险评估和重要性水平的确定、外部独立专家的支持以及审计证据的评价等。

在审计报告阶段的审计制度包括：审计业务会议制度、审计回访制度、审计委员会制度、同业互查制度、民主人士监督制度、审计项目质量定期检查和奖惩制度等。核心内容包括：①审计报告草稿的拟定；②与被审计单位的沟通；③解决分歧的办法；④审计报告的决议制度；⑤审计报告的签署；⑥审计决定书、移送处理书和法制工作机构的复核意见书的呈送；⑦审计结果公告的决定权及流程；⑧审计档案的存档；⑨复审及后续审计；⑩法律责任等。其重点环节包括审计报告的决定权和公告程序，以及复审和后续审计等。

13.4.2.3　推进审计公告制度

审计机关推广审计公告制度的深层次含义在于广泛接受社会监督，通过对媒体关注的合理引导，促进提高审计质量。各级审计机关推广审计公告的过程也就是促动自身质量控制体系建立健全的过程。审计机关在推广审计公告制度过程中应处理好以下几个方面的关系：一是扩大省（自治区、直辖市）乃至市县一级审计公告的覆盖面，保证各级政府部门和有关单位自觉接受审计监督，落实审计决定，纠正存在的问题，给人民群众一个负责、满意的答复。二是在今后的工作中，加大对人民生活密切相关问题的审计公告披露力度，更好体现各级党委政府执政为民、以人为本的理念，以审促改，不断提升政府管理水平。三是审计公告中的审计建议应该坚持从实际出发，抓住问题的实质和关键，具体问题具体分析，实事求是，提出可操作的具体办法。

在审计结果公告的基础上，还要抓好成果的实现，发挥审计成果的作用。审计工作的最终目的是促进规范、正本清源。提高审计质量，不仅在于审计查出了什么问题，提出了什么建议，更重要的是在于这些问题是不是得到了整改，建议是不是得到采纳，简单地说，就是审计成果有没有转化为效果。审计成果的运用，应关注四个方面：一是扩大审计成果的影响。在提高审计报告质量的同时，要向其他管理部门、监督部门通报审计成果，促进监管主体之间的信息共享，保障经济社会的规范运行。二是关注审计决定落实情况。要坚持审计决定（处理处罚）跟踪检查，实行问责反馈制度和审计回访制度，督促审计决定落实，确保查出的问题得到整改，提出的合理化建议得到采纳。三是关注移送案件的查办情况。应当及时了解向纪检、司法机关移交案件的查办落实，必要时还要派出人员协助纪检、司法机关查办。四是关注制度法规的修改完善情况。审计机关从体制、机制上提出解决问题的意见建议，促进制度法规的修改完善，比查处几个违规违纪问题意义更为深远，但难度也更大，有必要重点予以关注。

13.4.2.4　加强审计环境建设

围绕提升国家审计质量，在审计环境建设方面应该体现五点：

一是积极争取上级领导支持。各级审计机关应将国家审计有关的法律、法规、办法、制度和规定及时呈送给主管领导，及时向领导传达、汇报审计署和各级政府有关审计工作的会议精神、工作要求。让领导随时了解、掌握审计工作新政策、新要求，增强对审计工作的认识和理解。积极向当地党委、政府主办的《内部参考》、《政府快报》撰稿，宣传审计监督的工作动态、经验做法，让审计工作走进领导的视野，进而主动关心和支持审计工作。

二是推动审计理念从"抵御驱动"向"预防驱动"转型。将目光聚焦在产生问题的制度因素上，重视发挥审计监督的建设性作用，审计工作要有大局观、系统观，不仅要关注细节问题，更要注重从体制、机制、制度以及政策措施层面发现和分析研究问题，针对性地提出审计意见和建议。

三是建立健全沟通协调机制。通过各级政府主要领导的推动，定期组织审计机关和党委组织部门、纪检监察部门以及财政、金融、税务、国资等被审计单位及主管部门的人员座谈，共同探讨对审计中发现问题进行整改落实，促进审计结果的利用。

四是加强职业道德建设。审计职业道德能够通过多种途径内化为审计人员的价值观念，指导审计职业行为方向，具有价值导向作用；同时审计职业道德在审计人员的行为过程中能够调整和纠正错误的审计行为，全面提升审计质量，具有行为导向的作用。在审计职业道德中，独立性和客观性对审计评价、判断和决策存在重大影响，加强审计职业道德建设能够保持审计人员审计过程和结论的公正立场。

五是探索建立符合时代发展要求的审计质量控制制度。审计质量控制制度对于提高审计工作效果，防范审计风险，提高审计人员执法水平和业务能力，具有十分重要的作用。应结合"审计免疫"观，建立健全审计质量评价指标体系，加强全面审计质量控制和管理，使报告处理问题高质量和整改落实问题高质量并重成为各级审计机关常态化的绩效考评方式。

参考文献

[1] Abbott, L. J. , Parker, S. , Peters, G. F. , and Rama, D. V. Corporate Governance, Audit Quality, and the Sarbanes-Oxley Act: Evidence from Internal Audit Outsourcing [J]. *The Accounting Review*, 2007, 82 (4): 803 – 835.

[2] Afonso, A. , and Fernandes, S. Assessing and Explaining the Relative Efficiency of Local Government [J]. *The Journal of Socio-Economics*, 2008, 37 (5): 1946 – 1979.

[3] Afonso, A. , Schuknecht, L. , and Tanzi, V. Public Sector Efficiency: An International Comparison [J]. *Public Choice*, 2005, 123 (3/4): 321 – 347.

[4] Ahmed, A. S. , and Duellman, S. Accounting Conservatism and Board of Director Characteristics: An Empirical Analysis [J]. *Journal of Accounting and Economics*, 2007, 43 (2/3): 411 – 437.

[5] Ahmed, A. S. , and Duellman, S. Managerial Overconfidence and Accounting Conservatism [J]. *Journal of Accounting Research*, 2013, 51 (1): 1 – 30.

[6] Ahmed, A. S. , Billings, B. K. , Morton, R. M. , and Stanford-Harris, M. The Role of Accounting Conservatism in Mitigating Bondholder-Shareholder Conflicts over Dividend Policy and in Reducing Debt Costs [J]. *The Accounting Review*, 2002, 77 (4): 867 – 890.

[7] AICPA. *Report of the Task Force on the Quality of Audit s of Government Units* [R]. New York: AICPA, 1987.

[8] Aikins, S. K. Determinants of Auditee Adoption of Audit Recommendations: Local Government Auditors' Perspectives [J]. *Journal of Public Budgeting, Accounting and Financial Management*, 2012, 24 (2): 195 – 220.

[9] Alam, P. , and Petruska, K. A. Conservatism, SEC Investigation, and Fraud [J]. *Journal of Accounting and Public Policy*, 2012, 31 (4): 399 – 431.

[10] Alexeev, M. , and Habodaszova, L. Fiscal Decentralization, Corruption, and the Shadow Economy [J]. *Public Finance and Management*, 2012, 12 (1): 74 – 99.

[11] Alford, R. P. A Broken Windows Theory of International Corruption [J]. *Ohio State Law Journal*, 2012, 73 (5): 1253 – 1256.

[12] Ana, Y. S. D. Value for Money Audits and E – Government: Benchmarking Best Practices [J]. *Public Performance & Management Review*, 2005, 29 (2): 111 – 124.

[13] Antonio, L. Corruption and Size Decentralization [J]. *Journal of Applied Economics*, 2012, 15 (1): 139 – 167.

[14] Arikan, G. G. Fiscal Decentralization: a Remedy for Corruption? [J]. *International Tax and Public Finance*, 2004, 11 (2): 175 – 195.

[15] Arthur, A. , L. T. Rydland, and K. Amundsen. The User Perspective in Performance Auditing—A Case Study of Norway [J]. *American Journal of Evaluation*, 2012, 33 (1): 44 – 59.

[16] Ball, R. , and Brown, P. An Empirical Evaluation of Accounting Income Numbers [J]. *Journal of Accounting Research*, 1968, 6 (2): 159 – 178.

[17] Ball, R. , and Shivakumar, L. Earnings Quality in UK Private Firms: Comparative Loss Recognition Timeliness [J]. *Journal of Accounting and Economics*, 2005, 39 (1): 83 – 128.

[18] Ball, R. , Robin, A. , and Wu, J. S. Incentives versus Standards: Properties of Accounting Income in Four East Asian Countries [J]. *Journal of Accounting and Economics*, 2003, 36 (1/3): 235 – 270.

[19] Ball, R. , Kothari, S. P. , and Robin, A. The Effect of International Institutional Factors on Properties of Accounting Earnings [J]. *Journal of Accounting and Economics*, 2000, 29 (1): 1 – 51.

[20] Basu, S. The Conservatism Principle and the Asymmetric Timeliness of Earnings [J]. *Journal of Accounting and Economics*, 1997, 24 (1): 3 – 37.

[21] Beaver, W. H. , and Ryan, S. G. Conditional and Unconditional Con-

servatism: Concepts and Modeling [J]. *Review of Accounting Studies*, 2005, 10 (2): 269 – 309.

[22] Bechberger, E. , D. C. Lane, T. McBride, A. Morton, D. Quintas, and C. H. Wong. The National Audit Office Uses OR to Assess the Value for Money of Public Services [J]. *Interfaces*, 2011, 41 (4): 365 – 374.

[23] Beck, G. S. A Theory of Competition among Pressure Groups for Political Influence [J]. *The Quarterly of Economics*, 1983, 98 (3): 371 – 400.

[24] Becker, C. L. , DeFond, M. L. , Jiambalvo, J. , and Subramanyam, K. R. The Effect of Audit Quality on Earnings Management [J]. *Contemporary Accounting Research*, 1998, 15 (1): 1 – 24.

[25] Bedard, J. C. , Dies, D. R. , Curtis, M. B. , and Jenkins, J. G. Risk Monitoring and Control in Audit Firms: A Research Synthesis [J]. *Auditing: A Journal of Practice and Theory*, 2008, 27 (1): 187 – 218.

[26] Behn, R. D. Why Measure Performance? Different Purposes Require Different Measures [J]. *Public Administration Review*, 2003, 63 (5), 586 – 606.

[27] Bent, W. , and Lars, J. Quality Dimensions in External Audit Services-an External User Perspective [J]. *The European Accounting Review*, 1998, 7 (1): 65 – 82.

[28] Berry, L. E. , Harwood, G. B. , and Katz, G. L. Performance of Auditing Procedures by Governmental Auditors: Some Preliminary Evidence [J]. *The Accounting Review*, 1987, 62 (1): 14 – 28.

[29] Blume, L. , and S. Voigt. Does Organizational Design of Supreme Audit Institutions Matter? A Cross-country Assessment [J]. *European Journal of Political Economy*, 2011, 27 (2): 215 – 229.

[30] Bolivar, M. P. R. , A. N. Galera, and L. A. Munoz. Governance, Transparency and Accountability: An International Comparison [J]. *Journal of Policy Modeling*, 2015, 37 (1): 136 – 175.

[31] Borge, L. , Falch, T. , and Tovmo, P. Public Sector Efficiency: The Roles of Political and Budgetary Institutions, Fiscal Capacity, and Democratic Participation [J]. *Public Choice*, 2008, 136 (3/4):

475 – 495.

[32] Bowerman, M. , C. Humphrey, and D. Owen. Struggling for Suprema-cy: the Case of UK Public Audit Institutions [J]. *Critical Perspectives on Accounting*, 2003, 14 (1): 1 – 22.

[33] Bringselius, L. The Dissemination of Results from Supreme Audit Insti-tutions: Independent Partners with the Media: The Disseminations of Re-sults from SAIs [J]. *Financial Accountability & Management*, 2014, 30 (1): 75 – 94.

[34] Bringselius, L. The Dissemination of Results from Supreme Audit Institu-tions: Independent Partners with the Media? [J]. *Financial Accountabil-ity & Management*, 2014, 30 (1): 75 – 94.

[35] Brown, C. D. , and Raghunandan, K. Audit Quality in Audits of Fed-eral Programs by Non-Federal Auditors [J]. *Accounting Horizons*, 1995, 9 (3): 1 – 10.

[36] Bushman, R. M. , Piotroski, J. D. , and Smith, A. J. What Deter-mines Corporate Transparency? [J]. *Journal of Accounting Research*, 2004, 42 (2): 207 – 252.

[37] Casterella, J. R. , Jensen, K. L. , and Knechel, W. R. Is Self – Regulated Peer Review Effective at Signaling Audit Quality? [J]. *The Accounting Review*, 2009, 84 (3): 713 – 735.

[38] Caudill, J. W. , Getty, R. , Smith, R. , Patten, R. , and Trulson, C. R. Discouraging Window Breakers: The Lagged Effects of Police Ac-tivity on Crime [J]. *Journal of Criminal Justice*, 2013, 41 (1): 18 – 23.

[39] Chaney, P. K. , and Philipich, K. L. Shredded Reputation: The Cost of Audit Failure [J]. *Journal of Accounting Research*, 2002, 40 (4): 1221 – 1245.

[40] Chaney, P. K. , Faccio, M. , and Parsley, D. The Quality of Ac-counting Information in Politically Connected Firms [J]. *Journal of Ac-counting and Economics*, 2011, 51 (1/2): 58 – 76.

[41] Chen, G. , Firth, M. , Gao, N. , and Rui, O. M. Is China's Securi-ties Regulatory Agency a Toothless Tiger? Evidence from Enforcement Action [J]. *Journal of Accounting and Public Policy*, 2005, 24 (6): 451 – 488.

[42] Chen, H. , Chen, J. Z. , Lobo, G. J. , and Wang, Y. Association Between Borrower and Lender State Ownership and Accounting Conservatism [J]. *Journal of Accounting Research*, 2010, 48 (5): 973 - 1014.

[43] Choi, W. Bank Relationships and the Value Relevance of the Income Statement: Evidence from Income-Statement Conservatism [J]. *Journal of Business Finance and Accounting*, 2007, 34 (7/8): 1051 - 1072.

[44] Christensen, T. , Anne, L. , and Lægreid, P. Joined-Up Government for Welfare Administration Reform in Norway [J]. *Public Organization Review*, 2014, 14 (4): 439 - 456.

[45] Clark, C. , De Martinis, M. , and Kiraka, R. The Transformation of Public Sector Auditing in Southern African Countries: Comparing the Independence and Accountability of Supreme Audit Institutions [J]. *South African Journal of Public Administration*, 2003, 38 (2): 118 - 132.

[46] Clark, C. , De Martinis, M. , and Krambia-Kapardis, M. Audit Quality Attributes of European Union Supreme Audit Institutions [J]. *European Business Review*, 2007, 19 (1): 40 - 71.

[47] Colbert, G. J. , and O'Keefe, T. B. Compliance with GAAS Reporting Standards: Evidence from a Positive Enforcement Program [J]. *Auditing: A Journal of Practice and Theory*, 1995, 14 (2): 1 - 16.

[48] Cope, S. , and Goodship, J. Regulating Collaborative Government: Towards Joined-Up Government? [J]. *Public Policy Administration*, 1999, 14 (2): 3 - 16.

[49] Copley, P. A. , and Doucet, M. S. The Impact of Competition on the Quality of Government Audits [J]. *Auditing: A Journal of Practice and Theory*, 1993, 12 (1): 88 - 98.

[50] Cremers, K. J. M. , and Nair, V. B. Governance Mechanisms and Equity Prices [J]. *The Journal of Finance*, 2005, 60 (6): 2859 - 2894.

[51] Davis, P. The English Audit Commission and its Comprehensive Performance Assessment Framework for Local Government 2002 - 2008: Apogee of Positivism? [J]. *Public Performance & Management Review*, 2011, 34 (4): 489 - 514.

[52] De Martinis, M. , and Clark, C. The Accountability and Independence of the Auditor General of Australia: A Comparison of Their Enabling Leg-

islation [J]. *Australian Accounting Review*, 2003, 13 (3): 26 – 35.

[53] DeAngelo, L. E. Auditor Size and Audit Quality [J]. *Journal of Accounting and Economics*, 1981, 3 (3), 183 – 199 .

[54] Dechow, P. M. , Sloan, R. G. , and Sweeney, A. P. Cause and Consequences of Earnings Manipulation: An Analysis of Firms Subject to Enforcement Actions by the SEC [J]. *Contemporary Accounting Research*, 1996, 13 (1): 1 – 36.

[55] Dee, C. C. , Lulseged, A. , and Zhang, T. Client Stock Market Reaction to PCAOB Sanctions Against A Big 4 Auditor [J]. *Contemporary Accounting Research*, 2011, 28 (1): 263 – 291.

[56] DeFond, M. L. How Should the Auditors be Audited? Comparing the PCAOB Inspections with the AICPA Peer Reviews [J]. *Journal of Accounting and Economics*, 2010, 49 (1/2), 104 – 108.

[57] Deis, D. R. , and Girous, G. A. Determinants of Audit Quality in Public Sector [J]. *The Accounting Review*, 1992, 67 (3): 462 – 479.

[58] Del Monte, A. , and Papagni, E. The Determinants of Corruption in Italy: Regional Panel Data Analysis [J]. *European Journal of Political Economy*, 2007, 23 (2): 379 – 396.

[59] Dincer, O. , Ellis, C. J. , and Waddell, G. R. Corruption, Decentralization and Yardstick Competition [J]. *Economics of Governance*, 2010, 11 (3): 269 – 294.

[60] Dopuch, N. , Gupta, M. , Simunic, D. A. , and Stein, M. T. Production Efficiency and the Pricing of Audit Services [J]. *Contemporary Accounting Research*, 2003, 20 (1): 47 – 77.

[61] Downe, J. , Grace, C. , Martin, S. , and Nutley, S. Theories of Public Service Improvement: A Comparative Analysis of Local Performance Assessment Frameworks [J]. *Public Management Review*, 2010, 12 (5): 663 – 678.

[62] Duff, A. AUDITQUAL: Dimensions of Audit Quality [J]. *Accounting & Business Research*, 2004 (34): 416 – 417.

[63] Duff, A. Measuring Audit Quality in an Era of Change [J]. *Managerial Auditing Journal*, 2009, 24 (5): 400 – 422.

[64] Dur, R. , and Weele, J. Status-seeking in Criminal Subcultures and the Double Dividend of Zero-tolerance [J]. *Journal of Public Economic*

Theory, 2013, 15 (1): 77 –93.

[65] Edward, F. K. , Jeffery, W. G. , Roldan, F. , and Cornelius, E. T. *Federal Government Auditing: Laws, Regulations, Standards, Practices and Sarbanes-Oxley* [M]. John Wiley and Sons, 2006.

[66] Elitzur, R. , and Falk, H. Planned Audit Quality [J]. *Journal of Accounting and Public Policy*, 1996, 15 (3): 247 –269.

[67] Engels, D. Peer Review: A Quality Assurance Tool for SAIs [J]. *Journal of Government Auditing*, 2011, 38 (4): 1 –5.

[68] Ettredge, M. , Huang, Y. and Zhang, W. Earnings Restatements and Differential Timeliness of Accounting Conservatism [J]. *Journal of Accounting and Economics*, 2012, 53 (3): 489 –503.

[69] Eurosai. *Achieving Audit Quality: Good Practices in Managing Quality within SAIs* [R]. Madrid: Eurosai, 2010.

[70] Evans, R. J. , and Richardson, T. S. Marginal Log-linear Parameters for Graphical Markov Models [J]. *Journal of the Royal Statistical Society*, 2013, 75 (4): 743 –768.

[71] Fan, C. S. , Lin, C. , and Treisman, D. Political Decentralization and Corruption: Evidence from around the World [J]. *Journal of Public Economics*, 2009, 93 (1/2): 14 –34.

[72] Ferraz, C. , and Finan, F. Electoral Accountability and Corruption: Evidence from the Audits of Local Governments [J]. *American Economic Review*, 2011, 101 (4): 1273 –1311.

[73] Firth, M. , Rui, O. M. , and Wu, X. The Timeless and Consequences of Disseminating Public Information by Regulators [J]. *Journal of Accounting and Public Policy*, 2009, 28 (2): 118 –132.

[74] Fissman, R. , and Gatti, R. Decentralization and Corruption: Evidence across Countries [J]. *Journal of Public Economics*, 2002, 83 (3): 325 –545.

[75] Flint, D. *The Philosophy and Principles of Auditing : An Introduction* [M]. Macmillan Education Ltd. , 1988.

[76] Foster, G. Briloff and the Capital Market [J]. *Journal of Accounting Research*, 1979, 4 (1): 262 –274.

[77] Francis, J. R. A Framework for Understanding and Researching Audit Quality [J]. *Auditing: A Journal of Practice and Theory*, 2011, 30

(2): 125 - 152.

[78] Francis, J. R. What Do We Know about Audit Quality? [J]. *The British Accounting Review*, 2004, 36 (4): 345 - 368.

[79] Francis, J. R., and Michas, P. N. The Contagion Effect of Low-Quality Audits [J]. *The Accounting Review*, 2013, 88 (2): 521 - 552.

[80] Francis, J. R., and Wang, D. The Joint Effect of Investor Protection and Big 4 Audits on Earnings Quality around the World [J]. *Contemporary Accounting Research*, 2008, 25 (1): 157 - 191.

[81] Francis, J. R., and Yu, M. D. Big Four Office Size and Audit Quality [J]. *The Accounting Review*, 2009, 84 (5): 1521 - 1552.

[82] GAO. *CPA Audit Quality: Many Governmental Audits Do not Comply with Professional Standards* [R]. US Government Accountability Office, Washington, DC, 1986.

[83] GAO. *Single Audit Quality Has Improved but Some Implementation Problems Remain* [R]. US Government Accountability Office, Washington, DC, 1989.

[84] GAO. *Single Audit Quality: Actions Needed to Address Persistent Audit Quality Problems* [R]. US Government Accountability Office, Washington, DC, 2007.

[85] García, L., Juan, M., García, O. B., and Penalva, F. Accounting Conservatism and Corporate Governance [J]. *Review of Accounting Studies*, 2009, 14 (1): 161 - 201.

[86] Gau, J. M., Corsaro, N., and Brunson, R. K. Revisiting Broken Windows Theory: A Test of the Mediation Impact of Social Mechanisms on the Disorder - fear Relationship [J]. *Journal of Criminal Justice*, 2014, 42 (6): 579 - 592.

[87] Geiger, M. A., and Raghunandan, K. Auditor Tenure and Audit Reporting Failures [J]. *Auditing: A Journal of Practice and Theory*, 2002, 21 (1): 67 - 78.

[88] Gerety, M., and Lehn, K. The Causes and Consequences of Accounting Fraud [J]. *Managerial and Decision Economics*, 1997, 18 (7/8): 587 - 599.

[89] Ghosh, A., and Moon, D. Auditor Tenure and Perceptions of Audit Quality [J]. *The Accounting Review*, 2005, 80 (2): 585 - 612.

[90] Givoly, D. , and Hayn, C. The Changing Time-series Properties of Earnings, Cash Flows and Accruals: Has Financial Reporting Become More Conservative? [J]. *Journal of Accounting and Economics*, 2000, 29 (3): 287 – 320.

[91] González, B. , A. López, and R. García. Supreme Audit Institutions and Their Communication Strategies [J]. *International Review of Administrative Science*, 2008, 74 (3): 435 – 461.

[92] González, B. , R. García – Fernández, and A. López – Díaz. Communication as a Transparency and Accountability Strategy in Supreme Audit Institutions [J]. *Administration & Society*, 2013, 45 (5): 583 – 609.

[93] González-Díaz, B. , García-Fernández, R. , and López-Díaz, A. Communication as a Transparency and Accountability Strategy in Supreme Audit Institutions [J] . *Administration & Society*, 2013, 45 (5): 583 – 609.

[94] Goolsarran, S. A. The Evolving Role of Supreme Audit Institutions [J]. *The Journal of Government Financial Management*, 2007, 56 (3): 28 – 32.

[95] Gray, A. , and Jenkins, B. Codes of Accountability in the New Public Sector [J]. *Accounting, Auditing and Accountability Journal*, 1993, 6 (3): 52 – 67.

[96] Gunny, K. A. , and Zhang, T. C. PCAOB Inspection Reports and Audit Quality [J] . *Journal of Accounting and Public Policy*, 2013, 32 (2): 136 – 160.

[97] He, G. , L. Zhang, and Y. Lu. Environmental Impact Assessment and Environmental Audit in Large-Scale Public Infrastructure Construction: the case of the Qinghai-Tibet Railway [J]. *Environmental Management*, 2009, 44 (3): 579 – 589.

[98] Heinrich, C. J. Improving Public Sector Performance Management: One Step Forward, Two Steps Back? [J]. *Public Finance and Management*, 2004, 4 (3) : 317 – 351.

[99] Hepp, G. W. , and Mengel, J. F. Improving the Quality of Government Audits: Statistics Reveal Significant Audit Quality Problems [J]. *Journal of Accountancy*, 1992, 173 (7): 87 – 92.

[100] Hilvert, C. , and Swindell, D. Collaborative Service Delivery: What

Every Local Government Manager Should Know [J]. *State and Local Government Review*, 2013, 45 (4): 240-254.

[101] Holzer, M. Promoting the Utilizations of Performance Measures in Public Organizations: An Empirical Study of Factors Affecting Adoption and Implementation [J]. *Public Administration Review*, 2001, 61 (6): 693-708.

[102] Hopwood, A. G. Accounting and Pursuit of Efficiency. In *Issues in Public Sector Accounting* (Hopwood, A. G., and Tomkins, C. eds.) [A]. Oxford Philip Publishers. Ltd, 1984.

[103] Ibrahim, M. State Audit Institution in United Arab Emirates [J]. *International Journal of Law and Management*, 2010, 52 (6): 464-468.

[104] IIA. *The Role of Auditing in Public Sector Governance* [R]. Institute of Internal Auditors, U. S. A., Florida, 2012.

[105] Irawan, A. B., and J. McIntyre-Mills. Application of Critical Systems Thinking to Performance Auditing Practice at the Indonesian Supreme Audit Institution [J]. *Systems Research and Behavioral Science*, 2016, 33 (1): 24-44.

[106] Isaksson, A., and A. Bigsten. Institution Building with Limited Resources: Establishing A Supreme Audit Institution in Rwanda [J]. *World Development*, 2012, 40 (9): 1870-1881.

[107] Jean-Pierre, G. Modern Governance, Yesterday and Today: Some Clarifications to Be Gained from French Government Policies [J]. *International Social Science Journal*, 1998, 50 (1): 47-56.

[108] Jenkins, D. S., and Velury, U. Does Auditor Tenure Influence the Reporting of Conservative Earnings? [J]. *Journal of Accounting and Public Policy*, 2008, 27 (2): 115-132.

[109] Jian, M. and Wong, T. J. Propping Through Related Party Transactions [J]. *Review of Accounting Studies*, 2010, 15 (1): 70-105.

[110] Jones, E. A., and Danbolt, J. Empirical Evidence on the Determinants of the Stock Market Reaction to Product and Market Diversification Announcements [J]. *Applied Financial Economics*, 2005, 15 (9): 623-629.

[111] Jordan, W. A. Producer Protection, Prior Market Structure and the

Effects of Government Regulation [J]. *Journal of Law and Economics*, 1972, 15 (1): 151 – 176.

[112] Kelley, T. , and Margheim, L. The Impact of Time Budget Pressure, Personality and Leadership Variables on Dysfunctional Auditor Behavior [J]. *Auditing: A Journal of Practice and Theory*, 1990, 9 (2): 21 – 42.

[113] Kells, S. The Seven Deadly Sins of Performance Auditing: Implications for Monitoring Public Audit Institutions [J]. *Australian Accounting Review*, 2011, 21 (4): 383 – 396.

[114] Kilgore, A. , Radich, R. , and Harrison, G. The Relative Importance of Audit Attributes [J]. *Australian Accounting Review*, 2011, 21 (3): 253 – 265.

[115] Kilkon, K. , and Hui, Z. Fiscal Decentralization: Guilty of Aggravating Corruption in China? [J]. *Journal of Contemporary China*, 2013, 22 (79): 35 – 57.

[116] Kim, Y. , Johnston, E. W. , and Kang, H. S. A Computational Approach to Managing Performance Dynamics in Networked Governance Systems [J]. *Public Performance and Management Review*, 2011, 34 (4): 580 – 597.

[117] Kinney, W. R. , Palmrose, Z. V. , and Scholz, S. Auditor Independence, Non-Audit Services, and Restatements: Was the U. S. Government Right? [J]. *Journal of Accounting Research*, 2004, 42 (3): 561 – 588.

[118] Knapp, K. J. , G. Denney, D. Gary, and M. E. Barner. Key Issues in Data Center Security: An Investigation of Government Audit Reports [J]. *Government Information Quarterly*, 2011, 28 (4): 533 – 541.

[119] Knechel, W. R. , Rouse, P. , and Schelleman, C. A Modified Audit Production Framework: Evaluating the Relative Efficiency of Audit Engagement [J] . *The Accounting Review*, 2009, 84 (5): 1607 – 1638.

[120] Knechel, W. R. , Krishnan, G. V. , Pevzner, M. , Shefchik, L. , and Velur, U. Audit Quality: Insights from the Academic Literature [J]. *Auditing: A Journal of Practice and Theory*, 2013, 32 (Supplement): 385 – 421.

[121] Krishnan, G. V. Did Houston Clients of Arthur Andersen Recognize Publicly Available Bad News in a Timely Fashion? [J]. *Contemporary Accounting Research*, 2005, 22 (1): 165 - 204.

[122] Krishnan, G. V., and Chaney, P. K. Did Earnings Conservatism Increase for Former Andersen Clients? [J]. *Journal of Accounting, Auditing and Finance*, 2007, 22 (2): 141 - 174.

[123] Laffont, J. J., and Tirole, J. The Politics of Government Decision-making: A Theory of Regulatory Capture [J]. *The Quarterly Journal of Economics*, 1996, 106 (4): 1089 - 1127.

[124] Lafond, R., and Roychowdhury, S. Managerial Ownership and Accounting Conservatism [J]. *Journal of Accounting Research*, 2008, 46 (1): 101 - 135.

[125] Leeuwen, S. V. Developments in Environmental Auditing by Supreme Audit Institutions [J]. *Environmental Management*, 2004, 33 (2): 163 - 172.

[126] Lennox, C. Audit Quality and Executive Officers' Affiliations with CPA Firms [J]. *Journal of Accounting and Economics*, 2005, 39 (2): 201 - 231.

[127] Li, D. Does Auditor Tenure Affect Accounting Conservatism? Further Evidence [J]. *Journal of Accounting and Public Policy*, 2010, 29 (3): 226 - 241.

[128] Liguori, M., Sicilia, M., and Steccolini, I. Some Like it Non-Financial: Politicians' and Managers' Views on the Importance of Performance Information [J]. *Public Management Review*, 2012, 14 (7): 903 - 922.

[129] Lilian, C., and Yee, C. Performance Measurement and Adoption of Balanced Scorecards [J]. *International Journal of Public Sector Management*, 2004, 17 (3): 204 - 221.

[130] Lima, L. H., and A. Magrini. The Brazilian Audit Tribunal's Role in Improving the Federal Environmental Licensing Process [J]. *Environmental Impact Assessment Review*, 2010, 30 (2): 108 - 115.

[131] Lleras, E. A Proposal for a System for Societal Control in the National Audit Office of Colombia [J]. *Systemic Practice and Action Research*, 2001, 14 (2): 203 - 214.

[132] Lobo, G. , and Zhou, J. Did Conservatism in Financial Reporting In-
crease after the Sarbanes-Oxley Act Initial Evidence [J]. *Accounting
Horizons*, 2006, 20 (1): 57 –73.

[133] Longsdale, J. , Wilkins, P. A. , and Ling, T. *Performance Auditing
Contributing to Accountability in Democratic Government* [M]. Edward
Elgar Publishing, 2011.

[134] López, D. M. , and Peters, G. F. Internal Control Reporting Differ-
ences among Public and Governmental Auditors: The Case of City and
County Circular A – 133 Audits [J]. *Journal of Accounting and Public
Policy*, 2010, 29 (5): 481 –502.

[135] Lowensohn, S. , and Reck, J. Longitudinal Analysis of Local Govern-
ment Audit Quality [J]. *Research in Governmental and Nonprofit Ac-
counting*, 2004, 11: 201 –216.

[136] Lowensohn, S. , Johnson, L. E. , Elder, R. J. , and Davies, S.
P. Auditor Specialization, Perceived Audit Quality, and Audit Fees in
the Local Government Audit Market [J]. *Journal of Accounting and
Public Policy*, 2007, 26 (6): 705 –732.

[137] Magee, R. P. , and Tseng, M. C. Audit Pricing and Independence
[J]. *The Accounting Review*, 1990, 65 (2): 315 –336.

[138] Mcchesney, F. S. Rent Extraction and Rent Creation in Economic The-
ory of Regulation [J]. *The Journal of Legal Studies*, 1987, 16 (1):
101 –118.

[139] Melo, M. A. , C. Pereira, and C. M. Figueiredo. Political and Insti-
tutional Checks on Corruption Explaining the Performance of Brazilian
Audit Institutions [J]. *Comparative Political Studies*, 2009, 42 (9):
1217 –1244.

[140] Michael, L. *Broken Windows*, *Broken Business*: *How the Smallest Reme-
dies Reap the Biggest Rewards* [M]. Hachette Book Group, 2005.

[141] Mishra, C. S. , and Nielsen, J. F. Board Independence and Com-
pensation Policies in Large Bank Holding Companies [J]. *Financial
Management*, 2000, 29 (3): 51 –69.

[142] Monaghan, H. M. An Assessment of the Quality of Single Audits: The
National Single Audit Sampling Project [J]. *Journal of Government Fi-
nancial Management*, 2007, 56 (4): 22 –29.

[143] Morin, D. Democratic Accountability During Performance Audits Under Pressure: A Recipe for Institutional Hypocrisy [J]. *Financial Accountability & Management*, 2016, 32 (1): 104 – 124.

[144] Morin, D. Auditors General's Impact on Administrations: a Pan-Canadian Study (2001 – 2011) [J]. *Managerial Auditing Journal*, 2014, 29 (5): 395 – 426.

[145] Mundheim, R. H. Conflict of Interest and the Former Government Employee: Rethinking the Revolving Door [J]. *Creighton Law Review*, 1981, 14 (3): 703 – 721.

[146] Muniz, A. Disorderly Community Partners and Broken Windows Policing [J]. *Ethnography*, 2012, 13 (5): 330 – 351.

[147] Nelson, M. A. , and Goel, R. K. Are Corruption Acts Contagious? Evidence from the United States [J]. *Journal of Policy Modeling*, 2007, 29 (6): 839 – 850.

[148] Netemeyer, R. G. , Johnston, M. W. , and Burton, S. Analysis of Role Conflict and Role Ambiguity in a Structural Equations Framework [J]. *Journal of Applied Psychology*, 1990, 75 (2): 148 – 157.

[149] Nicu, B. Corruption and Decentralization in Local Public Administration [J]. *Valahian Journal of Economic Studies*, 2012, 3 (1): 97 – 112.

[150] Nikolaev, V. V. Debt Covenants and Accounting Conservatism [J]. *Journal of Accounting Research*, 2010, 48 (1): 137 – 175.

[151] O'Keefe, T. B. , King, R. D. , and Gaver, K. M. Audit Fees, Industry Specialization, and Compliance with GAAS Reporting Standards [J]. *Auditing: A Journal of Practice and Theory*, 1994a, 13 (2): 41 – 45.

[152] O'Keefe, T. B. , Simunic, D. A. , and Stein, M. T. The Production of Audit Services: Evidence from a Major Public Accountant Firm [J]. *Journal of Accounting Research*, 1994b, 32 (2): 241 – 261.

[153] Oates, W. Searching for Leviathan: An Empirical Study [J]. *American Economic Review*, 1985, 75 (4): 748 – 757.

[154] Oto-Peralías, D. , Romero-Ávila, D. , and Usabiaga, C. Does Fiscal Decentralization Mitigate the Adverse Effects of Corruption on Public Deficits? [J] . *European Journal of Political Economy*, 2013, 32

(6): 205 –231.

[155] Owhoso, V. E. , Messier, W. F. , and Lynch, J. G. Error Detection by Industry-Specialized Teams during Sequential Audit Review [J]. *Journal of Accounting Research*, 2002, 40 (3): 883 – 900.

[156] Palmrose, Z. An Analysis of Auditor Litigation and Audit Service Quality [J]. *The Accounting Review*, 1988, 64 (1): 55 – 73.

[157] Palmrose, Z. , Richardson, V. J. , and Scholz, S. Determinants of Market Reactions to Restatement Announcements [J]. *Journal of Accounting and Economics*, 2004, 37 (1): 59 – 89.

[158] Paolo, D. R. , and Harika, M. Measuring and Promoting Budget Transparency: The Open Budget Index as a Research and Advocacy Tool [J]. *Governance: International Journal of Policy, Administration, and Institutions*, 2011, 21 (3): 607 – 611.

[159] Patton, J. Accountability and Governmental Financial Reporting [J]. *Financial Accountability and Management*, 1992, 8, (3): 165 – 180.

[160] Pelzman, S. Toward a More General Theory of Regulation [J]. *Journal of Law and Economics*, 1976, 19 (2): 211 – 240.

[161] Pollitt, C. , and H. Summa. Reflexive Watchdogs? How Supreme Audit Institutions Account for Themselves [J]. *Public Administration*, 1997, 75 (2): 313 – 336.

[162] Pollitt, C. , Summa, H. Reflexive Watchdogs? How Supreme Audit Institutions Account for Themselves [J]. *Public Administration*, 1997, 75 (2): 313 – 336.

[163] Ponemon, L. A. Ethical Reasoning and Selection-Socialization in Accounting [J]. *Accounting, Organization and Society*, 1992, 17 (3 – 4): 239 – 258.

[164] Pope, P. , and Walker, M. International Differences in the Timeliness, Conservatism, and Classification of Earnings [J]. *Journal of Accounting Research*, 1999, 37 (supplement): 53 – 87.

[165] Posner, R. A. Theories of Economic Regulation [J]. *The Bell Journal of Economics and Management Science*, 1974, 5 (2): 335 – 358.

[166] Purcell, A. J. , R. D. Francis, and C. Clark. Audit Committee Effectiveness in Victorian Local Government [J]. *Australian Accounting Review*, 2014, 24 (4): 339 – 369.

[167] Raman, K. K. , and Wilson, E. R. Governmental Audit Procurement Practices and Seasoned Bond Prices [J]. *The Accounting Review*, 1994, 69 (4): 517 –538.

[168] Ranasinghe, P. Jane Jacobs' Framing of Public Disorder and its Relation to the ' Broken Windows' Theory [J]. *Theoretical Criminology*, 2012, 16 (1): 63 – 84.

[169] Reichborn-Kjennerud, K. Performance Audits and Supreme Audit Institutions' Impact on Public Administration The Case of the Office of the Auditor General in Norway [J]. *Administration & Society*, 2013, 91 (3): 680 – 695.

[170] Roychowdhury, S. , and Watts, R. L. Asymmetric Timeliness of Earnings, Market-to-Book and Conservatism in Financial Reporting [J]. *Journal of Accounting and Economics*, 2007, 44 (1): 2 –31.

[171] Ruddock, C. , Taylor, S. J. , and Taylor, S. L. Nonaudit Services and Earnings Conservatism: Is Auditor Independence Impaired? [J]. *Contemporary Accounting Research*, 2006, 23 (3): 701 –746.

[172] Samelson, D. , Lowensohn, S. , and Johnson, L. E. The Determinants of Perceived Audit Quality and Auditee Satisfaction in Local Government [J]. *Journal of Public Budgeting, Accounting and Financial Management*, 2006, 18 (2): 139 – 166.

[173] Schwartz, R. Legal Regimes, Audit Quality and Investment [J]. *The Accounting Review*, 1997, 72 (3): 385 –406.

[174] Simon, D. N. , and L. M. Smith. Contrast and Foundation of the Public Oversight Roles of the U. S. Government Accountability Office and the U. K. National Audit Office [J]. *Public Administration Review*, 2008, 68 (5): 921 –931.

[175] Sinclair, A. The Chameleon of Accountability: Forms and Discourses [J] . *Accounting Organization and Society*, 1995, 20 (2): 219 –237.

[176] Skærbæk, P. Public Sector Auditor Identities in Making Efficiency Auditable: The National Audit Office of Denmark as Independent Auditor and Modernizer [J] . *Accounting, Organizations and Society*, 2009, 34 (8): 971 –987.

[177] Smith, B. Control in British Government: A Problem of Accountability

[J]. *Policy Studies Journal*, 1980, (9): 63 - 74.

[178] Stigler, G. J. The Theory of Economic Regulation [J]. *The Bell Journal of Economics and Management Science*, 1971, 2 (1): 3 - 21.

[179] Sutton, S. G. , and Lampe, J. C. A Framework for Evaluating Process Quality for Audit Engagements [J]. *Accounting and Business Research*, 1991, 21, 275 - 288.

[180] Talbot, C. , and J. Wiggan. The Public Value of the National Audit Office [J]. *International Journal of Public Sector Management*, 2010, 23 (1): 54 - 70.

[181] Teoh, S. H. , and Wong, T. J. Perceived Auditor Quality and the Earnings Response Coefficient [J]. *The Accounting Review*, 1993, 68 (2): 346 - 366.

[182] Titman, S. , and Trueman, B. Information Quality and the Valuation of New Issue [J]. *Journal of Accounting and Economics*, 1986, 8 (2): 159 - 172.

[183] Tong, T. Corruption and Local Governance: The Double Identity of Chinese Local Governments in Market Reform [J]. *The Pacific Review*, 2006, 19 (1): 85 - 102.

[184] Toni, M. , and John, B. In and Out of the Revolving Door: Making Sense of Regulatory Capture [J]. *Journal of Public Policy*, 1992, 12 (1): 61 - 78.

[185] Torres, L. , and V. Pina. Empirical Study on the Performance of Supreme Audit Institutions in European Union Privatizations [J]. *European Accounting Review*, 1999, 8 (4): 777 - 795.

[186] Treisman, D. The Causes of Corruption: A Cross-national Study [J]. *Journal of Public Economics*, 2000, 76 (3): 399 - 457.

[187] Triantafillou, P. Doing Things with Numbers: The Danish National Audit Office and the Governing of University Teaching [J]. *Policy and Society*, 2015, 34 (1): 13 - 24.

[188] Walker, D. M. Enhancing Public Confidence: The GAO's Peer Review Experience [J]. *Journal of Accountancy*, 2006, 202 (1), 56.

[189] Watkins, A. L. , Hillison, W. , and Morecroft, S. E. Audit Quality: A Synthesis of Theory and Empirical Evidence [J]. *Journal of Accounting Literature*, 2004, 23: 153 - 193.

[190] Watts, R. L. Conservatism in Accounting Part I : Explanations and Implications [J]. *Accounting Horizons*, 2003, 17 (3): 207 – 221.

[191] Watts, R. L., and Khan, M. Estimation and Empirical Properties of a Firm-year Measure of Accounting Conservatism [J]. *Journal of Accounting and Economics*, 2009, 48 (2/3): 132 – 150.

[192] Watts, R. L., and Zimmerman, J. L. *Positive Accounting Theory* [M]. Englewood Cliffs, NJ: Prentice Hall Inc. , 1986.

[193] Wilson, J. M. , and Kelling, G. L. Broken Windows: The Police and Neighborhood Safety [J]. *The Atlantic Monthly*, 1982, 249, (3): 29 – 38.

[194] Xiao, J. Z. , S. Yang, X. Zhang, and M. Firth. Institutional Arrangements and Government Audit Independence in China [J]. *Abacus-A Journal of Accounting*, *Finance and Business Studies*, 2016, http: //10. 1111/abac. 12086.

[195] Zhang, T. , and Zou, H. Fiscal Decentralization, Public Spending and Economic Growth in China [J]. *Journal of Public Economic*, 1998, 67 (2): 221 – 240.

[196] Zimbardo, P. G. The Human Choice: Individuation, Reason, and Order vs Deindividuation, Impulse, and Chaos. In *Nebraska Symposium on Motivation* (Amold, W. J. , and Levine, D. , eds.) [A]. Lincoln: University of Nebraska Press, 1969: 287 – 293.

[197] 安秀梅. 政府公共支出绩效评估的基本理念 [J]. 中国行政管理, 2007 (3): 34 – 37.

[198] 蔡春, 李明, 毕铭悦. 构建国家审计理论框架的有关探讨 [J]. 审计研究, 2013 (3): 3 – 10.

[199] 蔡春, 鲜文铎. 会计师事务所行业专长与审计质量相关性的检验——来自中国上市公司审计市场的经验证据 [J]. 会计研究, 2007 (6): 41 – 47.

[200] 蔡春, 朱荣, 蔡利. 国家审计服务国家治理的理论分析与实现路径探讨——基于受托经济责任观的视角 [J]. 审计研究, 2012 (1): 6 – 11.

[201] 蔡春, 陈晓媛. 关于经济责任审计的定位、作用及未来发展之研究 [J]. 审计研究, 2007 (1): 10 – 14.

[202] 蔡春. 审计理论结构研究 [M]. 东北财经大学出版社, 2001.

[203] 常树涛．印度国家审计质量管理［J］．中国审计，2003（5）：69－71.

[204] 陈波．经济责任审计的若干基本理论问题［J］．审计研究，2005（5）：84－88.

[205] 陈抗，Arye，L. H.，顾清扬．财政集权与地方政府行为变化——从援助之手到攫取之手［J］．经济学季刊，2002，2（1）：111－130.

[206] 陈立齐，李建发．国际政府会计准则及其发展评述［J］．会计研究，2003（9）：49－52.

[207] 陈诗一，张军．中国地方政府财政支出效率研究：1978－2005［J］．中国社会科学，2008（4）：65－78.

[208] 陈信元，夏立军．审计任期与审计质量：来自中国证券市场的经验证据［J］．会计研究，2006（1）：44－53.

[209] 陈振明，李德国．行政权力、市场体制与腐败治理——一份基于理论与实践的研究报告［J］．东南学术，2009（4）：52－77.

[210] 成法飞．审计功能拓展条件下的现代审计质量概念［J］．会计之友，2007（9）：40－41.

[211] 成思危．管理科学的现状与展望［J］．管理科学学报，1998（1）：1－6.

[212] 邓淑莲，翟继光，李建军等．"屡审屡犯"：审计怪圈如何走出［J］．财政监督，2014（15）：33－38.

[213] 邓小红．德国审计质量控制的启示［J］．工业审计与会计，2007（4）：45－46.

[214] 董大胜．中国政府审计［M］．中国时代经济出版社，2007.

[215] 董普，田高良，严骞．非审计服务与审计质量关系的实证研究［J］．审计研究，2007（5）：42－49.

[216] 董延安．国家审计质量的影响因素及其路径分析［J］．审计与经济研究，2008（1）：40－45.

[217] 樊纲，王小鲁，朱恒鹏．中国市场化指数［M］．经济科学出版社，2010.

[218] 范柏乃．政府绩效评估与管理［M］．复旦大学出版社，2007.

[219] 方军雄，洪剑峭．异常审计收费与审计质量的损害——来自中国资本市场的证据［J］．中国会计评论，2008（4）：425－442.

[220] 冯均科．审计问责：理论研究与制度设计［M］．经济科学出版社，2008.

[221] 伏润民，常斌，缪小林．我国省对县（市）一般性转移支付的绩效评价 [J]．经济研究，2008 (11)：62 – 73.

[222] 古淑萍．制约审计质量的因素及对策 [J]．财经科学，2001 (S1)：324 – 325.

[223] 郭亚军，何延芳．我国 1994 – 2001 年财政支出状况的综合评价 [J]．财经研究，2003 (9)：40 – 43.

[224] [德] 赫尔曼·哈肯著，郭治安译．高等协同学 [M]．科学出版社，1989.

[225] 侯杰泰，温忠麟，成之娟．结构方程模型及其应用 [M]．教育科学出版社，2004.

[226] 湖南省审计学会．"四分离"审计业务管理模式研究 [J]．审计研究，2007 (5)：10 – 15.

[227] 胡志勇．国家审计管理系统创新研究 [M]．中国时代经济出版社，2010.

[228] 黄佩华．为中国和谐社会建设而进行的公共部门改革，载林重庚和斯宾塞主编：中国经济中长期发展和转型 [A]．中信出版社，2011.

[229] 黄溶冰，李玉辉．公共财政视角下的纳税人权利保护与审计监督 [J]．税务研究，2009 (6)：72 – 74.

[230] 黄溶冰，王跃堂．我国省级审计机关审计质量的实证分析 (2002 – 2006) [J]．会计研究，2010 (6)：70 – 76.

[231] 黄溶冰．经济责任审计的审计发现与问责悖论 [J]．中国软科学，2012 (5)：182 – 192.

[232] 黄溶冰．领导干部经济责任审计的层次变权综合评价模型 [J]．审计研究，2013 (5)：53 – 59.

[233] 黄溶冰．公共部门治理与公共部门内部审计：OIG 的案例及启示 [J]．财政监督，2015 (14)：13 – 17.

[234] 江金满，邵力强．把好"四关"，提高审计移送质量 [N]．中国审计报，2014，02 – 06 – (07).

[235] 杰弗里·M·伍德里奇著，费建平，林相森译．计量经济学导论：现代观点 [M]．清华大学出版社，2009.

[236] 解亚红．"协同政府"：新公共管理改革的新阶段 [J]．中国行政管理，2004 (5)：58 – 61.

[237] 拉丰，梯若尔著，胡汉辉等译．电信竞争 [M]．人民邮电出版

社，2001.

[238] 拉丰，梯若尔著，石磊，王永钦译 . 政府采购与规制中的激励理论 [M] . 上海三联书店，上海人民出版社，2004.

[239] 李德清，崔红梅，李红兴 . 基于层次变权的多因素决策 [J] . 系统工程学报，2004 (3)：258 – 263.

[240] 李冬，王要武，宋晖，赵丽丹 . 基于协同理论的政府投资项目跟踪审计模式 [J] . 系统工程理论与实践，2013 (2)：405 – 412.

[241] 李桂芝 . 美国的审计质量管理 [J] . 当代审计，2001 (1)：42 – 43.

[242] 李嘉明，刘永龙 . 国家审计服务国家治理的机制和作用比较[J] . 审计研究，2012 (6)：45 – 49.

[243] 李金华 . 审计理论研究 [M] . 中国审计出版社，2001.

[244] 李凯 . 从公共受托责任演进看国家审计本质变迁 [J] . 审计与经济研究，2009，24 (1)：12 – 15.

[245] 李璐，夏昱 . 基于数据包络分析的审计机关绩效评价研究 [J] . 财政研究，2011 (12)：47 – 50.

[246] 李若山 . 审计理论结构探讨 [J] . 审计研究，1995 (6)：15 – 18.

[247] 李文，王尘子 . 亚洲国家和地区走出腐败高发区的条件和机制 [J] . 政治学研究，2014 (3)：82 – 92.

[248] 李小波，吴溪 . 国家审计公共的市场反应：基于中央企业审计结果的初步分析 [J] . 审计研究，2013 (4)：85 – 92.

[249] 李永强，辛金国 . "免疫系统"理论下审计质量控制研究 [J] . 财会通讯，2010 (4)：20 – 23.

[250] 廖晓明，罗文剑 . "零容忍"反腐败：内涵、特征与进路 [J] . 中国行政管理，2012 (1)：57 – 60.

[251] 林斌，刘瑾 . 市场化进程、财政状况与审计绩效 [J] . 审计与经济研究，2014 (3)：31 – 39.

[252] 刘爱东，张鼎祖 . 中国地方审计机关效率测度与分析——基于1998 – 2009 年的面板数据 [J] . 审计研究，2014 (5)：60 – 67.

[253] 刘雷，崔云，张筱 . 政府审计维护财政安全的实证研究——基于省级面板数据的经验证据 [J] . 审计研究，2014 (1)：35 – 42，52.

[254] 刘峰，张立民，雷科多 . 我国审计市场制度安排与审计质量需求——中天勤客户流向的案例分析 [J] . 会计研究，2002 (12)：

22 – 27，50.

[255] 刘更新，刘晓林．国家审计服务国家治理：功能体系和实现路径
[J]．财经科学，2014（6）：108 – 114.

[256] 刘家义．以科学发展观为指导 推动审计工作全面发展 [J]．审计
研究，2008（3）：3 – 9.

[257] 刘家义．中国特色社会主义审计理论研究 [M]．中国时代经济出
版社，2013.

[258] 刘家义．论国家治理与国家审计 [J]．中国社会科学，2012（6）：
60 – 72.

[259] 刘家义．国家治理现代化进程中的国家审计：制度保障与实践逻
辑 [J]．中国社会科学，2015（9）：64 – 83.

[260] 刘力云．当前国家审计体制研究中的四个问题 [J]．审计研究．
2002（5）：19 – 21.

[261] 刘明辉，李黎，张羽．我国审计市场集中度与审计质量关系的实
证分析 [J]．会计研究，2003（7）：37 – 41.

[262] 刘秋明．现代西方公共受托责任研究述评 [J]．外国经济与管理，
2005（7）：58 – 65.

[263] 刘英来．关于审计质量控制的思考 [J]．审计研究，2003（4）：
12 – 13.

[264] 刘英来．审计是经济社会运行的免疫系统研讨会综述 [J]．审计研
究，2008（5）：3 – 7.

[265] 刘颖斐，余玉苗．宪政视角下的领导干部经济责任审计 [J]．审计
研究，2007（3）：3 – 7.

[266] 刘泽照，梁斌．政府审计可以抑制腐败吗？——基于 1999 – 2012
年中国省级面板数据的检验 [J]．上海财经大学学报，2015（1）：
42 – 51.

[267] 楼春力．审计建议存在的问题、成因及改进对策 [J]．行政事业资
产与财务，2015（7）：79 – 80.

[268] 卢太平，张东旭．会计师事务所运营效率影响因素研究 [J]．审计
研究，2014（1）：88 – 95.

[269] 吕炜，王伟同．中国公共教育支出绩效：指标体系构建与经验研
究 [J]．世界经济，2007（12）：54 – 63.

[270] 吕志明．国家审计质量控制多阶段三方博弈分析 [J]．审计与经济
研究，2012（4）：19 – 25.

[271] 马国贤. 政府预算 [M]. 上海财经大学出版社, 2011.

[272] 马曙光. 政府审计人员素质影响审计成果的实证研究 [J]. 审计研究, 2007 (3): 24 – 29.

[273] 马轶群. 国家审计质量的区域差异性研究——基于动态面板的系统广义矩估计检验 [J]. 当代财经, 2014 (11): 119 – 128.

[274] 倪星, 原超. 经济发展、制度结构与腐败程度 [J]. 浙江大学学报 (人文社会科学版), 2013 (12): 1 – 12.

[275] 聂曼曼. 论审计质量概念的重新界定——关于过程质量与结果质量的思考 [J]. 中南财经政法大学学报, 2009 (6): 55 – 59.

[276] 欧阳华生. 我国国家审计公告信息分析: 2003 – 2006——解读我国财政违规资金特征 [J]. 审计研究, 2007 (3): 8 – 15.

[277] 潘春阳, 何立新, 袁从帅. 财政分权与官员腐败——基于 1999 – 2007 年中国省级面板数据的实证研究 [J]. 当代财经, 2011 (3): 38 – 46.

[278] 彭华彰, 刘晓靖, 黄波. 国家审计推进腐败治理的路径研究 [J]. 审计研究, 2013 (4): 63 – 68.

[279] 彭韶兵, 周兵. 公共权力的委托代理与政府目标经济责任审计 [J]. 会计研究, 2009 (6): 18 – 22.

[280] 蒲丹琳, 王善平. 官员晋升激励、经济责任审计与地方政府融资平台债务 [J]. 会计研究, 2014 (5): 88 – 93.

[281] 漆江娜, 陈慧霖, 张阳. 事务所规模·品牌·价格与审计质量 [J]. 审计研究, 2004 (3): 59 – 65.

[282] 邱吉福, 王园, 张仪华. 我国会计师事务所效率的实证研究——基于中注协 2008 – 2010 年发布数据 [J]. 审计研究, 2012 (2): 52 – 59.

[283] 秦荣生. 公共受托经济责任理论与我国政府审计改革 [J]. 审计研究, 2004 (6): 16 – 20.

[284] 秦荣生. 受托经济责任论 [M]. 东北财经大学出版社, 1994.

[285] 任剑涛. 财政监督与政府执行力——对利马宣言的拓展性解读 [J]. 中国行政管理, 2011 (6): 37 – 41.

[286] 塞缪尔·P·亨廷顿, 琼·纳尔逊著, 汪晓寿, 吴志华, 项继权译. 难以抉择——发展中国家的政治参与 [M]. 华夏出版社, 1989: 36, 219.

[287] 尚虎平, 钱夫中. 从绩效问责到宏观调控工具——2003 – 2014 年

国外政府绩效评估综述 [J]. 北京行政学院学报, 2015 (5): 40 - 50.

[288] 沈坤荣, 张王景. 中国农村公共支出及其绩效分析 [J]. 管理世界, 2007 (1): 30 - 40.

[289] 史宁安, 叶鹏飞, 胡友良. 审计质量之用户 (顾客) 满意论 [J]. 审计研究, 2006 (1): 16 - 19.

[290] 史宁安. 国家审计项目全面质量管理 [M]. 中国时代经济出版社, 2008.

[291] 宋常. "免疫系统" 理论视野下的国家审计 [J]. 审计与经济研究, 2009 (1): 4 - 11.

[292] 宋达, 郑石桥. 政府审计对预算违规的作用: 抑制还是诱导 [J]. 审计与经济研究, 2014 (6): 14 - 22.

[293] 宋涛. 中国官员问责发展实证研究 [J]. 中国行政管理, 2008 (1): 12 - 16.

[294] 宋夏云. 西方政府审计质量控制的经验及启示 [J]. 财务与会计, 2010 (9): 59 - 61.

[295] 苏孜. 以审计他律与自律的结合为起点构建审计职业道德 [J]. 审计研究, 2005 (3): 76 - 78.

[296] 孙永军, 丁莉娜. 审计质量评价研究: 基于我国 100 强事务所的数据分析 [J]. 审计研究, 2009 (6): 47 - 52.

[297] 孙宝厚. 关于全面审计质量控制若干关键问题的思考 [J]. 审计研究, 2008 (2): 3 - 10.

[298] 谭楚月, 段宏. 审计质量只能替代吗——来自实证研究的结论分析 [J]. 会计研究, 2014 (7): 89 - 95.

[299] 谭劲松, 宋顺林. 国家审计与国家治理: 理论基础和实现路径 [J]. 审计研究, 2012 (2): 3 - 8.

[300] 万广华, 吴一平. 制度建设与反腐败成效: 基于跨期腐败程度变化的研究 [J]. 管理世界, 2012 (4): 60 - 69.

[301] 王春飞, 郭云南. 中央预算执行审计与媒体关注度 [J]. 中南财经政法大学学报, 2015 (6): 3 - 9.

[302] 王芳. 政府审计质量的影响因素研究 [D]. 复旦大学, 2009.

[303] 王芳, 周红. 政府审计质量的衡量研究: 基于程序观和结果观的检验 [J]. 审计研究, 2010 (2): 24 - 29.

[304] 王芳, 周红, 任康. 审计体制、审计方式与政府审计质量 [J]. 当

代财经，2012（8）：106 - 119.

[305] 王芳，彭超然. 公众聚集度与政府审计质量［J］. 中南财经政法大学学报，2015（2）：72 - 79.

[306] 王会金，黄溶冰，戚振东. 国家治理框架下的中国国家审计理论体系构建研究［J］. 会计研究，2012（7）：89 - 95.

[307] 王其藩. 系统动力学［M］. 上海财经大学出版社，2009.

[308] 王尚哲. 中国审计研究报告［M］. 中国审计出版社，2004.

[309] 王帅，董明芳. 纳税人诉讼的理论探讨［J］. 税务研究，2008（11）：135 - 138.

[310] 王跃堂，陈世敏. 脱钩改制对审计独立性影响的实证研究［J］. 审计研究，2001（3）：2 - 9.

[311] 王跃堂，黄溶冰. 我国审计质量控制体系研究［J］. 审计与经济研究，2008（6）：15 - 20.

[312] 王卓，吴迪. 公民意识表现极其影响因素研究［J］. 社会科学研究，2010（4）：124 - 130.

[313] 温素彬. 企业三重绩效的层次变权综合评价模型［J］. 会计研究，2010（12）：82 - 87.

[314] 文硕. 世界审计史［M］. 中国审计出版社，1990.

[315] 沃克. 提高政府绩效 增强政府问责和前瞻能力［J］. 审计与经济研究，2007（5）：5 - 8.

[316] 吴建南，张翔. 政府绩效的决定因素：观点述评、逻辑关系及研究方法［J］. 西安交通大学学报（社会科学版），2006（1）：7 - 13.

[317] 吴联生. 政府审计机构隶属关系评价模型［J］. 审计研究，2002（5）：14 - 18.

[318] 吴明隆. 问卷统计分析实务——SPSS 操作与应用［M］. 重庆大学出版社，2010.

[319] 吴溪. 监管处罚中的"重师轻所"及其后果：经验证据［J］. 会计研究，2008（8）：23 - 31.

[320] 吴一平. 财政分权、腐败与治理［J］. 经济学季刊，2008（3）：1045 - 1060.

[321] 夏立军，杨海斌. 注册会计师对上市公司盈余管理的反应[J]. 审计研究，2002（4）：28 - 34.

[322] 项荣. 异地交叉审计的研究——基于中国国家审计项目计划数据

[J]. 当代财经, 2007 (3): 113 – 116, 128.

[323] 肖作平. 公司治理影响审计质量吗？——来自中国资本市场的经验证据 [J]. 管理世界, 2006 (7): 22 – 33.

[324] 谢荣, 宋夏云. 国家审计公告制度研究 [J]. 当代财经, 2006 (12): 108 – 112.

[325] 许汉友, 汤谷良, 汪先娣. 中国会计师事务所运营效率之 DEA 分析 [J]. 会计研究, 2008 (3): 74 – 81.

[326] 徐浩萍. 会计盈余管理与独立审计质量 [J]. 会计研究, 2004 (1): 44 – 49.

[327] 徐政旦等. 审计研究前沿 [M]. 上海财经大学出版社, 2002.

[328] 薛芬. 预算执行审计"屡审屡犯"问题探析 [J]. 江苏行政学院学报, 2012 (4): 107 – 111.

[329] 杨肃昌, 李敬道. 从政治学视角论国家审计是国家治理中的"免疫系统"[J]. 审计研究, 2011 (6): 3 – 8.

[330] 杨亚军. 国家审计推动完善国家治理路径研讨会综述 [J]. 审计研究, 2013 (4): 14 – 19.

[331] 杨忠莲, 谢香兵. 上市公司财务报告舞弊的经济后果 [J]. 审计研究, 2008 (1): 67 – 74.

[332] 姚洋, 杨雷. 制度供给失衡和中国财政分权的后果 [J]. 战略与管理, 2003 (3): 27 – 33.

[333] 叶子荣, 马东山. 我国国家审计质量影响因素研究——基于 2002—2007 年省际面板数据的分析 [J]. 审计与经济研究, 2012 (6): 12 – 24.

[334] 尹平, 戚振东. 国家治理视角下的中国政府审计特征研究 [J]. 审计与经济研究, 2010 (3): 9 – 14.

[335] 于玉林. 现代审计工作手册 [M]. 中国审计出版社, 1998.

[336] 原红旗, 李海舰. 会计师事务所组织形式、规模与审计质量 [J]. 审计研究, 2003 (1): 32 – 37.

[337] 约瑟夫·M·朱兰, A. 布兰顿·戈弗雷著, 焦淑斌译. 朱兰管理手册（第5版）[M]. 中国人民大学出版社, 2004.

[338] 张立民, 崔雯雯. 国家审计推动完善国家治理的路径研究——基于国家审计信息属性的分析 [J]. 审计与经济研究, 2014 (3): 13 – 22.

[339] 张龙平. 试论我国注册会计师审计质量控制标准的建设 [J]. 注册

会计师通讯，1994（8）：21 –27.

[340] 张龙平，张敦力. 试论审计质量特征与审计质量控制思想[J]. 审计研究，1997（5）：26 –27.

[341] 张萍. 从群体结构视角提升我国政府绩效审计质量[J]. 统计与决策，2006（3）：65 –66.

[342] 张兆国，刘永丽，李庚秦. 会计稳健性计量方法的比较与选择：基于相关性和可靠性的实证研究[J]. 会计研究，2012（2）：37 –41.

[343] 赵爱玲，杨丽娟. 构建我国政府审计质量控制体系研究[J]. 财会研究，2012（7）：63 –66.

[344] 赵保卿，盛君，姚长存. 成本预算视角下的国家审计质量控制[J]. 审计与经济研究，2010（4）：8 –15.

[345] 赵劲松. 关于我国政府审计质量特征的一个分析框架[J]. 审计研究，2005（4）：65 –68.

[346] 赵丽芳，于亚琼. 基于生物熵视角的国家审计"免疫系统"功能分析[J]. 审计研究，2011（4）：53 –57.

[347] 郑巧，肖文涛. 协同治理：服务型政府的治道逻辑[J]. 中国行政管理，2008（7）：48 –53.

[348] 郑石桥，和秀星，许莉. 政府审计处理处罚中的非正式制度：一个制度冲突理论架构[J]. 会计研究，2011（7）：85 –91.

[349] 郑石桥，尹平. 审计机关地位、审计妥协与审计处理执行效率[J]. 审计研究，2010（6）：53 –58.

[350] 中国审计学会. 审计文献（第三辑）[M]. 中国财政经济出版社，1990.

[351] 周黎安. 中国地方官员的晋升锦标赛模式研究[J]. 经济研究，2007（7）：37 –50.

[352] 周黎安. 晋升博弈中政府官员的激励与合作[J]. 经济研究，2004（6）：33 –40.

图书在版编目（CIP）数据

国家审计的审计质量研究／黄溶冰著. —北京：
经济科学出版社，2017.6
国家社科基金后期资助项目
ISBN 978 - 7 - 5141 - 8184 - 5

Ⅰ.①国…　Ⅱ.①黄…　Ⅲ.①政府审计 – 审计质量 –
研究 – 中国　Ⅳ.①F239.44

中国版本图书馆 CIP 数据核字（2017）第 155850 号

责任编辑：凌　敏
责任校对：杨　海
责任印制：李　鹏

国家审计的审计质量研究

黄溶冰　著

经济科学出版社出版、发行　新华书店经销
社址：北京市海淀区阜成路甲 28 号　邮编：100142
教材分社电话：010 - 88191343　发行部电话：010 - 88191522
网址：www. esp. com. cn
电子邮件：lingmin@ esp. com. cn
天猫网店：经济科学出版社旗舰店
网址：http：// jjkxcbs. tmall. com
北京密兴印刷有限公司印装
710 × 1000　16 开　13.5 印张　250000 字
2017 年 7 月第 1 版　2017 年 7 月第 1 次印刷
ISBN 978 - 7 - 5141 - 8184 - 5　定价：48.00 元
（图书出现印装问题，本社负责调换。电话：010 - 88191510）
（版权所有　侵权必究　举报电话：010 - 88191586
电子邮箱：dbts@ esp. com. cn）